이재철 목사의 **로마서**

이재철 목사의
로마서

ROMANS

3

로마서 12–16장

사랑의 빚

이재철

책을 내면서

주님의교회에서 로마서를 설교한 것은 1992년 5월 20일부터 1995년 12월 27일까지였습니다. 그때 하나님께서 넘치도록 부어 주셨던 은혜를, 저는 지금도 생생하게 기억하고 있습니다. 자칫 공기의 진동으로 끝나 버릴 수도 있었던 그 은혜가, 이번에 홍성사의 수고를 통해 사라지지 않는 기록으로 남게 되었습니다. 말을 글로 정리하는 것이 참으로 어려운 일인데도, 홍성사 가족들이 오래전의 말을 현재의 글로 잘 표현해 주었습니다. 이 모든 과정을 섭리하신 하나님께, 그리고 수고하신 홍성사 가족 모든 분들께 진심으로 감사드립니다.

2015년 5월 양화진에서

이재철

차 례

책을 내면서 　　　　　　　　　　　　　　　　5

로마서 12장

1. 구제하는 자는 롬12:6-8　　　　　　　　　11
2. 다스리는 자는 롬12:6-8　　　　　　　　　21
3. 긍휼을 베푸는 자는 롬12:6-8　　　　　　29
4. 사랑에는 거짓이 없나니 롬12:9-13　　　　42
5. 축복하고 저주하지 말라 롬12:14-21　　　54
6. 선으로 악을 이기라 롬12:14-21　　　　　68

로마서 13장

7. 권세들에게 복종하라 롬13:1-7　　　　　83
8. 사랑의 빚 롬13:8-10　　　　　　　　　　98
9. 그리스도로 옷 입고 롬13:11-14　　　　　108

로마서 14장

10. 세움을 받으리니 롬14:1-6　　　　　　　125
11. 주를 위하여 롬14:7-12　　　　　　　　　138
12. 하나님의 나라 롬14:13-18　　　　　　　150
13. 덕을 세우는 일 롬14:19-21　　　　　　　161
14. 네게 있는 믿음을 롬14:19-23　　　　　　173

로마서 15장

15. 강한 우리는 마땅히 롬15:1-3	185
16. 교훈을 위하여 롬15:4	195
17. 서로 받으라 롬15:4-7	203
18. 소망의 하나님 롬15:4-13	213
19. 소망이 넘치게 하시기를 롬15:13	225
20. 다시 생각나게 롬15:14-16	237
21. 내가 자랑하는 것 롬15:14-21	247
22. 편만하게 전하였노라 롬15:14-21	262
23. 바라고 있었으니 롬15:22-24	273
24. 충만한 복을 가지고 롬15:22-29	285
25. 빚진 자니 롬15:22-29	296
26. 너희 기도에 롬15:30-33	308

로마서 16장

27. 나의 동역자 롬16:1-4	321
28. 문안하라 롬16:3-12	332
29. 너희로 말미암아 기뻐하노니 롬16:13-20	345
30. 능히 견고하게 하실 롬16:21-27	354

일러두기

- 〈이재철 목사의 로마서〉는 이재철 목사가 주님의교회에서 목회하면서, 수요성경공부 시간에 로마서를 본문으로 설교한 내용을 엮은 것입니다. 제3권에는 1995년 3월 1일부터 마지막으로 12월 27일까지 설교한 내용을 담았습니다.
- 펴내는 과정에서 원고에 대한 저자의 별도 검토 없이, 편집팀이 녹취원고를 교정·교열하고 오늘날의 정황에 맞지 않는 내용을 적절히 거르고 다듬었습니다.
- 본문에 인용한 성경 구절은 개역개정판 성경을, 찬송가는 새찬송가를 기본으로 하였습니다. 개역개정판 외의 성경 역본을 따랐을 경우 별도 표기했습니다.
- 본문에서 괄호 속의 * 표시는 해당 괄호 속 내용이 편집자 주임을 나타냅니다.

로마서 12장

1
구제하는 자는

로마서 12장 6-8절

우리에게 주신 은혜대로 받은 은사가 각각 다르니 혹 예언이면 믿음의 분수대로, 혹 섬기는 일이면 섬기는 일로, 혹 가르치는 자면 가르치는 일로, 혹 위로하는 자면 위로하는 일로, **구제하는 자는** 성실함으로, 다스리는 자는 부지런함으로, 긍휼을 베푸는 자는 즐거움으로 할 것이니라

우리는 그리스도인에게 맡겨진 역할에 대해 계속해서 살펴보고 있습니다. 오늘은 그 다섯 번째 역할인 '구제'에 대해 생각해 보겠습니다.

구제하는 자는 성실함으로(8절 중반절)

그리스도인은 교회 안에서나 밖에서나 구제하는 사람이 되어야 합니다. 구제가 섬기는 일이나 위로하는 일과 근본적으로 다른 점은, 물질의 나눔을 통해서만 행할 수 있다는 것입니다. 섬김이나 위

로는 물질 없이도 시간을 내서 행할 수 있습니다. 그러나 구제는 입이나 손발로 되는 것이 아닙니다. 반드시 물질로 행해집니다. '구제하다'라는 의미의 헬라어 '메타디도미μεταδίδωμι'는 한 부분을 쪼개어, 나누어 준다는 뜻입니다.

어느 날 요단강에 세례 요한이라는 선지자가 나타났습니다. 그는 사람들에게 회개에 합당한 삶의 열매를 맺으라고 열변을 토했습니다. 이 설교를 들은 많은 예루살렘 성민聖民들이 그렇다면 도대체 자신들이 어떻게 살아야 하는지 구체적인 답변을 제시해 달라고 했습니다. 그때 세례 요한이 지체 없이 말하기를 "옷 두 벌 있는 자는 옷 없는 자에게 나눠 줄 것이요 먹을 것이 있는 자도 그렇게 할 것이니라"(눅 3:11)고 했습니다. 여기에서 '나누어 주다'라는 단어가 바로 '메타디도미'입니다. 옷이라는 구체적인 물질로 구제를 행하라는 것입니다. 이처럼 물질의 나눔 없이는 구제가 불가능하기에, 구제를 제대로 행하기 위해서는 물질에 대한 바른 이해가 선행되어야 합니다.

그 첫째는, 나에게 지금 어떤 물질이 주어져 있든지 물질의 주인은 하나님이시라는 인식입니다. 물질은 잠시 나에게 맡겨진 것이며, 그래서 나는 그 물질에 관한 한 청지기일 뿐입니다. 하나님의 것을 맡은 사람으로서 하나님의 뜻에 따라 그 물질을 나를 위해 쓰다가, 어느 날 하나님께서 정하시는 때에 그 물질이 필요한 누군가에게 내 안의 사랑을 담아 줄 수 있어야 합니다. 이런 청지기 인식을 가진 사람만이 자신이 쓰다가 불필요하게 된 것을 나누어 주지 않고, 지금 자신에게 필요한 것임에도 하나님의 명령에 따라 나눌 수 있습니다. 물질뿐만 아니라 돈마저도 하나님의 교통정리에 따라 쓸 수 있게 됩니다. 이 청지기 의식이 바로 갖춰져 있을 때만 우리의 구제는 후유증을 남기지 않습니다. 그리그 참된 구제가 되어 아름다운 열매를 맺어 갈 수 있습니다.

둘째, 물질은 인간의 욕구나 요구에 따라 무한정 확대 재생산되는 것이 아니라는 인식입니다. 아무리 과학이 발달했다 해도 생산을 위한 원료는 한정되어 있습니다. 언젠가는 고갈됩니다. 아무리 영농기술이 뛰어나다 할지라도 하나님께서 햇빛을 주시지 않으면 한 톨의 쌀도 수확할 수 없습니다.

민수기의 배경 장소는 시내 광야입니다. 그런데 시내 광야를 사막이라 하지 않고 광야라고 부릅니다. 사막은 모래로 되어 있지만 광야는 흙으로 이루어져 있습니다. 비가 오면 흙에서는 곡물을 재배할 수 있습니다. 오늘날 이 광야에 있는 동굴에 가보면 사람들이 농사를 짓고 동물을 기른 것을 알 수 있는 벽화가 그려져 있습니다. 과거에는 그곳에 비가 와서 사람들이 농사를 짓고 살았다는 증거입니다. 그럼에도 그 땅에 비가 내리지 않게 되자 하루아침에 광야로 변해 아무도 살지 못하는 땅이 된 것입니다.

인간이 생산하고자 하는 것, 소유하기를 원하는 모든 물질에는 반드시 한계가 있습니다. 이것을 바로 인식할 때에만, 물질을 나 혼자만 소유하려는 것은 하나님 앞에 죄가 된다는 사실을 비로소 인식할 수 있습니다. 이 세상에 있는 모든 물질은 그것이 무엇이든 나 혼자만 소유하라고 하나님께서 창조하신 것이 아니라, 이 세상에서 더불어 사는 사람들과, 그리고 미래에 태어날 우리의 후손들과 나누어 가지도록 창조하셨다는 것을 인식할 때, 바른 구제와 바른 나눔이 행해질 수 있습니다.

사람의 몸에는 피가 흐르는데, 피가 어느 부분에서 막히고 멈추려 하면 동맥경화증이 생깁니다. 그리고 결국은 생명이 위태롭게 됩니다. 나누어야 할 물질들이 어느 한 곳에 의미 없이 쌓이면, 그 삶에 동맥경화증이 찾아옵니다. 그 삶은 언젠가 허물어지고 맙니다. 이것을 주의하고 참된 나눔을 실천할 때, 이 사회는 아름답고 건실하게 세워질 수 있습니다.

이런 까닭에 바울은 구제를 "성실함으로" 하라고 했습니다. 지금까지 본문 말씀은 "섬기는 일이면 섬기는 일로, 혹 가르치는 자면 가르치는 일로, 혹 위로하는 자면 위로하는 일로" 하라고 했는데, 오늘 말씀은 '구제하는 자는 구제하는 일로' 하라고 하지 않고 성실함으로 하라고 특별히 당부하고 있습니다. 그 이유는, 물질의 나눔이라는 것이 성실함 없이는 제대로 이루어질 수 없기 때문입니다.

그렇다면 성경이 말하는 '성실'은 무엇을 의미합니까? 이 말은 헬라어로 '하플로테스ἁπλότης'인데, 네 가지 뜻이 있습니다. 첫째, '단순하다'라는 뜻입니다. 구제는 단순한 마음을 가진 사람만이 바르게 행할 수 있습니다. 상대가 누구인지 모르지만 지금 나의 도움을 필요로 하는 사람이 있으면 내가 가진 것을 청지기 된 단순한 마음으로 나누는 것입니다. 계산하고 자로 재보고 하는 것은 단순한 마음이 아닙니다. 계산해 보고서 나누는 것은 투자이지, 성경이 말하는 나눔이 아닙니다. 이해득실을 따지며 남을 도우면, 막상 내가 도움이 필요하게 될 때 하나님께서도 나를 자로 재십니다.

주라 그리하면 너희에게 줄 것이니 곧 후히 되어 누르고 흔들어 넘치도록 하여 너희에게 안겨 주리라(눅 6:38상)

우리가 나누는 삶을 살 때 주님께서 이처럼 우리에게 넘치도록 풍성하게 맡기시겠다는 말씀입니다. 그러면서 이어서 다음과 같이 말씀하셨습니다.

너희가 헤아리는 그 헤아림으로 너희도 헤아림을 도로 받을 것이니라
(눅 6:38하)

"헤아림"이란 자로 재거나 계산하는 것을 말합니다. 이렇게 헤아림으로 나누면, 반드시 헤아림 받게 된다는 것입니다. 따라서 누군가를 도와야 할 때는 그저 단순한 마음으로 도와야 하는 것입니다. "누구든지 일하기 싫어하거든 먹지도 말게 하라"는 데살로니가후서 3장 10절 말씀은 일할 수 있는 능력과 여건이 됨에도 도대체 게을러서 일하지 않는 사람에게 해당하는 말이지, 타인의 도움이 없이는 설 수 없는 사람, 누군가가 붙잡아 주지 않으면 일어설 수 없는 사람의 경우에는 해당하지 않는 내용입니다. 우리는 그와 같이 어려운 처지에 놓인 사람을 나이, 직업, 상황을 따지지 말고 단순한 마음으로 도와야 합니다.

둘째, '순수하다'라는 뜻입니다. 순수한 마음을 가진 사람이 참된 구제를 행할 수 있습니다. 구제할 때 순수한 마음을 가지지 않고 구제하는 대상에 사심을 품으면, 그 결과는 두 가지로 드러납니다. 하나는 그 구제를 통해 나 자신을 과시하게 되는 것이고, 다른 하나는 내가 구제를 행하는 대상의 인생을 내가 지배하기 원하는 것입니다. 나는 구제함으로 즐거움을 얻습니다. 한 사람의 인생에 영향을 미치게 되면서 무척 보람을 느낍니다. 그런데 정작 그 당사자는 말할 수 없는 인격적인 상처를 입고 있습니다. 어떤 경우든지 구제가 후유증을 남기면, 그것은 참된 구제가 아닙니다. 참된 구제는 어떤 경우에도 상대의 인격이나 자존심을 건드리지 않습니다.

그러므로 구제할 때에 외식하는 자가 사람에게서 영광을 받으려고 회당과 거리에서 하는 것 같이 너희 앞에 나팔을 불지 말라 진실로 너희에게 이르노니 그들은 자기 상을 이미 받았느니라 너는 구제할 때에 오른손이 하는 것을 왼손이 모르게 하여 네 구제함을 은밀하게 하라 은밀한 중에 보시는 너의 아버지께서 갚으시리라 (마 6:2-4)

오른손이 하는 것을 어떻게 왼손이 모를 수 있겠습니까? 다 압니다. 그럼에도 오른손이 하는 것을 왼손이 모르게 하라고 말씀하고 있습니다. 그 정도로 순수한 마음으로 구제를 행한다면, 구제받는 사람이 결코 인격을 해함 받지 않습니다. 이처럼 순수한 마음으로 구제를 행해 나가면, 다른 사람은 알지 못하고 하나님과 나만이 아는 비밀이 계속 쌓여 가게 됩니다. 내가 은밀하게 구제할 때마다 하나님께서 남모르는 은혜를 더해 주시므로, 하나님과 나의 인격적인 관계가 더욱 깊어 가게 됩니다.

셋째, '성의를 다하다'라는 뜻입니다. 참된 구제는 성의를 다하는 구제입니다. 세상의 수많은 자선단체들과 언론기관들도 물질을 나눕니다. 성경이 말하는 구제는 물질의 나눔에서 끝나는 것이 아니라, 그 물질을 나누는 사람의 사랑과 따스한 마음이 드러나는 구제입니다. 실은 물질 자체보다 그 속에 깃든 사랑과 따스한 마음이 더 중요한 것입니다. 성의를 다하지 않는 사람은 물질의 나눔에 사랑을 담지 못합니다.

구제를 위해 교회에 보내 온 물질들을 살펴보면, 참으로 민망한 것들이 많습니다. 누구나 사용할 수 있는 물건이어야 하는데, 떨어지고 해지고 고장 나고 냄새가 나서 코를 막지 않을 수 없는 것들이 섞여 있습니다. 이런 물질은 사람을 구제하기는커녕 상처만 남깁니다.

저희 교회에 도움을 청하려 오시는 할아버지들이 계십니다. 이분들이 원하시는 것은 점심입니다. 이분들 중에는 형편이 어려운 분도 계시고, 그렇지 않은 분도 계십니다. 혼자 사시는 할아버지들 가운데는 점심을 굶는 분들이 많습니다. 식구가 있어도 다 일하느라 바빠서 할아버지가 점심을 달라고 못하시는 것입니다. 그래서 제가 지난달부터 여선교회에 부탁을 드려 수요일이 되면 그 할아버지들께 점심을 해드리고 있습니다. 성의를 다해 사랑과 따스한 마음을 담은 음식을 본 저는 참으로 큰 감동을 받았습니다. 이 자리야말로 참된 구제의 자리입니다. 참된 나눔의 자리입니다. 이 자리에서 어떤 역사가 일어날지 우리는 알 수 없습니다. 참된 구제의 현장에는 날마다 주님께서 함께하시기 때문입니다.

넷째, '지속적으로 계속 행하다'라는 뜻입니다. 성실은 기분으로 한두 번 하고 그만두는 것이 아니라, 지속적으로 행하는 것입니다. 사람이 성실하다고 할 때는 지속성을 전제로 하는 말입니다. 어려운 사람에게 한 번이라도 나누는 것은 참으로 아름다운 구제입니다. 그러나 그 사람을 지속적으로 계속해서 도와드리는 것은 더 아름다운 일입니다. 우리가 누군가를 돕고 구제한다고 할 때 그 궁극적인 목적은 도움 받는 사람의 자립입니다. 그 사람이 스스로 자립할 수 있는 능력을 키우기까지 물질을 나누는 것, 그래서 어느 날 그 사람이 정말 자립하게 되었을 때, 그것이야말로 구제의 극치요 완성인 것입니다.

〈기독공보〉기사 가운데 영락교회에서 부목사님으로 섬기다가 서울 변두리에서 목회하는 어느 목사님의 감동적인 글을 읽었습니다. 목사님이 옮겨간 교회는 자립하지 못하고 다른 교회로부터 18년 동안 도움을 받고 있었습니다. 그런데 그 목사님이 가서 교회 건물도 짓고 올해부터 다른 교회를 도와주는 교회로 바뀌었습니다. 당회에서 한 장로님은 "우리도 어떤 교회를 돕든지 최소한 18년은 돕자"고 말했다고 합니다. 어떻게 이런 말이 나올 수 있었습니까? 18년간 도움을 받고서 결국 자립했기 때문입니다. 아마 1, 2년 도움을 받다가 그 도움의 손길이 그쳤다면, 그 교회는 없어졌을지도 모릅니다. 18년 동안 지속적으로 나눔이 계속되었기 때문에, 그 교회가 자립하고 또 다른 교회를 바로 세울 수 있는 멋진 교회로 성숙된 것입니다.

구약의 다섯 가지 제사 중 마지막 제사는 화목제입니다. 다른 제사들은 제물을 전부 하나님께 바치거나 하나님께 드릴 것을 드리고 제사장이 취하는데, 화목제는 제사장이 갖는 일부분을 제외하고는 제물을 이웃과 나누어 먹게 되어 있었습니다. 그래서 화목제는 나눔의 제사요, 잔치의 제사입니다. 그런데 그 제물을 나누어 갖는 법칙이 있었습니다. 하루 혹은 이틀 밤 이내에 그 제물을 다 나누어 먹어야 한다는 것이었습다. 하루나 이틀 사이에 나누지 않으면 그 제사는 무효이고, 제사를 드린 사람은 저주를 받는다고 정해져 있었습니다. 소 한 마리에 1,500근 정도의 고기가 나온다고 하는데, 하나님께서 이런 법칙을 정해 놓지 않으셨다면 사람들은 고기가 썩어 버릴지언정 이웃과 나누지 않았을 것입니다. 만일 나눌 수 있는 이웃이 없다면 그 제사는 저주받는 제사가 되고 맙니다. 그러므로 누구든지 제물을 나눌 수 있는 사람이 있으면 감사하는 마음으로 성의를 다해 나누어 주어야 합니다. 하루가 지나기 전에, 이틀이 지나기 전에 계속해서 나누어야 합니다. 그때에 그 제사가 하나님께서 열납하시는 아름다운 화목제가 되는 것입니다.

하나님께서 내게 무엇을 주시든 그것을 나 혼자 소유하려는 것은 그 물질을 우상으로 삼는 죄를 짓는 것이자 저주받을 짓입니다. 그러므로 우리는 더 이상 물질의 노예가 되지 말고 모든 것을 화목제물로 사람들과 나누어야 합니다. 그럴 때 우리 주위가 화목의 터전으로 일구어질 수 있는 것입니다.

열흘 전 저는 고향 친구들과 한자리에 모였습니다. 서로 이런저런 이야기를 주고받는데, 그중에 예수님을 진실하게 믿고 근래에 두드러지게 변화된 삶을 사는 친구가 있었습니다. 그 친구가 왜 그렇게나 변화되었는지 이야기해 주었습니다. 이전에는 사업을 하면서 아침부터 저녁까지 돈을 최우선 목표로 삼고 살았는데, 어느 날 불현듯 깨닫게 된 것이 이 세상에 아무리 가난한 사람도 자기 소유를 다 쓰지 못하고 죽는다는 것이었습니다. 거지라 할지라도 주머니에 동전 몇 개 혹은 밥통이나 누더기라도 남깁니다. 그러니 좀 있다고 하는 사람이라면 가지고 있는 것 중에서 지극히 작은 부분을 쓰다가 죽는 것입니다.

그러면 한 인간이 살다가 죽었다는 것은 어떤 형태로든지 이 세상에 물질을 남기는 것을 의미합니다. 그것이 돈일 수도 있고, 통장일 수도 있고, 부동산일 수도 있고, 보석일 수도 있습니다. 한 인간의 인생이 끝났다는 것은 크든 작든 물질을 남기는 것을 의미합니다. 그 순간에 남겨진 물질이 사람을 화목케 하는 화목제물이 될 수도 있고, 사람을 해치는 우상이 될 수도 있습니다. 그러면 화목제물이 되느냐, 우상이 되느냐는 무엇으로 결정됩니까? 내가 살아생전에 그 물질을 어떤 신앙, 어떤 가치로 사용했느냐에 따라 결정됩니다. 바로 이것에 따라 내가 남긴 물질이 살아 있는 사람들을 화목하게 하는 화목제물이 될 수도 있고, 사랑하는 자식들을 원수지간 이 되게 하는 흉기가 될 수도 있습니다.

누가복음 12장 33절을 보십시다.

너희 소유를 팔아 구제하여 낡아지지 아니하는 배낭을 만들라 곧 하늘에 둔 바 다함이 없는 보물이니 거기는 도둑도 가까이 하는 일이 없고 좀도 먹는 일이 없느니라

주님께서 명령하시기를, 소유를 팔아 구제를 행하고 낡지 않는 하늘에 사라지지 않는 재물을 쌓아 두라고 하십니다. 주님께서 우리에게 무엇을 맡기셨든지 주님께서 맡기신 그 모든 것을 아낌없이 나누고 사람을 화목케 하는 화목제물로 쓰는 것이 바로 이 세상을 바르게 살아가는 지혜요, 우리가 영원히 하나님 나라에서 부요하게 되는 첩경이요, 사랑하는 자녀들이 앞으로 계속 살아갈 이 사회를 화목한 사회로 만드는 참다운 사랑인 것입니다.

2
다스리는 자는

로마서 12장 6-8절

우리에게 주신 은혜대로 받은 은사가 각각 다르니 혹 예언이면 믿음의 분수대로, 혹 섬기는 일이면 섬기는 일로, 혹 가르치는 자면 가르치는 일로, 혹 위로하는 자면 위로하는 일로, 구제하는 자는 성실함으로, **다스리는 자는** 부지런함으로, 긍휼을 베푸는 자는 즐거움으로 할 것이니라

오늘 본문은 그리스도인에게 주어진 여섯 번째 역할에 대해 언급하고 있습니다. 그 역할이란 다스리는 것입니다. 그리스도인은 교회 안팎 모두에서 다스리는 사람입니다. 그리스도인이 아니라 할지라도 이 땅 위에 살아 있는 사람은 어떤 의미에서건, 자각하든 자각하지 못하든 다스리는 사람입니다.

그런데 교회 안에 다스리는 사람이 있을 수 있습니까? '다스리다'라는 동사를 '지배하다', '군림하다'라는 뜻으로 보면 교회에서 그런 사람이 있을 수 없습니다. 그리스도인은 섬기는 이들이기 때문입니다. 본문에서 '다스리다'에 해당하는 헬라어 '프로이스테미προίστημι'

는 지배하고 군림한다는 뜻이 아닙니다. '다스리는 자'를 공동번역이나 새번역은 '지도하는 사람'이라고 번역하고 있습니다. 모든 그리스도인은 지도하는 사람입니다. 먼저 교회 다닌 사람은 나중 온 사람에게 지도하는 사람이 되어야 합니다. 나중 온 사람도 먼저 다니는 사람을 지도할 수 있어야 합니다. 왜냐하면 우리 모두는 불완전할 뿐만 아니라 우리가 아는 것이 다 다르기 때문입니다.

교회라는 울타리를 떠나서 생각해 보십시다. 우리는 가정에서 다스리는 사람입니다. 어떻게 다스립니까? 우리가 어떤 가치와 기준으로 가정을 다스리느냐에 따라 결과가 달라집니다. 한 가정을 이루고 가장이 되었다는 것은 싫든 좋든 다스리는 사람이 된 것을 의미합니다. 본문에 나오는 다스린다는 말은 부모가 자녀를 다스리는 것만을 의미하지 않습니다. 남편이 아내를, 아내 또한 남편을 다스리는 것까지 포함합니다. 가정을 넘어 일터에서도 우리는 다스리는 사람입니다. 지금은 내가 직장에서 다스림을 받는 위치에 있다 할지라도 언젠가는 다스리는 위치에 서게 마련입니다.

그리스도인이든 아니든 이 땅 위에 있는 모든 사람이 다스리는 사람이라고 할 때, 성경에서 말하는 다스린다는 것이 구체적으로 무엇을 의미하는지 알아야 합니다. '프로이스테미'라는 단어는 네 가지 뜻을 가지고 있습니다. 첫째, '앞에 두다', '앞에 서다'라는 뜻입니다. 내가 교회에서 다스리는 사람이 된다는 것은 나를 교인들 앞에 세워 둔다는 것입니다. 이것이 무슨 말입니까? 교인들로 하여금 나를 본받게 한다는 것입니다. 내가 일터에서 다스리는 사람이 된다는 것은 직장 동료들 앞에 나를 세워 두는 것입니다. 다시 말해, 나를 보고 따라오라는 의미입니다. 내가 가정에서 다스리는 사람이 된다는 것은 가족들 앞에 나를 우뚝 세우는 것입니다. 나를 본으로 삼고 나를 뒤따르라는 의미입니다.

그러면 잘 다스리는 사람은 어떤 사람입니까? 두말할 것도 없이 자기 자신을 바른 본으로 세우는 사람입니다. 지난 방학 기간 중에 저의 둘째 아이가 친구 집에 놀러갔다 왔습니다. 갔다 와서 하는 말이, 이상하다는 것입니다. 친구 엄마가 아무렇지도 않게 욕을 하기 때문이었습니다. 아이들은 부모를 주시하며 살아갑니다. 내 아빠와 친구 아빠를 비교하곤 합니다. 부모가 의식하지 못하는 순간에도 아이들은 부모를 본으로 삼습니다.

우리 각자는 교회에서 다른 사람에게 어떤 본이 되고 있습니까? 일터에서는 동료나 아랫사람들이 나의 무엇을 본받고 있습니까? 가정에서 자녀들에게 나의 어떤 것을 본으로 보여 주며 살아가고 있습니까? 이 질문과 그에 따른 대답을 늘 의식하며 살아가는 사람이 잘 다스리는 사람입니다.

둘째, '지도하다', '관리하다'라는 뜻입니다. 지도는 아무나 할 수 없습니다. 지도하는 사람이 되려면 지도할 바를 알아야 합니다. 사람을 관리하려면 관리할 수 있는 능력을 갖추어야 합니다. 다른 사람에게 하나님을 바로 섬기는 법을 지도하기 위해 우리 스스로는 하나님을 얼마나 알고 있습니까? 직장에서 관리하는 사람이 되기 위해 우리는 어떤 인품과 지도력을 갖추고 있습니까? 가정에서 자녀들을 바르게 지도하기 위해 우리는 얼마만큼 사랑의 진리를 알고 있습니까?

셋째, '보호자가 되다'라는 뜻입니다. 이것은 책임과 관련된 문제입니다. 책임을 진다는 것은 지불해야 할 대가를 치르는 것입니다. 책임을 지기 위해서는 불이익과 손해도 감수해야 합니다. 우리 교회의 지역사회봉사부는 부모가 없는 소녀 가장들의 보호자 역할을 해주고 있습니다. 보호자 역할이 말로만 됩니까? 보호자 역할을 위해서는 그들이 필요로 하는 것을 대신 지불해 주어야 합니다.

함께 신앙생활을 하는 교우 가운데 한 사람이라도 책임지기 위해 어떤 대가를 지불한 적이 있으십니까? 함께 일하는 동료를 책임지기 위해 어떤 불이익을 기꺼이 감수해 본 적이 있으십니까? 자녀를 위해 무엇을 책임지고 있다고 자신 있게 말할 수 있으십니까? 자녀를 먹이고 입히는 것으로 책임을 다하는 것입니까? 그것은 짐승도 하는 것입니다. 그러면 좋은 선생님을 모셔와 과외 공부시키는 것으로 부모의 책임을 다했다고 할 수 있습니까? 그것은 신앙이 없는 사람들이 더 잘합니다. 내가 그리스도인으로서 내 자녀, 내 가족에 대해 어떤 보호자 역할을 하고 있습니까? 어떤 신앙의 책임을 지고 있습니까? 이 질문에 대한 확실한 대답이 있을 때 가정을 잘 다스리는 남편이 되고, 아내가 되고, 부모가 되는 것입니다.

넷째, '돌보다'라는 뜻입니다. '관리'는 영어로 'management'이고, '돌봄'은 'care'입니다. 관리는 능력이 있으면 됩니다. 그러나 돌봄은 능력으로 되는 것이 아닙니다. 관심으로 가능합니다. 아무리 길에 많은 사람이 지나가도 내가 관심을 두지 않으면 시선이 가지 않습니다. 내가 관심을 두는 사람이라야 내가 돌볼 수 있습니다. 함께 신앙생활을 하고 있는 구역 식구들에게 관심을 가진 적이 있으십니까? 직장 동료가 어떤 환경에서 출근하고 있는지 관심을 가진 적이 있으십니까? 자녀가 어떤 문제 때문에 고민하고, 배우자가 어떤 고민 때문에 가슴앓이하고 있는지 관심을 가진 적이 있으십니까?

이제 우리는 대단히 중요한 사실을 깨닫게 됩니다. 다스린다는 것이 사람들 앞에서 자기를 본으로 세우는 것이요, 사람을 관리하는 것이요, 보호자로서 책임지는 것이요, 관심을 가지고 돌보는 것이라면, 그 다스림의 1차 대상은 타인이 아니라 바로 나 자신이라는 사실입니다. 자기를 먼저 다스릴 수 있는 사람만 타인을 다스릴 수 있습니다. 자기를 먼저 다스릴 수 있는 사람만 다른 사람 앞에서 자기를 본으로 세울 수 있습니다. 자기를 다스리지 않고서 타인의 본이 되면, 타인의 인생을 망치는 본이 됩니다. 내가 나를 다스리지 못하면서도 사람을 관리할 수 있습니다. 그러나 나를 다스리는 법을 알지 못하는 사람이 타인을 관리하려 하면, 상대의 인격과 자존심은 여지없이 찢어지고 맙니다. 자기를 다스릴 줄 아는 사람만 상대 인격의 손상 없이 상대를 관리할 수 있습니다. 자기를 다스리지 못하는 사람이 타인을 책임지지 못합니다. 자기를 다스리지 못하는 사람이 자녀를 올바로 돌볼 수 있습니까? 참으로 어렵습니다. 돌보려고 하면 할수록 자식의 인생에 상처만 남깁니다. 모든 그리스도인이 다스리는 사명을 잘 감당하기 위해서는 누구보다도 자기 자신을 먼저 다스릴 수 있는 사람이 되어야 합니다.

그렇다면 어떻게 해야 자신을 잘 다스릴 수 있습니까? 본문은 "다스리는 자는 부지런함으로" 하라고 말씀하고 있습니다. 부지런하게 자신을 다스리라는 것입니다. 그러면 '부지런하다'는 것은 무엇을 의미합니까? 이에 해당하는 헬라어 '스푸데σπουδή'는 네 가지 뜻을 가지고 있습니다.

첫째, 그야말로 '부지런하다'라는 의미입니다. 이때는 하나의 일에 몰두하는 것을 가리키지 않습니다. 넓은 의미로 집안일도, 직장 일도, 교회 일도, 어떤 일이든지 두려워하지 않고 수용해서 소화하고 잘 마무리 짓는 것을 말합니다. 내가 나 자신을 부지런히 다스려 간다는 것은 특정 분야, 특정 면에서만 다스리는 것을 의미하지 않습니다.

사람이 태권도로만 자기 자신을 다스려 나가면 그는 태권도 선수가 될 것입니다. 우리가 그리스도인이 된다는 것은 그리스도 안에서 완전한 사람이 되는 것입니다. 따라서 기도로, 말씀으로, 묵상으로, 예배로, 절제로, 인내로, 모든 면에 걸쳐 우리 스스로를 매일 다스리고 훈련시켜 나가야 합니다.

둘째, '열심'이라는 의미입니다. 열심이라는 단어는 깊이와 관련이 있습니다. 무엇을 깊이 파고들어 가는 것이 열심입니다. 따라서 부지런하다는 것은 모든 분야에 걸쳐 자기를 다스리되, 어떤 하나도 건성으로 소홀히 하지 않는 것입니다. 그럼으로써 우리의 생각이 깊어지고, 마음이 깊어지고, 영혼이 마르지 않는 샘물처럼 계속 깊어져 가는 것입니다.

셋째, '간절하다'라는 의미입니다. 이것은 길이와 관련 있습니다. 부지런하다는 것은 어느 한 순간에만, 어느 한 상황에서만, 어느 한 계절 동안에만 행하다가 손을 놓는 것이 아니라 한평생 지속적으로 중단 없이 행하는 것입니다. 나무가 열매를 맺는 것은 나무가 갖고 있는 지속성의 결과입니다. 뿌리가 끊임없이 땅으로부터 수분을 빨아올리고 태양 빛을 빨아들인 결과, 열매가 맺힌 것입니다. 그 일을 중단하면 열매는 맺히지 않습니다. 우리가 살아가는 동안 중단 없이 지속적으로 계속해서 우리 자신을 다스려 가면, 삶 자체가 아름다운 열매로 영글게 되는 것입니다.

넷째, '즉시로'라는 의미입니다. 부지런하다는 것은 자신을 다스려 가는 데 부족한 부분, 결여된 부분이 발견되면 지체하지 않고 즉시 보완하는 것입니다. 〈한국일보〉 설립자이자 3공화국 초기에 부총리를 지낸 장기영 선생님은 자동차를 타고 가거나 신문을 보거나 누구와 대화를 나누다가 자기가 알지 못하는 단어가 나오면, 즉시 비서를 통해 알아보라고 했다고 합니다. 그러고는 답을 받아 메모를 하고 외웠습니다. '모르는 것을 지금 기회를 놓쳐 알지 않으면, 알 수 있는 기회가 다시 오지 않는다'는 자기 철학을 지니고 있었기 때문입니다.

제 친구 가운데 그분의 비서를 1년 동안 한 친구가 있습니다. 그 친구는 일하면서 무척이나 괴로웠다고 합니다. 생판 듣지도 보지도 못했던 것을 자세히 알아봐야 했기 때문입니다. 내게 부족하고 결여된 부분을 내일 보완하겠다고 하면, 그것은 영원히 보완되지 못할 가능성이 큽니다. 내일이 되면 또 다른 문제가 생기기 때문입니다. 가장 확실한 시간은 지금 이 시간밖에 없습니다. 그래서 즉시 나를 다스려 가야 하는 것입니다.

지난달 자연농원에서 키우던 천연기념물 재두루미 한 쌍이 민통선에 방사되었습니다. 농원에서 살았다는 것은 갇혀 산 것을 의미합니다. 아무리 잘 먹고 주위 환경이 좋아도 그것은 감옥입니다. 감옥에서 살던 두루미를 자연으로 풀어주었다는 것은 두루미에게 천국이 주어진 것과 같습니다. 그런데 그 결과가 어떠했습니까? 암두루미가 트럭이 달려오는데 피하지 않아 그 자리에서 죽고 말았습니다. 왜 그렇게 되었습니까? 두루미가 자연 환경에서 살아갈 수 있도록 훈련된 적이 없기 때문입니다. 천국이 사형장과 무덤으로 변하고 만 것입니다.

우리가 주 예수 그리스도를 아무리 믿는다 할지라도, 이 땅에서부터 우리의 가정을, 우리의 일터를 주님께서 천국으로 일구어 주신다 할지라도, 우리가 천국에 걸맞게 살 수 있도록 자신을 다스리는 법을 배우지 않으면, 그렇게 자신을 다스려 나가지 않으면, 우리 인생도 두루미처럼 될 수 있습니다. 그런데 나 한 사람이 자신을 다스리지 못해 넘어질 때, 나 한 사람의 고통과 아픔으로 끝나는 것이 아닙니다. 여러 사람들에게 고통과 아픔을 주게 됩니다.

예수님께서는 모든 사람이 잠들어 있는 새벽 미명에 한적한 곳을 찾아 기도하실 정도로 자신을 다스리신 분입니다. 겟세마네 동산에서 기도하실 때는 흐르는 땀에 피가 배어 날 정도로 처절하게 자신을 다스리셨습니다. 그처럼 철저하게, 부지런히, 열심히, 간절하게 자신을 다스리셨기에, 그분 자체가 천국이었고 온 인류를 다스리는 구원자가 되실 수 있었습니다.

오늘 우리가 이와 같은 예수 그리스도를 진정으로 믿는다면, 그분이 우리에게 주신 아름다운 생명과 천국을 믿는다면, 우리는 우리 자신을 다스리는 사람이 되어야 합니다. 부지런히 다스려야 합니다. 열심히 다스려야 합니다. 간절히 다스려야 합니다. 필요할 때마다 즉시 다스려야 합니다. 자기를 다스릴 수 있는 사람만 다른 사람들 앞에서 본이 될 수 있습니다. 자기를 다스리고서야 자기에게 맡겨진 사람을 바르게 관리하고 책임질 수 있습니다. 그리고 그 사람을 주님의 마음으로 돌볼 수 있습니다. 이처럼 우리가 자신과 다른 사람을 다스려 갈 때, 우리가 서 있는 곳에서 생명의 역사가 일어날 것이요, 우리는 참그리스도인 된 기쁨과 희열을 삶의 현장에서 날마다 경험하게 될 것입니다.

3
긍휼을 베푸는 자는

로마서 12장 6-8절
우리에게 주신 은혜대로 받은 은사가 각각 다르니 혹 예언이면 믿음의 분수 대로, 혹 섬기는 일이면 섬기는 일로, 혹 가르치는 자면 가르치는 일로, 혹 위로하는 자면 위로하는 일로, 구제하는 자는 성실함으로, 다스리는 자는 부지런함으로, **긍휼을 베푸는 자는** 즐거움으로 할 것이니라

오늘은 그리스도인에게 주어진 마지막 일곱 번째 역할에 대해 생각해 보고자 합니다. 그리스도인은 교회 안팎에서 긍휼을 베푸는 사람입니다. 긍휼을 베푼다는 것은 자비를 베푼다는 것과 같은 말입니다. 여기에 해당하는 헬라어 '엘레에오ἐλεέω'는 첫째, 어떤 감정이나 생각이 아니라 구체적으로 드러나는 행동을 의미합니다. 손을 잡아 주든가, 머리를 쓰다듬어 주든가, 같이 말을 나누든가, 내 주머니에 있는 것을 꺼내어 나누든가, 무엇이든 구체적인 행동으로 드러날 때 그것이 바로 긍휼이 되는 것입니다.

둘째, 자신에 대해 부유함을 느끼는 사람이 상대적으로 약한 사

람을 위해 베푸는 행위를 의미합니다. 예를 들면, 내가 한 달에 10만 원밖에 못 번다고 하십시다. 그럼에도 나 자신에 대해 부유하다고 여기는 반면, 어떤 사람은 100만 원을 버는데도 자족함이 없습니다. 이때 스스로 부유하다고 여기는 사람만이 긍휼을 베풀 수 있습니다. 후자의 사람은 상대적 빈곤감 속에서 살아가는 사람입니다. 그 사람의 눈에는 자기보다 더 돈을 많이 버는 사람만 보입니다. 이런 사람은 절대로 긍휼을 베풀 수 없습니다.

셋째, 어떠한 대가나 보상을 요구하지 않는 것을 의미합니다. 긍휼은 상대가 누구든지 그에게 베푸는 행위로 할 바를 다한 것이지, 그 행위로 인한 어떤 대가를 기대하거나 원치 않는 것입니다.

넷째, 불쌍히 여기는 것을 의미합니다. 그러면 긍휼과 사랑의 차이가 무엇입니까? 어떤 차이가 있어서 성경은 두 단어를 다르게 사용하고 있는 것입니까? 넓은 범주로 생각하면 긍휼과 사랑은 구별될 수 없습니다. 그러나 엄밀히 보면 두 가지 이유로 차이가 있습니다. 첫째, 긍휼은 내가 이 정도면 사랑할 수 있거나 혹은 사랑할 수 있으리라는 기준에 못 미치는 사람에게 쏟아 주는 마음 씀입니다. 근래에 세상을 떠들썩하게 한 사건이 있습니다. 대학 교수가 아버지를 죽인 사건입니다. 그는 겉으로는 사람들에게 부러움을 살 조건들을 갖추고 있었습니다. 그런데 이런 사람이 사전에 치밀하게 계획해서 자기 아버지를 죽였습니다. 우리가 아무리 그리스도인이라 할지라도 이런 인면수심의 사람을 사랑할 수 있겠습니까? 그의 아내조차 자신의 남편을 사랑할 수 있겠습니까? 그의 자녀가 지금 이 순간 아버지를 사랑할 수 있겠습니까? 세월이 흐른 뒤 먼 훗날, 앙금이 다 사라지고 난 다음에는 사랑할 수 있을지 몰라도 지금 당장은 이런 사람의 가족이라는 것이 커다란 수치로 여겨질 것입니다. 우리가 아무리 그리스도인이라 할지라도, 아무리 그의 가족이라 할지라도, 그 대학 교수는 이 순간 절대로 사랑할 수 없는 사람이 분명합니다. 그러나 도저히 사랑할 수 없는 존재이기 때문에 우리가 불쌍히 여길 수 있다는 사실이 중요합니다.

저는 그가 참으로 불쌍합니다. 수많은 사람들이 돈이라는 우상을 섬기면서 돈을 최고의 가치로 만들어 놓았습니다. 그는 이 같은 사회의 한 사람의 피해자일 수 있습니다. 더구나 그는 예수님을 믿었던 그리스도인이었다고 합니다. 그러나 주님을 만나지 못한 것이었습니다. 진리를 바로 알지 못한 것이었습니다. 예수님을 믿었으면서도 세상적 가치관에 휩싸여 있었으니 얼마나 불쌍합니까? 그 한 사람의 잘못 때문에 부인과 자녀는 멍에를 메고 살아야 합니다. 이 또한 얼마나 불쌍합니까? 그를 사랑할 수는 없지만, 그러나 우리는 불쌍히 여길 수는 있습니다. 우리가 생각하는 사랑의 기준에는 그가 못 미치지만, 그렇기 때문에 우리는 그에게 긍휼을 베풀 수 있습니다. 만약 그 대학 교수가 우리 앞에 실제로 나타난다면, 세상 사람들처럼 살인마라 욕하고 손가락질할 것이 아니라 그를 불쌍히 여기며 한마디 따스한 말, 따스한 손길을 줄 수 있어야 합니다. 이것이 긍휼과 사랑의 차이입니다.

대개 그리스도인들은 주님을 향해 '긍휼히 여겨 주십시오', '자비를 베풀어 주십시오', '불쌍히 여겨 주십시오' 하고 기도합니다. 이것이 무슨 의미입니까? 내가 '나'라고 하는 인간을 살펴보건대, 감히 주님께 나를 사랑해 달라고 말할 자격이 없는 인간이니 그저 불쌍히 여겨 달라는 의미입니다. 불쌍히 여겨 주시고 버리지 말아 달라는 것입니다. 주님께서 말씀하신 기준에 전혀 못 미치는 삶을 살았지만 불쌍히 봐달라는 것입니다.

둘째, 사랑은 상대에 대한 지속적인 행동인 데 비해, 긍휼은 비지속적인 행동입니다. 예를 들어, 내가 길을 걸어가다가 길모퉁이에 앉아 있는 걸인을 봤다고 하십시다. 그래서 불쌍히 여기는 마음으로 지갑을 열어 적선했다고 하십시다. 이럴 때 사랑을 베풀었다고 하지 않습니다. 왜입니까? 내일도 그 걸인과 마주쳤을 때 적선하겠다는 마음은 대개 전제되어 있지 않기 때문입니다. 언제 만날 기약이 없습니다. 그냥 불쌍해서 적선한 것이고, 다시 만나지 못한다는 사실을 무의식중에 수용하고 헤어진 것입니다. 그래서 이렇게 지속성이 없는 경우는 긍휼을 베풀었다고 말합니다.

그런데 긍휼이 계속되면 사랑이 됩니다. 내가 아침에 출근하면서 지나치는 길모퉁이에 늘 같은 걸인이 앉아 있다고 하십시다. 오늘 그분에게 긍휼을 베풀었고, 한 달 그리고 두 달을 드리다 보니 말을 주고받으면서 마음이 통하게 되었습니다. 그래서 아침에 집을 나서면서 '오늘도 그분이 계셔야 하는데 안 계시면 어쩌나' 하고 걱정이 된다면, 이때는 사랑을 베푼다고 할 수 있습니다.

또 다른 좋은 예가 출애굽기 2장에 나옵니다. 히브리 사람 중에 요게벳과 아므람이 아이를 낳았습니다. 그런데 애굽 왕이 갓 태어난 히브리 남자 아이들을 다 강물에 던져 죽이라고 명령했습니다. 요게벳이 아기를 3개월간 숨기며 키웠다가 더 이상 숨길 수 없어, 아기를 갈대상자에 넣어 나일 강에 띄워 보냈습니다. 그런데 마침 목욕하던 애굽의 공주가 그 상자를 발견했습니다. 그리고 그 상자를 열었습니다. 그 순간을 출애굽기 2장 6절 중반절이 다음과 같이 증언하고 있습니다.

아기가 우는지라 그가 그를 불쌍히 여겨

그래서 공주는 유모로 하여금 아기에게 젖을 먹이게 하였습니다. 자기 아버지가 죽이라고 한 히브리 아기임에도 긍휼을 베푼 것입니다. 그런데 그것으로 끝났습니까? 공주는 그 후 40년 동안 아기를 왕궁에서 키우면서 그의 어머니가 되었습니다. 끊임없이 관심을 베풀고 도와주었습니다. 이것은 더 이상 긍휼이 아니라 사랑입니다. 이처럼 사랑은 지속적인 데 비해 긍휼은 비지속적이고 단발적입니다.

우리는 만나는 모든 사람을 깊이 있게 사랑할 수는 없습니다. 그러나 폭넓게 긍휼을 베풀 수는 있습니다. 그리스도인은 누구를 만나든지 폭넓게 긍휼을 베풀 수 있는 사람이어야 합니다. 세상 사람들이 다 비난하는 사람일지라도, 오히려 세상 사람들로부터 비난받는 사람이기에 그를 불쌍히 여길 수 있어야 합니다. 다시 만날 기약이 없음에도, 오히려 다시 만나지 못할 사람이기 때문에 그를 불쌍히 여겨야 합니다.

그렇다면 우리가 폭넓게 긍휼을 베푸는 사람이 되기 위해 우선적으로 유의해야 할 것이 무엇인지 살펴보시겠습니다. 첫째, 사람으로부터 받는 모든 상처를 그리스도 안에서 극복할 수 있어야 합니다. 사람은 혼자서는 살아갈 수 없으며, 다른 사람과의 관계 속에서 살아가는 존재입니다. 그러다 보면 각기 다른 생각, 다른 환경으로 인해 서로 상처를 주고받게 됩니다. 상처를 주는 데 익숙한 사람이 있습니다. 어떤 사람은 상처 받는 데 익숙합니다. 어찌 생각해 보면 아무것도 아닌 것, 전혀 상처 받을 만한 일이 아닌데 상처를 받고 괴로워하고 마음에 담을 쌓는 사람이 있습니다. 이런 사람은 다른 사람에게 긍휼을 베풀지 못합니다. 남에게 상처를 받고 그 상처를 극복하지 못하는 사람은 남에게 무엇을 해야 한다는 생각보다 누군가가 나를 위해 무엇을 해주어야 한다는 생각을 더 크게 가지기 마련이기 때문입니다.

예수 그리스도께서는 수없이 상처를 받으셨습니다. 십자가는 그분이 받았던 모든 상처의 극치입니다. 그 모든 상처는 사람이 준 것이며, 그 상처 때문에 예수님께서 죽으셨습니다. 그런데 죽으신 지 사흘 만에 부활하심으로 그 상처를 극복하셨습니다. 부활하신 예수 그리스도께 상처 자국이 없었습니까? 여전히 있었습니다. 손바닥에도 못 자국이 있었고 옆구리에도 창에 찔리신 상처 자국이 있었습니다. 그러나 그 상처가 예수 그리스도께 더 이상 해가 되지 않았습니다. 오히려 의심 많은 도마를 믿음의 길로 인도하는 표적이 되었습니다.

우리는 상처 받을 수 있습니다. 그 상처가 참을 수 없을 만큼 괴로울 수 있습니다. 그러나 우리가 부활하신 예수 그리스도 안에서 그 상처를 극복하면, 그 상처는 우리에게 더 이상 해를 끼치지 못하고 오히려 타인에게 긍휼을 베푸는 통로가 되어 줍니다.

둘째, 약한 사람의 약함을 볼 수 있어야 합니다. 약한 사람은 강한 사람과 절대로 생각이 동일하지 않습니다. 약한 사람이 내리는 결정은 강한 사람이 내리는 결정과 절대로 동일하지 않습니다. 약한 사람이 살아가는 방법은 강한 사람이 살아가는 방법과 같을 수 없습니다. 왜 그렇습니까? 약한 사람은 처해 있는 상황과 환경 자체가 강한 사람과는 전혀 딴판이기 때문입니다. 그 환경과 상황을 바로 알지 못하고 그 사람의 존재를 인정하고 수용하지 못하면, 긍휼을 베풀기는커녕 오히려 본의 아니게 비정한 사람이 되는 경우가 있습니다.

솔로몬이 죽고 그 아들 르호보암이 왕위를 계승했습니다. 그랬더니 백성의 대표가 나와서 탄원을 했습니다.

왕의 아버지가 우리의 멍에를 무겁게 하였으나 왕은 이제 왕의 아버지가 우리에게 시킨 고역과 메운 무거운 멍에를 가볍게 하소서 그리하시면 우리가 왕을 섬기겠나이다(왕상 12:4)

솔로몬의 재임 기간은 40년이었습니다. 그 40년간 쉬지 않고 대역사를 진행시켰습니다. 초기에는 예루살렘 성전을 건축했습니다. 성전 공사가 끝난 다음에는 13년 동안 자신의 왕궁을 지었습니다. 그 후 20년 동안은 전 국토에 요새를 짓고 성을 짓고 사통팔달 도로를 냈습니다. 솔로몬 입장에서 보면 이 일들은 대단히 고무적인 일이었습니다. 그러나 온갖 노동을 감당하는 백성의 입장에서는 말할 수 없는 고통입니다. 그래서 솔로몬이 죽고 난 다음 그 백성들이 새로운 임금에게 고통과 고역으로부터 자신들의 짐을 덜어 달라고 한 것입니다.

그런데 르호보암이 그 말을 듣고 대답하기를 "내 새끼손가락이 내 아버지의 허리보다 굵으니"라고 했습니다. 즉 자신이 아버지보다 더 위대하다는 것이었습니다. 그러면서 "아버지는 채찍으로 너희를 징계하였으나 나는 전갈 채찍으로 너희를 징계하리라"고 엄히 말했습니다(왕상 12:10-11). 약한 백성의 입장에 서지 않고 그들을 전혀 이해하려 하지 않는 방자한 태도입니다. 백성들이 볼 때 참으로 잔인한 말이기도 합니다. 결국, 약한 사람의 약함을 보고 긍휼을 베풀어야 할 사람이 긍휼을 베풀지 않을 때 그 결과는 나라가 두 동강이 나는 비극으로 치닫기까지 합니다.

셋째, 상대가 누구든지 사람을 사람으로 보아야 합니다. 참으로 당연한 것 같은데 절대 쉬운 일이 아닙니다. 앞서 말한 아버지를 죽인 대학 교수를 전 언론이 살인마라고 공공연하게 이야기합니다. 살인마에게는 긍휼을 베풀 여지가 조금도 없습니다. 마귀는 언제나 배척해야 할 대상입니다. 그러나 아버지를 죽인 그 사람도 사람이라는 사실을 인정하면, 긍휼을 베풀 수 있는 여지가 생기는 것입니다. 그 사람도 우리와 똑같은 사람인데, 도대체 어쩌다가 저런 불쌍한 인간이 된 것입니까? 그 사람의 아내도 사람인데 현재 겪고 있는 고통이 얼마나 크겠습니까? 길거리의 거지를 거지로만 보면 긍휼히 여길 여지가 전혀 없습니다. 더럽고 냄새나고 불결해 가까이 갈수록 득이 될 것이 없습니다. 그러나 거지를 거지로만 보는 것이 아니라 사람으로 볼 때, 저 나이에 왜 저러고 있는지, 부모님이 일찍 돌아가셨는지, 자식들이 버려서 그런 것인지 생각해 보면서 긍휼의 여지가 생기는 것입니다.

과거에는 백정을 사람으로 대하지 않았습니다. 백정이 오면 아이들이 백정에게 반말을 해댔습니다. 제가 열 살이 되기 전 무렵까지도 도축업에 종사하는 사람들은 인정받지 못하던 시절이었습니다. 이와 관련한 이야기가 있는데, 백정이 일하는 푸줏간에 두 사람이 고기를 사러 들어갔습니다. 한 사람은 "이봐! 여기 소고기 한 근 다오"라고 했습니다. 그랬더니 백정이 한 근을 잘라 주었습니다. 그런데 다른 한 사람은 아무리 백정이라도 자기보다 나이가 많아 반말하기가 민망스러워서 "박 서방, 여기 소고기 한 근 주시오"라고 했습니다. 그러자 백정이 조금 전에 준 사람보다 고기를 두 배로 잘라 주었습니다. 그러자 옆에 있던 사람이 기분이 나빠서 백정에게 "아니, 똑같이 돈을 내고 한 근을 사는데 왜 이 사람에게는 두

배를 주느냐!"고 물었습니다. 백정이 하는 말이, "손님에게는 백정이 주는 것이고, 저분에게는 박 서방이 주는 것입니다"라고 했습니다. 첫 번째 사람은 사람을 백정으로 보았고, 두 번째 사람은 백정을 사람으로 본 것입니다. 어떤 직업, 어떤 환경에 있는 사람이라 할지라도, 어떤 상황 가운데서도 그 사람을 사람으로 볼 때 말로도 긍휼을 베풀 수 있고, 그렇게 베푸는 긍휼이 그 사람의 마음을 움직일 수 있습니다.

우리가 이 같은 마음가짐으로 그리스도 안에서 상처를 극복하는 사람이 되고, 약한 사람의 약함을 보고, 사람을 사람으로 바라보며 긍휼을 베풀어 갈 때, 그 베푸는 원동력이 무엇이겠습니까? 8절 하반절을 보십시다.

긍휼을 베푸는 자는 즐거움으로 할 것이니라

긍휼의 원동력이 즐거움, 유쾌함이라는 것입니다. 내가 지금 즐겁지 않은데 어떻게 베풀 수 있습니까? 내가 지금 유쾌하지 않은데 어떻게 베풀 수 있겠습니까? '즐거움'에 해당하는 헬라어 '힐라로테스ἱλαρότς'는 '은혜롭다'는 뜻의 '힐라로스ἱλαρός'에서 파생된 단어입니다. 즉, 주님의 은혜가 긍휼의 원동력이 되는 것입니다. 내가 주님의 은혜 속에 있을 때, 내가 다른 사람을 불쌍히 여기고 긍휼히 여기는 사람이 될 수 있는 것입니다.

만약 하나님께서 우리의 지나간 삶 속에서, 우리 인생의 길목과 고비에서 우리를 불쌍히 여겨 긍휼을 베풀어 주지 않으셨다면, 오늘 우리가 어떻게 이런 모습으로 있을 수 있겠습니까? 제 경우만 보더라도 제가 칠흑 같은 어둠 속에 빠져 있을 때 주님께서 저를 불쌍히 여겨 주지 않으셨으면, 제가 어찌 목사가 되었겠습니까? 제가 어찌 지금 좋은 남편, 바른 아빠 노릇을 할 수 있겠습니까? 주님께서 저를 긍휼히 여겨 주지 않으셨다면 오늘 밤도 저의 처자식들은 눈물로 지새웠을 것입니다. 지난 시간 동안 주님께서 우리에게 끊임없이 긍휼을 베풀어 주셨기 때문에, 주님의 자비하심 속에서 우리가 오늘도 진리를 알아 바른 길을 걷기 위해 애쓰며 살아가는 사람다운 사람으로 있을 수 있는 것입니다. 주님의 이 은혜를 깨달아 그 속에서 살아간다면, 그 은혜와 더불어 살아간다면, 우리는 다른 사람에게 긍휼을 베푸는 사람이 될 수 있는 것입니다.

마태복음 5장 7절에서 주님께서 "긍휼히 여기는 자는 복이 있나니 그들이 긍휼히 여김을 받을 것임이요"라고 말씀하셨습니다. 내가 주님의 은혜 속에서 다른 사람을 불쌍히 여기고 긍휼히 여기는 삶을 살아가는 것은, 곧 나를 긍휼히 여기시는 주님을 내 삶 속에서 확인하는 비결이자 첩경입니다. 내가 긍휼을 베풀어 갈 때마다 나를 긍휼히 여기시는 주님의 손길을 느낄 수 있는 것입니다. 그렇다면 어찌 내가 즐거움과 유쾌함으로 긍휼을 베풀지 않을 수 있겠습니까? 내가 이미 경험했거나 지금 경험하고 있는 모든 고통과 아픔조차 나로 하여금 그 같은 고통과 아픔 속에 있는 사람들에게 긍휼함을 베풀도록 훈련시키시는 하나님의 은혜의 손길입니다. 이것을 깨닫는 그리스도인이 바로 성숙한 그리스도인입니다.

우리 가족 가운데 중병에 걸려 있는 사람이 있으면, 목사가 찾아가 예배를 드리고 말씀으로 권면해 줍니다. 물론 이것은 당사자와 가족에게 위로가 되어 줍니다. 그러나 참위로가 되겠습니까? 누가 찾아가 위로해 줄 때 가장 큰 사랑과 감동을 받겠습니까? 같은 중

병을 앓고 있거나 같은 병력이 있는 사람입니다. 가령 "내 속에는 지금 암 덩어리가 들어 있습니다. 나도 작년에 암 덩어리를 잘라 낸 수술 병력이 있습니다. 그런데 주님께서 나를 이렇게 사랑해 주십니다"라고 고백할 수 있는 사람인 것입니다. 내가 지금 자식을 잃었는데, 자식을 잃지 않은 사람의 긍휼이 어떻게 긍휼이 되겠습니까? 자식을 잃고 울어 본 사람, '나도 당신처럼 그런 아픔을 겪었다'고 이야기해 주는 사람의 긍휼이 사람을 살리는 긍휼이 될 수 있습니다. 한 번도 감옥에 갇혀 본 적 없는 사람, 또는 사랑하는 가족이 감옥에 갇혀 뒷바라지해 본 적 없는 사람이 어떻게 같은 처지에 있는 사람에게 긍휼을 베풀 수 있겠습니까?

어떤 교우님의 친구 중 한 분이 오래전 미국에 이민을 가서 잘 정착하여 지냈습니다. 그런데 얼마 전에 그분의 아들이 권총으로 사람을 죽였습니다. 그 아버지는 크리스천입니다. 권총으로 살인한 그 학생도 크리스천이었을 것입니다. 내 사랑하는 아이가, 평소 집에서 착실하게 보이던 아이가 총으로 사람을 죽여 감옥에 갇히게 되었다면, 참으로 막막한 일이 아닐 수 없습니다. 하나님께서 왜 자신에게 그런 고통을 주시는지 학생의 아버지가 해답을 얻지 못하자 그 아버지를 대신해 교우님이 제게 물었습니다. 제가 이렇게 대답했습니다. "어떻게 우리가 하나님의 뜻을 다 알겠습니까? 모릅니다. 그러나 한 가지 분명한 것은, 그 아이의 부모님이 이후로는 감옥에 갇힌 사람들을 위해 어떤 식으로든 자신의 삶을 헌신하면서 살게 될 거라는 점입니다."

내 자식이 감옥에 갇히게 되었다고 상상해 보십시오. 예전에는 감옥에 갇힌 사람이 다 흉악범처럼 보였지만, 그제야 비로소 사람으로 보이게 됩니다. 감옥에 갇힌 사람들의 애절함이 내 애절함이 되고, 감옥에 갇힌 다른 아이들이 모두 다 내 아들이고 내 딸이 됩니다. 아마도 그 부모님의 삶이 이렇게 바뀔 것입니다. 우리가 하나님의 크신 뜻을 어찌 다 설명할 도리가 있겠습니까? 그러나 그 부모님이 크리스천이고 그 아들이 크리스천인 이상, 하나님께서 그들을 결코 버리지 않으시리라는 것을 우리는 믿습니다. 그렇다면 그 아이가 감옥에 들어가 장기복역수가 된다 할지라도, 그 부모님과 아들은 주님의 은혜 안에 거하는 한 그곳에 있는 죄수들에게 긍휼을 베푸는 귀한 삶을 살아가게 될 것입니다. 앞서 말씀드린 아버지를 죽인 그 교수의 가족들도 이제는 경찰서에서 조사받는 사람들이 남처럼 보이지 않을 것입니다. 그들도 주님의 은혜 안에 거한다면, 앞으로 살아가면서 감옥에 있는 사람들을 위해 어떤 식으로든 긍휼을 베푸는 삶을 살아가게 될 것입니다.

얼마 전 20대 젊은 청년이 과거에 제가 겪은 아픔과 똑같은 아픔을 경험했습니다. 그래서 너무 큰 충격 속에 있기에 제 이야기를 들려주었습니다. 이야기를 다 듣고 나더니 그 청년이 "그런 아픔을 덮어 두지 않고 왜 제게 말해 주시는 건가요?" 하고 물었습니다. 저는 대답하기를 "하나님께서 나더러 자네 같은 이에게 하나님의 마음을 전해 주라고 먼저 고통을 경험하게 하셨는데, 내가 입을 닫고 있으면 되겠는가"라고 했습니다. 그러자 그 청년의 얼굴에 미소가 떠올랐습니다. 저는 덧붙여서 그 청년에게, 앞으로 살아가면서 똑같은 아픔을 겪는 사람을 만나면 그에게 하나님의 손길을 전해 주는 삶을 살라고 말해 주었습니다.

우리가 지금 어떤 고통을 당하고 있습니까? 어떤 아픔을 겪고 있습니까? 우리는 하나님께 늘 우리를 불쌍히 여겨 달라고만 합니다. 그런데 하나님께서 어떤 분이십니까? 하나님께서는 우리를 지극히 사랑하고 긍휼히 여기심으로, 자기 독생자를 죽이면서까지 우리를 구원하신 분입니다.

하나님께서 그 고통 속에서 고통을 즐기라고 우리에게 고통을 주신 것이겠습니까? 아닙니다. 여러 가지 목적과 이유가 있지만, 그중 하나가 바로 고통 가운데 훈련되고 성숙됨으로 같은 상황에 처한 사람들에게 하나님의 사랑과 긍휼을 베푸는 손길이 되도록 하기 위함입니다. 우리를 긍휼히 여기시는 주님의 인도하심에 믿음과 순종으로 나아가면, 우리는 날마다 새로운 삶을 살아가게 될 것입니다.

4
사랑에는 거짓이 없나니

로마서 12장 9-13절

사랑에는 거짓이 없나니 악을 미워하고 선에 속하라 형제를 사랑하여 서로 우애하고 존경하기를 서로 먼저 하며 부지런하여 게으르지 말고 열심을 품고 주를 섬기라 소망 중에 즐거워하며 환난 중에 참으며 기도에 항상 힘쓰며 성도들의 쓸 것을 공급하며 손 대접하기를 힘쓰라

내가 어떤 상황에 있든지 내게 베푸시는 주님의 긍휼을 힘입어 주위에 긍휼을 베푸는 사람이 될 때, 그리스도 안에서 삶의 지경이 더 넓어지고 깊어지게 됩니다. 그러면서 주님을 믿는 묘미를 더 느끼고 기쁨을 계속해서 누려 갈 수 있는 것입니다.

오늘 본문은 사랑에 대해 전하고 있습니다. 9절은 "사랑에는 거짓이 없나니"라고 시작됩니다. 사랑의 특성을 한 가지로 말하라고 한다면, 사랑에는 거짓이 없다는 것입니다. 왜 사랑에는 거짓이 없습니까? 사랑이라는 것은 인간이 가질 수 있는 감정 중에서 가장 진실된 감정이고, 인간이 행할 수 있는 행위 중에서 가장 진실된 행

위이기 때문입니다. 그래서 참사랑에는 거짓이 끼어들 틈이 없습니다. 사랑은 이처럼 진실되고 신실한 감정이요, 행동이요, 생각이기 때문에, 그리스도인과 사랑은 불가분의 관계에 있습니다.

우리가 그리스도를 믿는다고 할 때, '믿음'에 해당하는 헬라어 '피스티스πίστις'가 바로 '신실', '진실'이라는 뜻이라고 했습니다. 우리가 주님을 믿는다는 것은 진실해지는 것을 의미합니다. 주님을 믿는다는 것은 신실해지는 것을 의미합니다. 그러므로 그리스도 앞에서 신실하고 진실한 사람의 삶 속에, 신실하고 진실한 사랑이 담기는 것은 너무나 당연한 귀결입니다.

사랑에 거짓이 없다고 할 때, 이 문장의 문자적 해석은 '무대에서 말하지 않는다'입니다. 사랑은 무대에서 말하는 것이 아닙니다. 무대에서 말하는 것은 모두 진실이 아닙니다. 꾸며진 것입니다. 신실하지 않은 사람이 신실한 것처럼 연기하는 곳이 무대입니다. 전혀 진실하지 않은 사람이 진실된 것처럼 행동하는 곳이 무대입니다. 사랑은 이런 것이 아니라는 것입니다. 사랑은 진실과 신실을 연기하는 것이 아니라, 정말 진실해지고 정말 신실해지는 것입니다. 사랑한다고 하면서 그 속에 거짓이 들어 있다면, 그것은 성경이 말하는 참다운 사랑이 아닙니다. 왜 성경이 그리는 사랑이 위대합니까? 왜 사랑이 사람을 감동시키고, 왜 사랑이 힘을 발휘하고, 왜 사랑이 기적을 낳습니까? 사랑이 진실되고 신실한 것이기 때문입니다. 진실되고 신실한 것보다 더 큰 힘은 없습니다.

사랑에 거짓이 없는 이유, 사랑이 진실하고 신실한 이유는, 사랑이 악을 미워하고 선에 속하기 때문입니다. 사랑은 절대로 악한 것을 생각하지 않습니다. 사랑은 언제나 선으로 드러납니다. 사랑 자체가 진실하고 신실하기 때문입니다. 고린도전서 13장 6절은 사랑은 "불의를 기뻐하지 아니하며 진리와 함께 기뻐하고"라고 했습니다. 불의와 진리, 악과 선은 절대 한자리에 같이 있을 수 없습니다. 불의가 있다는 것은 진리가 배척되었음을 의미하고, 선이 있다는 것은 이미 악이 물러갔음을 의미합니다. 적당하게 불의와 타협하고 적당하게 악을 즐기면서 동시에 진리도 행하고 선도 드러내는 방법은 존재하지 않습니다. 따라서 악을 미워하는 것과 선을 행하는 것은 동전의 양면과도 같습니다. 악을 미워하는 것은 곧 선을 행하는 것이고, 선을 행하는 것은 곧 악을 미워하는 것입니다.

그럼에도 악을 미워하고 선을 행하는 이 두 가지 중에 어디에 더 비중을 두느냐에 따라 삶의 결과가 달라집니다. 우리가 잘 아는 이야기인데, 컵에 물이 절반가량 있다고 하십시다. 물이 절반가량 있다는 것은 컵의 절반이 비어 있다는 것입니다. 그런데 비어 있다고 보는 것과 차 있다고 보는 것 중 어디에 더 무게를 두느냐에 따라 이후 결과가 달라집니다. 비어 있다는 데 무게를 두면 절반이나 비어 있는 것이 되어 마음이 초초해지고 급해집니다. 그래서 컵에 물을 빨리 채우려고 합니다. 조급한 마음으로 일을 그르칠 수도 있고, 정도를 벗어나게 될 수도 있습니다. 반대로, 차 있다는 데 비중을 두면 물이 절반이나 차 있는 것이 되어 마음이 넉넉해지고 여유롭게 됩니다.

악을 미워하는 것과 선을 행하는 것은 똑같은 말일 수 있습니다. 그러나 악을 미워하는 것에 비중을 두면, 미워하는 악을 제거하기 위해 물리적인 힘을 사용할 수 있고 그 결과 악을 제거함과 동시에 다른 악을 불러들일 수 있습니다. 따라서 그리스도인은 악을 미워하되, 선을 행하는 것에 늘 초점을 맞춰야 합니다. 관념 속의 선, 생각 속에 머물러 있는 선이 아니라 행동화된 선, 구체적인 행동으로 드러난 선은 이미 악을 이긴 결과이기 때문입니다. 선이 드러났다는 것은 이미 그곳에 악이 존재하지 않음을 의미합니다. 세상의 악을 악한 방법으로 물리치지 않고 십자가의 선으로 물리치신 주님께서 말씀하시기를 "악에게 지지 말고 선으로 악을 이기라"(롬 12:21)고 하셨습니다. 선을 행하는 것이 악을 미워하는 것이요 악을 물리치는 것이라는 의미입니다.

거짓 없는 사랑, 악을 미워하고 선을 행함이 사람과의 관계에서 구체적으로 어떻게 드러나야 하는지 살펴보십시다. 이에 대해 10절 상반절이 다음과 같이 전합니다.

형제를 사랑하여

본문 13절을 보면 "성도들의 쓸 것을 공급하며 손 대접하기를 힘쓰라"고 하여 '성도들'을 따로 구별해서 언급하고 있습니다. 그러므로 10절에서 말하는 '형제'는 그리스도 안에서 형제자매 된 성도를 의미하는 것이 아니라, 한 핏줄을 이어받은 친형제를 의미합니다. 우리가 거짓 없는 사랑을 행한다면, 우리가 악을 미워하고 선을 행한다면, 그 행함이 친형제를 사랑하는 것으로 드러나야 하는 것입니다. 우리가 한 부모님의 핏줄을 받아 한 형제로 태어났다는 것은 실로 대단한 인연입니다. 하나님께서 지어 주신 관계입니다. 친형제라면 아무런 갈등 없이 서로 사랑할 수 있을 것 같은데, 실제로는 그렇지 않습니다. 친형제이기 때문에 사랑하기보다는 사랑하지 못하는 경우가 허다합니다.

그러면 형제를 어떻게 사랑해야 합니까?

서로 우애하고(10절 중반절)

'우애하고'는 헬라어로 '휠로스토르고스φιλόστοργος'인데, 두 단어가 합쳐진 말입니다. '친구'라는 의미의 '휠로스φίλος'와 가족 간의 사랑을 의미하는 '스토르게στοργή'입니다. 그래서 친구 같은 형제, 형제 같은 친구 사이를 이루는 것이 형제간에 서로 우애하는 것입니다. 친형제가 서로를 사랑하지 못하는 경우가 왜 생깁니까? 서로 요구하는 바가 다르기 때문입니다. 형은 형으로서 동생에게 요구하는 것이 따로 있고, 동생은 동생으로서 형에게 요구하는 것이 따로 있습니다. 문제는, 이 쌍방의 서로 다른 요구가 합일점을 찾기가 쉽지 않다는 것입니다.

저희 집의 경우를 보면, 첫째 아이는 동생들이 자기 말을 따라 주기를 바랍니다. 자기 권위가 지켜지기를 바랍니다. 그런데 동생들은 형이니까 무조건 양보해 달라고 요구합니다. 이 서로의 요구가 합일되기가 정말 쉽지 않습니다. 그런데 친구의 경우는 어떻습니까? 만약 A가 B에게 계속 요구만 한다면, 이 둘은 절대 친구가 되지 못합니다. 친구 사이는 일방적으로 요구하는 관계가 아닙니다. 무엇이든 서로 부담 없이 주고받으면서 유익이 되는 관계입니다. 그래서 서로 즐겁습니다. 그런데 형제 사이는 이것이 잘 안 되는 것입니다. 다만 친구 지간은 같은 핏줄을 이어받지 않았기 때문에 관계가 깨져 남남이 되기도 합니다.

저는 1984년 8월 2일에 삶의 길을 바꿔야겠다고 생각하면서 신학교를 가리라고 마음먹었습니다. 그러면서 이전 친구들을 안 만나기 시작했습니다. 그때로부터 불과 11년밖에 지나지 않았는데, 지금도 믿는 친구들 외에는 제가 연락해서 만나는 친구는 없습니다.

예전에는 만나서 밤새도록 함께 술 먹으며 서로가 없으면 죽을 것 같았는데 남이 되었습니다. 1980년대 초 '이산가족찾기' 방송이 국민들에게 얼마나 큰 감동을 주었습니까? 그런데 그 장면들 가운데 친구와 친구가 만나서 부둥켜안고 우는 장면이 있었습니까? 친구는 지금은 친해서 못 잊을 것 같은데 세월이 지나면 남남이 됩니다. TV에서 서로 부둥켜안고 우는 사람들은 다 핏줄 관계입니다. 그들은 어린 시절에는 사과 한쪽 놓고 싸우던 형제지간이었습니다. 그들이 부둥켜안고 울었다고 해서 앞으로 잘 지낼 것 같습니까? 의견이 맞지 않으면 또 싸우게 됩니다. 그러면서도 오랜 기간 헤어졌다가 만나면 부둥켜 우는 것이 바로 핏줄인 것입니다.

　형제끼리 우애해야 한다는 것은 친구 같은 형제, 형제 같은 친구가 되어야 한다는 것입니다. 서로에게 요구하지 않는 것입니다. 그리고 오히려 내가 무엇을 해줄까를 생각합니다. 이와 같이 우애 관계를 맺어 갈 때 친형제라는 것은 이 세상의 어떤 친구보다도 더 좋은 친구, 그 어떤 동역자보다도 더 가까운 등역자로 한평생을 살아갈 수 있습니다. 친형제가 그처럼 우애하는 것으로 사랑이 드러나는 것입니다. 우애하는 관계는 서로에게 행하는 악을 미워하고 선을 행하는 관계입니다. 그런데 이것만으로는 부족합니다.

존경하기를(10절 중반절)

　누군가를 존경한다는 것은 그 사람과의 거리를 인정하는 것을 의미합니다. 하나님께서 사람을 만들어 가족으로 맺어 주실 때, 거리 관계로 엮어 주셨습니다. 부부지간은 무촌입니다. 무촌이라서 거리가 없는 것으로 여겨지지만, 돌아서면 남입니다. 부부가 이 거리를 인정할 때 서로 존중하게 됩니다. 부부가 일심동체가 된다는 것은 서로의 거리를 제로로 만드는 것이 아닙니다. 하나님께서 아담을 만드신 뒤 하와를 만드실 때 시간상의 거리가 있었습니다. 아담은 흙으로 만드셨고 하와는 아담의 갈비뼈로 만드셨습니다. 즉, 만드는 방법상, 재료상의 거리도 있습니다. 이 거리들을 인정할 때 나와 다른 부분을 인정하고 존중하고 높여 줄 수 있는 것입니다.

부모와 자식 간의 거리는 일촌입니다. 진정으로 자식을 사랑한다는 것이 무엇입니까? 이 일촌의 거리를 인정하는 것입니다. 많은 부모님들이 이 거리를 인정하지 않습니다. 대개 부모는 자녀가 부모와 똑같은 생각을 가질 때 자녀를 착하다고 여기고 효자라고 생각합니다. 이런 부모일수록 자녀에게 깊은 상처를 줍니다. 자녀와는 반드시 일촌의 거리가 있어야 아무리 내 몸에서 태어난 자녀라도 존중하고 그 생각과 감정을 높여 줄 수 있습니다. 이 거리를 인정하지 않으면, 어느 날 한순간에 자녀는 부모 곁을 떠납니다. 그리고 더 이상 부모를 존중하지 않게 됩니다.

형제지간은 이촌입니다. 형제가 형제를 사랑하고 서로 존중한다는 것은 이촌의 거리를 인정하는 것입니다. 형제가 많으면 많을수록 다양한 생각들을 접할 수 있습니다. 이때 서로의 거리를 인정하고 존중해 가면, 형제가 적은 사람들이 누릴 수 없는 새로운 세계가 형제들 속에서 창출됩니다. 맏이라는 이유로, 혹은 가진 것이 많고 실력이 있으니 형제를 지배하고 군림하려 드는 것은 형제간의 거리를 인정하지 않는 것입니다. 거리를 인정하면, 윗사람이 아랫사람을 지배하려 하지 않습니다. 아랫사람이 윗사람보다 올라가려 하지도 않습니다. 서로 마음과 뜻과 생각과 감정을 존중하고 존경하게 됩니다. 이 속에서 거짓 없는 사랑이 품어지는 것입니다.

여기에 덧붙여 본문은 한 가지를 더 말하고 있습니다.

서로 먼저 하며(10절 하반절)

우애하는 것도, 존경하는 것도 서로 먼저 하라는 것입니다. 지금 내 동생이 나에게 우애하거나 존경할 마음이 전혀 없다고 하십시다. 이런 때에도 먼저 깨달은 사람이 먼저 하는 것입니다. 상대에게서 돌아오는 것이 없다 할지라도 먼저 하라는 것입니다. 왜입니까? 그렇게 사랑을 행하면 마침내 그 사랑이 상대를 움직이기 때문입니다. 사랑에는 거짓이 없습니다. 거짓 없는 사랑이란 악을 미워하고 선을 행하는 것입니다. 그것은 친형제지간에는 서로 우애하고 존경하는 것으로 드러납니다. 그러나 친형제지간의 사랑으로 끝난다면 그것은 참사랑일 수 없습니다. 참사랑은 핏줄 관계를 넘어서고, 가정의 울타리를 뛰어넘기 때문입니다. 13절을 보십시오.

성도들의 쓸 것을 공급하며 손 대접하기를 힘쓰라

참사랑은 가정을 넘어 교회 안에서 주님을 섬기는 성도들에게 향합니다. 더 나아가 내가 알지도 못하는 사람들에게도 확대되어 가는 것이 거짓 없는 사랑의 특색입니다. "성도들의 쓸 것을 공급하며"라는 구절은 한 교회에서 함께 신앙생활하는 성도들에 대한 내용입니다. 성도들의 쓸 것을 공급하는 일이 무척 간단한 일처럼 여겨질 수도 있습니다. 그러나 그렇지 않습니다. 상대에게 필요할 거라 판단해서 내 임의대로 공급하기는 쉽습니다. 그런데 상대가 실제로 필요로 하는 것이 무엇인지 알기 위해서는 그분의 입장에 서야 합니다. 무엇이 필요한지 알고 난 뒤 그것을 전해 줄 때는 첫째, 마음을 나누어야 합니다. 둘째, 시간을 나누어야 합니다. 셋째, 물질을 나누어야 합니다. 누가 먼저랄 것 없이 참된 성도는 먼저 이렇게 해야 하는 것입니다.

성도가 서로에게 필요한 것을 생각하고 그것을 채워 주는 삶을 살아갈 때, 성도의 만남과 친교 속에 천국이 세워지지 않겠습니까? 그런데 우리의 사랑이 예배당 울타리 안에만 머문다면 이것은 참사랑이 아닙니다. 거짓 없는 참사랑이란 예배당 울타리를 뛰어넘는 것입니다. 그래서 "손 대접하기를 힘쓰라"고 한 것입니다. 로마서가 쓰여질 당시는 동서남북 각지를 다니면서 복음을 전하는 전도자들이 많았습니다. 기독교가 공인되지 않았던 시기였기에 그들 가운데는 핍박을 받으며 정처 없이 도망 다니는 그리스도인들이 많았습니다. 그들은 가진 것이 없었으므로 어느 도시를 가든지 예수님을 믿는 성도의 집에 가서 의식주를 해결해야 했습니다. 우리가 살면서 이런 사람을 만날 때 걸인 보듯이 한두 끼 던져 주는 것으로 끝나는 것이 아니라 귀한 손님으로 여기고 극진히 대접해 주어야 하는 것입니다. 그러니까 사랑은 교회 울타리를 넘어 신앙을 가진 모든 사람을 향해야 합니다. 그런데 14절을 보면 이마저도 뛰어넘어야 함을 알게 됩니다.

너희를 박해하는 자를 축복하라 축복하고 저주하지 말라

같은 크리스천뿐만 아니라 하나님을 알지 못하는 불신자, 나를 모함하고 핍박하는 사람에게도 확산되어야 하는 것이 거짓 없는 참사랑이고, 그 같은 삶을 사는 것이 사람과의 관계에서 악을 미워하고 선을 행하는 것입니다.

9절부터 13절까지의 구조를 다시금 살펴보십시다. 거짓 없는 사랑에 대해 이야기하면서 첫째는 핏줄을 나눈 형제에 대한 사랑을 언급했습니다. 그다음에는 핏줄을 뛰어넘은 사랑에 대해 언급했습니다. 그 대상은 같은 교회의 성도, 혹은 같은 교회는 아니지만 함께 주님을 믿고 따르는 그리스도인, 혹은 그리스도인은 아니지만 이 나라에서 함께 살아가는 국민, 혹은 전 세계의 인류일 수 있습니다. 다시 말해, 같은 핏줄인 사람에 대한 사랑, 핏줄 아닌 사람에 대한 사랑을 이야기하고 있는데, 이 두 대상을 사랑함에 있어 꼭 필요한 점검 사항이 있습니다. 11-12절이 다음과 같이 전하고 있습니다.

부지런하여 게으르지 말고 열심을 품고 주를 섬기라 소망 중에 즐거워하며 환난 중에 참으며 기도에 항상 힘쓰며

누구보다 주님과 바른 관계를 맺고서야 사랑이 가능하다는 것입니다. 주님과 바른 관계를 맺지 않으면, 그 누구와도 사랑을 나누기가 어렵습니다. 주님과 바른 관계를 맺지 않으면, 사람들 속에서 선을 행하는 삶을 살기가 어렵습니다. 그러나 주님과의 관계를 바로 맺으면, 이 모든 것이 가능해집니다. 그래서 열심을 품고 주를 섬기고, 항상 기도에 힘써야 합니다. 선데이 크리스천으로 사랑을 행하기란 어렵습니다. 주일 하루 오전 파트타임 크리스천으로는 선을 행하기가 어렵습니다. 하루 세 끼 밥 먹는 시간에 하나님께 인사하듯이 머리 숙이는 정도로는 악을 미워하기 어려우며 악과 타협하기 십상입니다.

그러므로 거짓 없는 사랑, 악을 미워하고 선을 행하는 사람이 되기 위해서는 스스로 고독해질 수 있어야 합니다. '고독'을 나타내는 영어 단어로 두 가지가 있습니다. 하나는 'solitude'이고 다른 하나는 'loneliness'입니다. 그런데 그 뜻은 각각 다릅니다. 후자는 내가 사람들과 더불어 즐겁게 지내고 싶은데 내게 허물이 있어 사람들이 자꾸 나를 소외시키는 데서 오는 고독입니다. 그에 비해 나는 충분히 사회적이고 사람들과 사귈 수 있는 여건이 되는데 스스로를 사람들과 격리시켜 혼자 있는 것이 전자입니다. 그리스도인이 성도들과 만나 친교하는 것은 참 중요합니다. 아울러 중요한 것은, 스스로 의식적으로 만남을 차단하고 고독하게 하나님을 바라보는 시간을 갖는 것입니다. 무엇을 위한 고독입니까? 하나님의 사랑으로 나를 채우기 위한 고독입니다.

로마서 1장부터 11장까지의 핵심이 무엇입니까? 인간에 대한 하나님의 사랑입니다. 하나님의 사랑이 우리를 구원하셨다는 것입니다. 그분의 사랑이 죽을 수밖에 없는 우리를 의롭다고 인정하셨다는 것입니다. 그분의 사랑이 당신의 독생자를 십자가에서 피 흘리게 하심으로 내 죗값을 치러 주셨다는 것입니다. 그분의 사랑이 우리에게 영원한 생명을 주셨다는 것입니다. 그 사랑을 안다면, 그 사랑의 구원을 내가 깊이 인식한다면 어떻게 살아야 할 것인지를 이야기하는 것이 12장부터 16장까지의 말씀입니다.

내가 주님께서 원하시는 삶을 살기 위해서는 주님의 사랑으로 나를 채우는 시간이 있어야 합니다. 그렇게 하나님의 사랑으로 내 심령이 채워졌을 때, 하나님께서 수많은 사람들 중에 한 아버지 어머니 밑에서 한 핏줄로 태어나게 하신 내 형제를 사랑하지 않을 도리가 없게 되는 것입니다. 하나님께서 나를 사랑하심으로 나를 세우기 위해 얼마나 많은 사람들을 동원하셨는지 인식한다면, 그 사랑 안에서 그 사랑을 힘입어 거짓됨이 없는 사랑으로 그리스도 안에서 형제자매 된 이들을 사랑하지 않을 수 없습니다. 사랑의 나눔이 필요한 그들의 삶 속에 이미 계획해 놓으신 하나님의 나라를 바라볼 수 있기 때문입니다.

5
축복하고 저주하지 말라

로마서 12장 14-21절

너희를 박해하는 자를 축복하라 **축복하고 저주하지 말라** 즐거워하는 자들과 함께 즐거워하고 우는 자들과 함께 울라 서로 마음을 같이하며 높은 데 마음을 두지 말고 도리어 낮은 데 처하며 스스로 지혜 있는 체 하지 말라 아무에게도 악을 악으로 갚지 말고 모든 사람 앞에서 선한 일을 도모하라 할 수 있거든 너희로서는 모든 사람과 더불어 화목하라 내 사랑하는 자들아 너희가 친히 원수를 갚지 말고 하나님의 진노하심에 맡기라 기록되었으되 원수 갚는 것이 내게 있으니 내가 갚으리라고 주께서 말씀하시니라 네 원수가 주리거든 먹이고 목마르거든 마시게 하라 그리함으로 네가 숯불을 그 머리에 쌓아 놓으리라 악에게 지지 말고 선으로 악을 이기라

하나님을 믿지 않는 이웃을 거짓 없는 사랑으로 대하기 위해 우리가 마음에 새겨야 할 대원칙이 있습니다. 그것을 본문 14절이 전하고 있습니다.

너희를 박해하는 자를 축복하라 축복하고 저주하지 말라

저주한다는 것은 내 마음속에서 상대를 부정하는 것을 말합니다. 내 마음속에서 그 사람을 없애 버리는 것입니다. 그런데 저주하지 말고 그 사람을 축복하라는 것입니다. 이것이 불신자를 사랑하는 대원칙입니다.

불신자로부터 혹은 이웃으로부터, 아니면 믿는 사람으로부터도 마찬가지입니다. 타인으로부터 핍박받는 이유는 대개 두 가지입니다. 첫째는 나 자신의 잘못 때문입니다. 해야 할 책임을 다하지 못할 때, 맡겨진 일을 완수하지 못할 때 핍박받는 경우가 있습니다. 그런데 본문에서 말하는 핍박은 이런 핍박이 아닙니다. 나의 허물이나 잘못으로 인해 야기되는 핍박은 거기에 대해 내가 사과하고 책임을 지고 다시는 실수하지 않도록 훈련하고 학습해 가면 됩니다. 본문에서 말하는 핍박은 내가 예수를 믿기 때문에, 예수님을 믿는데 제대로 믿기 때문에, 바르게 살기 때문에, 진리대로 살기 때문에, 의롭게 살기 때문에, 정직하게 살기 때문에 불신자로부터 받는 핍박을 말합니다.

내가 의롭게 행하고서도 핍박을 받는다면 그것은 정말 속상한 일입니다. 이럴 때는 가만히 있을 수만은 없고 어떤 식으로든 대응해야 합니다. 그런데 이런 경우 저주하지 말고 축복하는 것이 이웃을 사랑하는 대원칙이라는 것입니다. 이것이 거짓 없는 사랑이기 때문입니다. 그런데 이것을 알고 있다 해도 관념 속에서의 해답이지, 실생활에서 우리를 핍박하는 사람을 축복하기란 참으로 어렵습니다.

왜 우리를 핍박하는 사람을 축복해 주어야 합니까? 어떻게 그것이 거짓 없는 사랑일 수 있습니까? 첫째, 그리스도를 믿으므로 핍박당한다는 것은 내가 진정한 그리스도인이라는 증거이기 때문입니다. 우리가 어설프게 예수님을 믿으면, 예수님을 믿는 것 때문에 절대로 핍박받지 않습니다. 예수를 믿으면서 적당하게 불의를 행하며 살아가면, 융통성 있는 사람이라는 말을 들으며 그 주위에 사람들이 들끓습니다. 세상 사람들이 행하는 것과 똑같이 악한 방법으로 열매를 거두고 나서 마음껏 인심 쓰며 나눠 주면, 모여 드는 수많은 사람들에게 최고라는 말을 듣게 됩니다. 예수님을 믿는다는 이유로, 진리를 따른다는 이유만으로 핍박을 받는다면, 그 사람은 정말 불의와 타협하지 않기 때문입니다. 누구로부터 불의한 것을 제의받아도 그것을 거절하므로 핍박받는 것이기 때문입니다. 누가 나에게 조금만 돌아가자고 할지라도, 나는 정도만을 걷고자 하기 때문에 그렇습니다.

그러므로 내가 그리스도를 바로 믿음으로 인해 핍박받는다면, 나를 핍박하는 그 사람이야말로 하나님과 사람 앞에서 나의 참된 그리스도인 됨을 증언해 주는 증인이 되는 것입니다. 어떻게 보면 내가 감사해야 하는 사람입니다. 하나님 앞에서 고마운 사람입니다. 그래서 저주할 수 없고 오히려 축복해 주어야 하는 것입니다.

둘째, 핍박은 우리의 삶에서 하나님의 형상을 드러내 보여 주는 증표이기 때문입니다. 내가 선을 행하고도 받는 핍박의 고통, 그 속상함의 과정을 통해 내 삶의 모난 부분들이 더욱 다듬어지게 됩니다. 모나게 튀어 나와 있는 면들 때문만이 아니라, 내 속의 욕망과 이기심 때문에 감추어져 있던 하나님의 형상이 비로소 드러나게 됩니다.

내 앞에 씨앗이 하나 있다고 하십시다. 모양이 어떻게 생겼든지 이 씨앗은 나무의 참모습이 아닙니다. 나무의 참모습은 씨앗 속에 감추어져 있습니다. 그런데 씨앗을 책상 위에 가만히 놓고만 있으면, 그 씨앗의 참모습이 드러납니까? 천 년이 지나도 드러나지 않습니다. 흙 속에 들어가 여러 핍박을 받아야 드러납니다. 씨앗을 땅에 파묻는다는 것은 씨앗 입장에서 보면 핍박입니다. 흙 냄새, 짓눌림, 질식할 듯한 환경⋯⋯얼마나 큰 핍박입니까? 이 핍박에 자기 스스로 대항할 길이 없어 씨앗이 썩습니다. 그리고 그제야 씨앗에 숨겨져 있던 나무의 참모습이 드러나기 시작합니다. 그리고 마침내 열매도 맺습니다. 그리고 나무의 열매와 가치를 모두에게 공급해 주게 됩니다. 이런 의미에서 씨앗에 대한 흙의 핍박은 핍박이 아닙니다. 그것은 씨앗에 대한 은총이고 사랑의 손길이 됩니다.

이 자리에는 지나간 세월 동안 주님의 말씀대로 살았기 때문에 말할 수 없는 핍박을 받았거나 지금도 핍박받고 있는 분들이 계실 수 있습니다. 한 가지 분명한 것은, 그 같은 핍박으로 오늘날 자신이 좀더 성숙한 그리스도인으로 가꾸어졌다고 그분들이 한결같이 고백한다는 사실입니다. 그분들 가운데 누구도 이 사실을 부인하지 않습니다. 그렇다면 우리가 하나님을 믿는 신앙의 큰 틀에서 내려다볼 때 우리를 핍박한 사람을 저주할 수 없습니다.

무슨 일이든지 내 앞에서 일어나는 것, 하나의 현상, 특정 사건, 특정 인물 자체만을 주목하면, 매일 저주가 끊이지 않게 됩니다. 매일 화낼 일만 있습니다. 그러나 하나님을 믿는 사람으로서 신앙의 큰 틀 속에서 다시 한 번 들여다보면, 저주하지 않아야 할 일들이 훨씬 많습니다. 나를 핍박한 그 사람을 통해 나를 가다듬어 주시는 하나님의 손길을 느낄 수 있습니다. 따라서 그를 위해 오히려 축복해 줄 수 있는 것입니다.

셋째, 나를 핍박하는 사람을 축복하는 것은 곧 나 자신을 축복하는 것이기 때문입니다. 축복이 무엇입니까? '축'은 기원할 축祝, '복'은 복 복福 자입니다. 즉 축복해 준다는 것은 하나님의 복이 그에게 임하기를 기도해 준다는 의미입니다. 복이란 창대케 되는 것입니다. 외적으로 양적으로 커지는 것이 복의 첫 번째 개념입니다. 그러나 이것은 복의 최하위 개념입니다. 두 번째 의미는 함께 사는 사람들과 행복을 나누는 것입니다. 잠언 17장 1절에서 이르기를 "마른 떡 한 조각만 있고도 화목하는 것이 제육이 집에 가득하고도 다투는 것보다 나으니라"고 했습니다. 우리가 이 세상에서 확실하게 경험할 수 있는 천국과 지옥이 있는데, 바로 사람과의 관계입니다. 사람과의 관계가 뒤틀어지면 고대광실高臺廣室에서 살아도 그곳은 지옥입니다. 그러나 사람과의 사이가 행복한 삶으로 연결되어 있다면 초가삼간草家三間이라도 그곳은 천국입니다. 더불어 사는 사람들과 나누는 행복은 아무리 큰 돈을 주어도 살 수 없습니다. 세 번째 의미는 선하고 아름다운 마음으로 살아가는 것입니다. 우리 주위를 가만히 살펴보면, 정말 아름답게 사는 사람들이 있습니다. 자태가 아름답고 비싼 옷을 입어서가 아니라, 생각 자체가 아름다운 분들이 있습니다. 그분들과 이야기를 나누다 보면 우리 자신의 얼굴이 붉어질 때가 있습니다. 어떻게 나는 저런 생각을 못했을까? 어떻게 저분은 저렇게 아름다운 생각을 할 수 있을까? 생각만 하는 것이 아니라 어떻게 실천까지 할 수 있을까? 그분들이 그처럼 아름다운 삶을 살 수 있는 것은 하나님께서 날마다 함께하시는 것을 경험하기 때문입니다. 네 번째 의미는 정도를 걷는 것입니다. 어떤 불의가 가로막는다 할지라도 정도를 걸어가는 것이 복입니다. 어떻게 정도로 걸어갈 수 있습니까? 영원을 타라보면 가능합니다. 지금 당장 이 일을 함으로써 내 주머니가 두툼해질지 모르지만 영원을 놓고 보면 결국 나 자신을 해치는 일이 되므로 방향을 제대로 잡을 수 있게 되는 것입니다. 마지막으로, 하나님께 가까이 나아와 하나님 앞에 무릎 꿇은 것, 하나님과 더 친해지고 더 깊은 관계를 맺어 가는 것이 가장 큰 복입니다.

이상과 같은 복된 사람만이 날마다 하나님과 함께 호흡하며 살 수 있습니다. 세상에서 얼마나 많은 것을 소유했느냐가 문제가 아닙니다. 죽을 때 후회가 남지 않도록 살아가는 것이 중요합니다. 얼마나 많은 사람들이 죽을 때 후회하면서 죽습니까? 복다운 복을 누리지 못했기 때문입니다. 진짜 복을 누린 사람들은 후회 없이 살다가 하나님 나라에 가는데, 후회할 것이 뭐가 있겠습니까?

저는 저를 핍박하는 사람을 위해 이렇게 축복하며 기도합니다. '하나님, 저분이 하는 일이 창대케 되려니와. 더불어 사는 사람들과 저분이 행복하게 해주시고, 저분이 선하고 아름다운 생각을 갖게 해주시고, 저분이 늘 바른 길을 걷게 해주시고, 하나님과 더 깊은 관계를 맺는 사람이 되게 해주십시오.' 만약 이 기도가 응답되었다고 하십시다. 그가 정말 하나님을 믿는 신실한 그리스도인이 되었다고 하십시다. 그러면 그가 나를 계속 핍박하겠습니까? 안 할 것입니다. 오히려 나의 좋은 신앙의 동역자와 벗이 될 것입니다. 그러면 그로부터 핍박이 끊어지고 그와의 관계가 아름다워졌으니, 결국 그것이 나 자신을 위한 축복이 되는 것입니다.

내가 그와 같은 축복을 해주어 응답되었다면, 그를 향한 하나님의 복이 누구를 통해 간 것입니까? 나를 통해 간 것입니다. 그렇다면 나는 어떤 사람이 되었습니까? 복의 통로, 복의 근원이 된 것입니다. 창세기 12장 2절에서 하나님께서 아브라함에게 말씀하시기를 "내가 너로 큰 민족을 이루고 네게 복을 주어 네 이름을 창대하게 하리니, 너는 복이 될지라"고 하셨습니다. 땅의 모든 족속이 아브라함으로 인하여 복을 얻을 것이라는 말씀입니다. 내가 남을 위해 축복해 주었는데 그 축복이 응답되었다면, 곧 나 자신이 하나님께로부터 복이 되었음을 인정받은 것입니다. 그때 하나님께서 약속하시는 바가 무엇입니까? 나의 사랑하는 후손들이 하나님의 영원한 자녀로 세움 받게 되리라는 것입니다. 남을 축복하는 것은 자신을 축복하는 것입니다. 자신의 미래를 축복하는 것입니다.

그뿐만 아니라 마태복음 10장 11-13절에 주님께서 제자들을 파송하면서 이렇게 말씀하셨습니다.

어떤 성이나 마을에 들어가든지 그 중에 합당한 자를 찾아내어 너희가 떠나기까지 거기서 머물라 또 그 집에 들어가면서 평안하기를 빌라 그 집이 이에 합당하면 너희 빈 평안이 거기 임할 것이요 만일 합당하지 아니하면 그 평안이 너희에게 돌아올 것이니라

여기에서 '평안을 빈다'는 것은 복을 빈다는 것과 똑같은 의미입니다. 내가 나를 핍박하는 사람을 위해 복을 빌어 주었는데, 하나님께서 보시기에 내가 빈 복이 그에게 합당하면 나를 복의 근원 삼아 그에게 복을 내리실 것이지만, 하나님께서 보실 때 그 사람이 복 받을 사람이 아니라면 그 복이 나 자신에게 돌아오게 되는 것입니다. 그러니까 내가 남을 위해 축복해 주면 그것이 이루어져도 나를 위한 축복이 되고, 이루어지지 않는다 할지라도 결국은 나를 위

한 축복이 됩니다. 따라서 나를 핍박하는 사람이라 할지라도 축복할 수 있는 것입니다.

넷째, 방금 이야기한 것과 똑같은 논리로 남을 저주하는 것은 자기를 저주하는 것이기 때문입니다. 내가 누구를 저주했을 때 그가 저주받아 마땅한 사람이라면 저주가 임하겠으나, 하나님께서 보실 때 전혀 저주받을 사람이 아니면 그 저주는 나에게 돌아오게 됩니다.

말끝마다 남을 저주하는 사람, 말끝마다 남에 대해 악담하는 사람이 과연 복된 삶을 살 수 있겠습니까? 결코 그렇지 않습니다. 하나님의 법칙이 그렇기 때문입니다. 그런데 남에게 복을 많이 빌어 주는 사람, 입을 열면 남의 덕담을 하는 사람치고 복 받지 않는 경우가 없습니다.

믿음이라는 것은 자기 발견이요, 자기 사랑이요, 자기 가꿈입니다. 믿음은 하나님의 자녀 된 나 자신을 발견하는 것입니다. 그리고 새로운 피조물로 거듭난 나를 사랑하는 것입니다. 사람들은 자신을 사랑할 줄 모릅니다. 사람들이 자기를 사랑한다고 할 때 그 사랑은 자기 욕심, 자기 이기심, 자기 본능인 경우가 많습니다. 그런 사랑은 오히려 자기 자신을 죽입니다. 그런데 하나님 앞에서 새로운 피조물이 된 나 자신을 발견하면, 그다음부터는 하나님의 자녀 된 나 자신을 사랑하게 됩니다. 그때 비로소 하나님의 자녀 된 나를 진리로 가꾸어 가게 됩니다. 이런 까닭에 하나님을 믿는 사람들은 이 세상 그 누구보다 아름다워질 수 있습니다. 생각 자체가 아름다워지고 삶 자체가 아름다워지는 것입니다.

나를 저주하는 사람이라 할지라도 내가 축복하는 것이 하나님의 자녀 된 사람으로서 나를 아름답게 가꾸는 일이기 때문에, 나를 핍박하는 사람을 저주하는 것은 하나님 앞에서 나를 해치는 것입니다. 이 대원칙을 분명히 깨닫고 우리의 삶 속에 적용하면, 불신자들과의 모든 관계가 사랑 안에서 포용될 수 있습니다.

15절이 다음과 같이 말씀합니다.

즐거워하는 자들과 함께 즐거워하고 우는 자들과 함께 울라

안요한 목사님은 이 말씀을 모토로 하여, 앞을 못 보는 분들과 함께 즐거워하고 함께 울며 살아가고 계십니다. 그런데 왜 하필 앞을 못 보는 분들과 더불어 그 같은 삶을 살아가고 계십니까? 그분이 앞을 못 보기 때문입니다. 앞서 말씀드린 바 있지만, 내가 겪은 고통과 같은 고통을 겪고 있는 사람들과 함께 삶을 나누는 것에서 사랑의 삶이 시작됩니다. 그러면 어떻게 이런 일이 가능합니까? 그것이 하나님 앞에서 나를 아름답게 가꾸는 일이기 때문에 가능한 것입니다.

사람들의 마음이 같아지지 않는 이유가 무엇입니까? 모두들 겉으로 표현하지는 않지만 상대방보다 자기 자신에 대해 우월감을 갖고 있기 때문입니다. 늘 상대를 내려다봅니다. 그러니 마음에 장벽이 생겨 하나가 되지 못하는 것입니다. 본문 16절이 다음과 같이 명하고 있습니다.

서로 마음을 같이하며 높은 데 마음을 두지 말고 도리어 낮은 데 처하며 스스로 지혜 있는 체하지 말라

한마디로, 나 자신이 낮아지라는 것입니다. 내 마음이 낮아지는 것은 상대방의 마음을 높여 주는 것입니다. 모든 상황이나 여건을 보았을 때 내가 우월하다 할지라도, 낮은 곳으로 내려가 상대를 높여 주어야 한다는 것입니다. 상대를 높여 주는 마음을 품을 때 비로소 상대의 장점이 보입니다. 나에게 없는 것이 상대에게 있음을 알게 됩니다. 그때부터 그 사람과 마음의 조화를 이루게 됩니다.

이어서 17절 말씀을 함께 보시겠습니다.

아무에게도 악을 악으로 갚지 말고 모든 사람 앞에서 선한 일을 도모하라

"도모하라"는 말의 원뜻은 미리 생각하라는 의미입니다. 믿음을 우리가 여러 가지로 정의할 수 있는데 그 가운데 하나가 '선택'입니다. 우리는 살아가면서 순간순간마다 끊임없이 선택해야 합니다. 무엇을 선택하느냐에 따라 그 사람이 믿음의 사람이냐 아니냐가 결정됩니다. 내게 아픔을 주고 고통을 주는 사람에게 악으로 대하는 방법을 선택할 수도 있고, 선으로 행하는 방법을 선택할 수도 있습니다. 이것은 전적으로 나의 자유입니다. 그런데 내가 무엇을 선택하느냐에 따라 결과는 전혀 달라집니다. 그러므로 어떤 상황에서든지 먼저 선을 생각하고 택하라는 것입니다.

우리는 이쪽 길로 가면 신앙인으로서 떳떳한 신앙의 길을 걷게 되고, 저쪽 길은 그렇지 않다는 것을 잘 알고 있습니다. 헷갈릴 때는 밤새 갈등하게 되지만, 그렇게 고민하고서 신앙의 길을 선택하면 마음이 편합니다. 그리고 내가 버린 것에 대해서는 미련이 없게 됩니다. 왜 그렇습니까? 내가 바른 길을 선택하는 그 순간부터 하나님께서 나와 함께하시는 것을 내가 알기 때문입니다. 내가 흔들렸다는 것은 하나님께서 나와 함께하신다는 믿음이 흔들린 것입니다. 내가 바른 길을 선택하면 하나님께서 나와 함께하신다는 믿음 자체를 선택한 것이므로, 그 순간부터 하나님의 인도하심이 보이게 되고 흔들리지도 않게 됩니다. 따라서 악한 일과 선한 일은 늘 우리 앞에 놓여 있는데, 어떤 상황에서나 선한 쪽을 먼저 생각하고 선택해야 합니다. 그러면 하나님의 인도하심 속에서 계속 정도를 걸어갈 수 있습니다.

만일 나에게 고통과 아픔을 주는 사람에게 악한 방법으로 대응했다고 하십시다. 화를 내며 싸우기도 하고, 사흘이고 나흘이고 계속 신경전을 벌이면, 그때부터 혈압이 오르고, 소화도 안 되고, 심장 박동도 달라지게 됩니다. 이것은 자신을 소멸시키는 길입니다. 악한 길을 선택하면 짧은 순간 속이 후련할지는 몰라도 그 이후부터는 모든 것이 소멸의 길을 걷게 됩니다. 그러나 미리 선한 것을 생각하고 선택하면, 하나님 앞에서 내 삶이 아름답게 꽃피어 나게 됩니다.

그다음 18절 말씀입니다.

할 수 있거든 너희로서는 모든 사람과 더불어 화목하라

나를 핍박하는 사람이라 할지라도 할 수 있는 한, 즉 포기하지 말고 쓸 수 있는 방법을 다 써서 그와 화목하라는 의미입니다.

내 사랑하는 자들아 너희가 친히 원수를 갚지 말고 하나님의 진노하심에 맡기라 기록되었으되 원수 갚는 것이 내게 있으니 내가 갚으리라고 주께서 말씀하시니라

19절에서 바울은 원수에 대한 이야기를 할 때 먼저 "내 사랑하는 자들아"라고 부르고 있습니다. 이것은 이후 내용이 그만큼 더 중요하다는 것을 의미합니다. 그래서 정말 간곡히 호소하는 마음으로 이야기하려는 것입니다. 그 내용은 우리가 직접 원수를 갚지 말고 그것을 하나님께 맡기라는 것입니다. 왜 우리가 원수를 직접 갚아서는 안 됩니까? 원수가 되는 것은 원한이 쌓였기 때문입니다. 그런데 이 원한이라는 것은 그 뒤에 '쌓이다'라는 동사가 오듯이, 쌓이는 데 시간이 걸립니다. 그래서 원수 관계는 알고 지내던 사람 사이에 이루어지게 됩니다. 적어도 1년, 2년, 10년, 20년 서로 깊이 알다가 원한이 쌓이고 쌓여 원수가 되는 것입니다. 따라서 원수가 된다는 것은 절대 한 사람의 과실로 되지 않습니다. 서로에게 잘못이 있음을 의미합니다.

원수 된 사람들의 이야기를 들어보면 양쪽 모두 옳습니다. 이것은 양쪽 모두에게 옳지 않은 점이 있다는 것을 말합니다. 그러므로 내게도 허물이 있음에도 내가 원수를 정죄하고 심판하는 것은 결국 자기 자신을 심판하는 것입니다. 상대에게 100퍼센트 허물이 있지 않은 한 그 정죄는 나 자신에게 돌아오게 됩니다. 그래서 함부로 심판해서는 안 되며, 옳고 그름의 판단을 하나님께 맡기라는 것입니다.

그리고 20절은 다음과 같이 권유하고 있습니다.

네 원수가 주리거든 먹이고 목마르거든 마시게 하라 그리함으로 네가 숯불을 그 머리에 쌓아 놓으리라

이것은 잠언 25장 21-22절에서 인용한 말씀입니다.

네 원수가 배고파하거든 음식을 먹이고 목말라하거든 물을 마시게 하라 그리하는 것은 핀 숯을 그의 머리에 놓는 것과 일반이요 여호와께서 네게 갚아 주시리라

　　원수로 생각한다 할지라도 그에게 선한 것으로 복을 빌어 주고 거짓 없는 사랑으로 대해 주면, 그가 나에게 부끄러움을 느끼리라는 것입니다. 그리고 하나님께서 역사하시고 책임지실 것이니 끝까지 그에게 사랑의 방법으로 대해 주라는 것입니다.

　　21절의 결론은 "악에게 지지 말고 선으로 악을 이기라"는 것입니다. 로마서 12장 9-21절을 다른 말씀에 적용시킨다면, 마태복음 22장 37-39절을 생각해 볼 수 있습니다. 율법사들이 예수님께 묻기를, 계명 중에서 어떤 계명이 제일 크냐고 했습니다. 그랬더니 예수님께서 "네 마음을 다하고 목숨을 다하고 뜻을 다하여 주 너의 하나님을 사랑하라 하셨으니 이것이 크고 첫째 되는 계명이요, 둘째도 그와 같으니 네 이웃을 네 자신같이 사랑하라 하셨으니"라고 답하셨습니다. 바꾸어 말하면, 자신을 사랑하는 법을 모르는 사람은 절대로 이웃을 사랑하지 못한다는 것입니다.

　　사람들이 이웃 사랑, 이웃 사랑을 외치면서도 왜 실제로는 행하지 않는 것입니까? 자기 이기심, 자기 욕심을 사랑하기 때문입니다. 이웃을 이기심으로 만나니 이웃을 사랑할 수 없는 것입니다. 따라서 하나님을 진실로 사랑하면서 자기를 발견하고 자기를 진리로 가꾸어 가는 사람만이 형제도 사랑하고, 배우자도 사랑하고, 성도도 사랑하고, 이웃도 사랑하게 되는 것입니다. 그 사랑은 자기를 가꾸는 일이 되어 나 사랑, 이웃 사랑, 하나님 사랑이 계속해서 깊어지고 원숙해지고 완성되어 가게 됩니다. 하나님을 사랑하고 하나님

과 바른 관계를 맺어 자신을 사랑하는 법을 배우고, 나를 사랑하는 그 사랑으로 또 타인을 사랑하고, 그 사랑으로 나를 가꾸어 가는, 이 같은 사랑의 세포 분열이 여러분 모두의 삶에서 계속해서 이루어지기를 주님의 이름으로 축원합니다.

6
선으로 악을 이기라

로마서 12장 14-21절

너희를 박해하는 자를 축복하라 축복하고 저주하지 말라 즐거워하는 자들과 함께 즐거워하고 우는 자들과 함께 울라 서로 마음을 같이하며 높은 데 마음을 두지 말고 도리어 낮은 데 처하며 스스로 지혜 있는 체 하지 말라 아무에게도 악을 악으로 갚지 말고 모든 사람 앞에서 선한 일을 도모하라 할 수 있거든 너희로서는 모든 사람과 더불어 화목하라 내 사랑하는 자들아 너희가 친히 원수를 갚지 말고 하나님의 진노하심에 맡기라 기록되었으되 원수 갚는 것이 내게 있으니 내가 갚으리라고 주께서 말씀하시니라 네 원수가 주리거든 먹이고 목마르거든 마시게 하라 그리함으로 네가 숯불을 그 머리에 쌓아 놓으리라 악에게 지지 말고 **선으로 악을 이기라**

내가 정말 바르게 살기 때문에, 불의와 타협하지 않기 때문에 사람들로부터 핍박을 당한다면 하늘에서 주어질 상을 생각하며 오히려 기뻐하라고 주님께서 친히 말씀하셨습니다.

의를 위하여 박해를 받은 자는 복이 있나니 천국이 그들의 것임이라 나로 말미암아 너희를 욕하고 박해하고 거짓으로 너희를 거슬러 모든 악한 말을 할 때에는 너희에게 복이 있나니 기뻐하고 즐거워하라 하늘에서 너희의 상이 큼이라(마 5:10-12상)

또한 바울서신을 읽어 보면 공통적인 특징이 하나 있습니다. 바울이 스스로 자기 자신을 칭할 때 사도라는 것을 강조하는 것입니다. 그 이유는 바울에게 "네가 무슨 사도냐" 하고 핍박하는 사람들이 있었기 때문입니다. 많은 사람들은 바울에게 예수도 보지 못했고 예수 믿는 사람들을 죽이러 다녔으면서 언제 예수로부터 사도로 부르심을 받았느냐며 핍박했습니다. 그런데 중요한 것은 그렇게 핍박하는 사람들이 있었기 때문에 바울이 정말 사도로서 언행과 덕목을 지키고자 끊임없이 자신을 가꾸어 갈 수 있었다는 점입니다. 그래서 바울은 핍박하는 사람들을 저주하지 않았습니다.

나를 핍박하는 사람을 위해 축복하는 것은 기도 자체가 아니라 그 기도를 통해 그 사람과의 관계를 회복하는 데 목적이 있는 것입니다. 그리고 그를 사랑하는 마음으로 간절히 복을 빌며 기도할 때, 그의 감정을 수용할 수 있는 능력이 생기게 됩니다.

사실 핍박하는 사람을 축복해야겠다는 마음은 간절한데, 그를 만나는 순간 1분도 안 돼서 그 마음이 사라져 버리는 것을 대부분 경험해 보셨을 것입니다. 나를 핍박하는 사람이라면 나에게 좋은 감정으로 대하지 않는 사람입니다. 그래서 그가 악한 감정으로 나오면 그 사람의 감정을 수용하지 못해 내 기분이 상해 버리는 것입니다. 이때 그 사람을 위해 진정으로 기도하그 축복하면, 그 사람의 감정을 수용하는 것이 곧 그 사람의 존재를 인정하는 것임을 비로소 깨닫게 됩니다. 상대의 존재를 인정한다는 것은 그가 나에게 제일 먼저 표출하는 감정부터 수용하는 것을 의미합니다. 그가 제일 먼저 표출하는 감정을 수용하지 못하면, 상대에 대한 인정이 불가능해집니다.

"즐거워하는 자들과 함께 즐거워하고, 우는 자들과 함께 울라"는 15절 말씀은 바로 그러한 상대의 감정 속으로 들어가라는 것입니다. 나를 핍박하는 사람을 볼 때면 그 핍박하는 사람의 존재 자체를 부정하게 됩니다. 존재 자체를 부정한다는 것은 그 사람의 감정 역시 부인하는 것입니다. 그러면 나를 핍박하여 나로부터 부인당한 사람은 목석과 같은 인간이 되어 버리는 것입니다. 그런데 과연 그렇습니까? 그 사람도 감정을 지닌 인간으로, 기뻐할 때가 있고 슬퍼서 울 때가 있습니다. 내가 정말 그를 위해 기도해야 그가 슬퍼하는 감정 속으로 들어갈 수 있게 됩니다. 그렇게 함으로써 그 사람 자체를 인정하게 되고 그의 감정 속에서 그가 나를 핍박하는 이유를 이해할 수 있게 됩니다. 그제야 비로소 등 돌리고 있던 관계가 개선되기 시작합니다.

나를 핍박하는 사람이 기뻐할 때 내가 배가 아프고, 그가 슬퍼할 때 내게서 어깨춤이 나온다면, 입으로는 그를 위해 기도하지만 실상 내 영혼 깊은 곳에서는 그를 축복하고 있는 것이 아님을 의미합니다. 내가 정말 그를 축복한다면, 반드시 그와 더불어 즐거워하고 슬퍼할 수 있는 감정의 변화가 생길 수 있도록 주님께서 역사하십니다. 중요한 것은 이처럼 상대의 감정을 수용하기 시작하면 변화가 일어나게 된다는 사실입니다.

16절 상반절에서 "서로 마음을 같이하며"라는 구절의 원뜻은 서로 마음의 조화를 이룬다는 의미입니다. 자동차에서 가장 수고하는 부분은 바퀴일 것입니다. 바퀴가 서 있는 한 자동차는 움직이지 않습니다. 엔진의 피스톤도 계속 움직이지만, 비탈길에서는 피스톤이 움직이지 않아도 바퀴는 굴러갈 수 있습니다. 바퀴는 어느 길이든지 굴러가야 합니다. 그런데 이렇게 수고하고 애쓰는 바퀴를 시도 때도 없이 브레이크가 누릅니다. 그것이 바퀴에게는 핍박이고 고통일 수 있습니다. 그러나 자동차를 만들고 사용하는 사람의 입장에서 볼 때 그것은 조화를 이루는 것입니다. 브레이크가 없으면 자동차는 흉기가 됩니다. 브레이크가 때를 맞추어 바퀴를 제어해 주기 때문에 자동차가 비로소 문명의 이기가 될 수 있는 것입니다. 이렇게 볼 때 바퀴에 달려 있는 브레이크는 핍박일 수 없습니다.

사람과의 관계를 예로 들어 보십시다. 내가 집을 떠나 남편에게 시집 와서 갖은 애를 다 씀에도 시어머니로부터 구박을 받는다고 하십시다. 그런데 하나님의 시각에서 본다면, 나를 핍박하는 그 시어머니가 계시기 때문에 내가 사랑하는 남편이 존재할 수 있는 것이고, 내 눈에 넣어도 아프지 않은 내 자녀 또한 지금 존재할 수 있는 것입니다. 하나님께서 시어머니와 나와의 관계, 내 남편과의 관계를 통해 역사하시는 그 조화를 생각해 보면, 그것을 핍박으로만 생각하는 단순한 사고에서 탈피하게 됩니다.

내가 어느 조직체 내에서 아무리 열심히 일해도 상사로부터 핍박을 당한다면, 참으로 괴로운 일이 아닐 수 없습니다. 그런데 한 발 뒤로 물러서서 직장 전체의 조화를 생각해 보면, 나를 핍박하는 그 상사가 있기 때문에 이 직장이 존재할 수 있고, 이 직장 때문에 내 사랑하는 가족의 의식주가 해결되고 있음을 발견하게 됩니다. 그리고 여기에서 더 나아가 신비로운 주님의 손길을 깨닫게 되면서 내 판단과 생각이 근본적으로 바뀌게 됩니다.

이 조화를 깨달은 사람은 나머지 16절 말씀인 "높은 데 마음을 두지 말고 도리어 낮은 데 처하며 스스로 지혜 있는 체하지 말라"는 말씀도 이해할 수 있습니다. 사람과의 관계에서 하나님의 신비스러운 조화를 인정하고 수용하면, 나를 아무리 핍박하는 사람이라 할지라도 그 사람보다 더 낮은 곳에서 그 사람을 우러러보게 됩니다. 바꾸어 말하면, 그 사람에게 있는 장점에 주목하게 됩니다. 또 다르게 표현하면, 내 앞에서의 그 사람 행동만을 보는 것이 아니라, 나 아닌 다른 사람들 앞에서의 그의 행동을 볼 수 있는 눈과 여유가 생깁니다.

우리는 흔히 우리 앞에서의 행동만으로 상대의 모든 것을 평가하곤 합니다. 그런데 그런 행동은 그의 모든 인격과 존재 가운데 작은 부분에 불과합니다. 나 외에도 그가 만나는 사람은 수없이 많습니다. 나 아닌 다른 사람에게 그가 어떻게 행동하고 다른 사람과 어떻게 관계 맺는지 보아야 제대로 평가할 수 있는 것입니다. 나를 핍박하는 사람이라고 해서 이 세상 모든 사람에게 똑같이 핍박을 가하지는 않습니다. 나에게는 핍박을 가하지만 다른 누군가와는 좋은 관계를 맺고 있다면, 그 원인이 상대에게만 있는 것이 아니라 상당 부분 나 자신에게도 있을 수 있음을 인정하면서 상대를 보는 시각이 달라지게 되는 것입니다. 관계를 새롭게 하는 계기를 찾으려 하는 사람에게는 반드시 하나님의 역사가 임합니다.

17절을 다시 보시겠습니다.

아무에게도 악을 악으로 갚지 말고 모든 사람 앞에서 선한 일을 도모하라

이 말씀에서 강조되고 있는 단어는 "아무에게도"와 "모든 사람"

입니다. '그 누구에게도' 절대로 악을 악으로 갚지 말고, '모든 사람에게' 선을 행하라는 것입니다. 어떻게 우리가 모든 사람에게 선을 행할 수 있습니까? 만일 A라는 사람이 나를 핍박했는데 내가 진정으로 그를 위해 기도하고 그의 감정을 수용하고 그의 장점을 발견하면서 나의 잘못을 고쳐 가면, 그와의 관계가 회복되는 것을 확인할 수 있습니다. 그러면 B와 C에게서도 동일한 결과가 나타나리라고 믿고 나아갈 수 있게 됩니다. 그래서 사람과의 관계에서는 한 사람과의 관계에서만이라도 하나님의 말씀대로 행해 보는 것이 중요합니다.

내가 하나님의 말씀대로 행해 나아가면, 시간이 걸린다 할지라도 그것은 시간문제일 뿐, 하나님께서 가장 적절한 때 책임지신다는 것을 확인하게 되면서, B와 C에게도 동일하게 선을 행할 수 있게 됩니다. 그러나 이론적으로는 잘 아는데 이것을 직접 행해 보지 않으면 B에게도, C에게도 선을 행할 수 없게 됩니다. 단 한 번이라도 확인해 볼 때 우리는 모든 사람에게 그와 같은 방법으로 대하면서 그 속에서 역사하시는 하나님의 은총을 누리고 더 큰 은혜를 계속해서 누리게 되는 것입니다.

"할 수 있거든 너희로서는 모든 사람과 더불어 화목하라"는 18절 말씀은 A에게도, B에게도, C에게도 내가 선을 행할 수 있음을 확인했으면, 지금 내 앞에 있는 사람이 어떤 사람이든 내가 할 수 있는 최선의 방법으로, 나의 지성과 이성을 다 동원해 그와 화목하라는 것입니다.

율법사가 계명 중 어떤 계명이 제일 크냐고 예수님께 물었을 때, 예수님께서 "네 마음을 다하고 목숨을 다하고 뜻을 다하여 주 너의 하나님을 사랑하라 하셨으니 이것이 크고 첫째 되는 계명이요"(마

22:37-38)라고 말씀하셨습니다. 여기에서 "뜻"에 해당하는 헬라어 '디아노이아διάνοια'는 '지각', '지성'이라는 의미입니다. 하나님을 사랑하는 데에 우리의 마음과 생명을 바치고 우리의 지성 또한 바치라는 것입니다. "둘째도 그와 같으니 네 이웃을 네 자신같이 사랑하라"고 하셨습니다. 내가 정말 그 사람을 수용하고 함께 신앙의 관계를 맺어 가기 위해 지성과 지각을 다해 나가려 한다면, 하나님께서 어찌 그런 나를 책임지시지 않겠습니까? 바꾸어 말하면, 마땅하게 서로 사랑하고 화목해야 할 관계임에도 사랑하지 못하고 있다면, 그 이유는 화목하기 위해 최선의 노력을 기울이지 않았기 때문이라는 것입니다.

　내가 최선을 다하기보다는 상대가 내게 무엇을 해주기를 소극적으로 기다리는 자세로는 안 됩니다. 내가 그와의 관계 회복을 위해 무엇을 했습니까? 내가 얼마나 노력했다고 말할 수 있습니까? 이 질문 앞에서 우리는 곰곰이 따져 볼 필요가 있습니다. 한 사람 한 사람과의 관계에서 내가 할 수 있는 한 열정을 다해 나가면 그 속에서 하나님의 역사가 일어나는 것을 확인할 수 있습니다. 우리는 그때 비로소 마지막 단계에 이를 수 있습니다. 19절에 나오는 원수 관계는 인간관계에서 가장 나쁜 관계입니다. 그런 관계에 있을 때에도 원수 갚는 것을 하나님께 맡길 수 있게 되는 것입니다. 하나님께 맡긴다는 것은 무엇을 의미합니까? 하나님께 원수 갚아 달라고 매일 기도하는 것입니까? 20절 말씀에서처럼, 그의 양심이 뜨거워지고 얼굴이 수치심으로 벌겋게 달아오를 정도로 그에게 오히려 사랑과 선을 베푸는 것입니다. 즉 그에게 용서를 선포하는 것입니다.

　어떻게 내가 원수를 용서하고 그에게 선을 행할 수 있습니까? 이제까지의 관계 속에서 하나님의 역사하심을 확인하면 가능합니다.

그 하나님의 역사 속에 나와 원수 되는 사람도 포함됨을 내가 믿음으로 받아들일 수 있게 됨으로 가능합니다.

악을 악으로 갚으려는 것은 사실 너무도 쉬운 방법입니다. 그러나 이것은 그리스도의 방법일 수 없습니다. 그리스도의 위대하심은 가장 악한 것을 가장 선한 것으로 갚았다는 데 있습니다. 예수님께서는 자신을 못박아 죽이는 사람들을 용서해 달라고 간구했습니다. 사랑의 극치는 바로 도저히 용서할 수 없는 것 같은 사람을 용서하는 것입니다. 예수님께서 우리에게 가르쳐 주신 '주님의 기도'의 핵심도 용서에 있습니다. 마태복음 6장 9절에서 "너희는 이렇게 기도하라" 명하시면서 12절에서 "우리가 우리에게 죄 지은 자를 사하여 준 것같이 우리 죄를 사하여 주시옵고"라고 가르쳐 주셨습니다. 정말 주님께 내 죄를 사해 달라고 기도할 수 있으려면, 다른 사람의 죄를 용서해야 한다는 사랑의 권면이 담겨 있습니다. 왜 이것이 주기도문의 핵심입니까? 주기도문이 13절에서 끝나고 14-15절이 다음과 같이 결론짓고 있습니다.

너희가 사람의 잘못을 용서하면 너희 하늘 아버지께서도 너희 잘못을 용서하시려니와 너희가 사람의 잘못을 용서하지 아니하면 너희 아버지께서도 너희 잘못을 용서하지 아니하시리라

우리가 매일 주님께 기도해야 하는 이유가 다른 사람의 잘못을 용서하는 성숙한 신앙을 갖기 위함임을 다시 한 번 확인시켜 주고 있습니다. 그리스도인들이 용서에 대한 개념을 오해하는 성경 구절이 있습니다. 마태복음 18장 15절입니다.

네 형제가 죄를 범하거든 가서 너와 그 사람과만 상대하여 권고하라 만일 들으면 네가 네 형제를 얻은 것이요

이 말씀은 형제가 한 번만 죄를 범하는 경우가 아니라 거듭 범하는 경우를 두고 하신 말씀입니다. 그렇게 거듭 잘못하면, 가서 권면을 해주라는 것입니다. 그 권면을 듣고 형제가 뉘우치면 참 좋습니다. 그런데 만약 뉘우치지 않고 또다시 같은 죄를 저지르면, 16절에서 "한두 사람을 데리고 가서 두세 증인의 입으로 말마다 확증하게 하라"고 하셨습니다. 이 말씀의 주된 의미는 형제가 잘못했다고 생각하는 것이 나만이 아니라 다른 사람들도 동일하게 생각하고 있음을 그로 하여금 다시 한 번 확인시켜 주라는 것입니다. 그런데 그 말도 듣지 않으면 17절에서 "교회에 말하고, 교회의 말도 듣지 않거든 이방인과 세리와 같이 여기라"고 하셨습니다. 한 사람의 말도 듣지 않고, 두세 사람이 말을 했는데도 똑같은 잘못을 저지르고, 또 교회가 공식적으로 이야기했는데 거듭 잘못을 저지를 때는, 포기하고 교회에서 배타시키라는 의미로 많은 사람들이 이해하고 누군가를 정죄하고 치리할 때 이 구절을 자주 인용했습니다.

그런데 이렇게 해석하면 뒷부분에서 모순이 발생합니다. 21-22절에 나와 있는 주님과 베드로의 대화를 보시겠습니다.

그때에 베드로가 나아와 이르되 주여 형제가 내게 죄를 범하면 몇 번이나 용서하여 주리이까 일곱 번까지 하오리이까 예수께서 이르시되 네게 이르노니 일곱 번뿐 아니라 일곱 번을 일흔 번까지라도 할지니라

주님께서 하신 말씀은 잘못을 범한 형제를 한없이 용서해 주라는

것입니다. 즉, 세리와 이방인처럼 여기라는 것이 포기하고 벌주고 치리하라는 의미가 아님을 알게 됩니다. 그렇다면 어떤 의미인 것입니까? 예수님께서 세리와 이방인, 창기를 이야기하실 때는 언제나 긍휼히 여겨야 할 대상으로 이야기하셨습니다. 즉, 세 번 정도 권면했음에도 말을 듣지 않으면 그다음부터는 무조건 용서해 주고 긍휼히 여기라는 것입니다. 그가 바로 서지 않더라도 일곱 번씩 일흔 번을 넘어 무조건 용서해 주라는 것입니다.

그런데 개인적인 문제라면 내가 몇 번씩이라도 상대를 용서해 줄 수 있는데, 한 사람이 계속 같은 잘못을 저질러 많은 사람에게 피해를 입히는 공동체적인 문제라면 어떻게 해야 합니까? 이 해답도 이미 주님께서 주신 말씀 속에 들어 있습니다. 세리와 이방인처럼 여기라는 말씀의 뜻은 무조건 용서해 주되, 그에게 일은 맡기지 않는다는 것입니다. 세리나 창기나 이방인에게 주님께서 일을 맡기시지는 않습니다. 그러나 회개하고 돌아온 사람에게는 일을 맡기십니다. 우리가 기억해야 할 것은, 사람 자체를 포기해서는 안 되며 몇 번이고 용서해 주어야 한다는 점입니다.

주님께서 마태복음 18장 18절에서 말씀하셨습니다.

진실로 너희에게 이르노니 무엇이든지 너희가 땅에서 매면 하늘에서도 매일 것이요 무엇이든지 땅에서 풀면 하늘에서도 풀리리라

우리가 하고자 하는 대로 하나님께서 역사해 주신다는 말씀인데, 이 같은 말씀이 성경에 딱 두 번 나옵니다. 나머지 한 곳은 베드로가 예수님께 "주는 그리스도시요 살아 계신 하나님의 아들이시니이다"라고 고백했을 때, 예수님께서 "내가 천국 열쇠를 네게 주리

니 네가 땅에서 무엇이든지 매면 하늘에서도 매일 것이요 네가 땅에서 무엇이든지 풀면 하늘에서도 풀리리라"고 하신 부분입니다 (마 16:16-19). 그런데 이와 똑같은 일이 사람을 포기하지 않고 끝까지 긍휼히 여기고 용서할 때 이루어지리라고 하신 것입니다. 왜 그렇습니까? 하나님의 뜻이 궁극적으로 사람을 살리는 데 있기 때문입니다. 사람을 살리고자 하는 사람은 무엇이 주어지든지 그것을 사람을 살리는 데 쓸 것이기 때문에, 그가 바라는 것은 무엇이든지 하나님께서 응답해 주시리라는 것입니다. 그다음 구절인 마태복음 18장 19-20절에서는 다음과 같이 말씀하셨습니다.

진실로 다시 너희에게 이르노니 너희 중의 두 사람이 땅에서 합심하여 무엇이든지 구하면 하늘에 계신 내 아버지께서 그들을 위하여 이루게 하시리라 두세 사람이 내 이름으로 모인 곳에는 나도 그들 중에 있느니라

대개 사람들이 이 구절만 따로 떼어 생각하기를 좋아하는데, 사람을 살리기 위해 합심하여 기도하면서 한없이 사람을 용서할 때, 그 가운데 주님께서 함께하신다는 말씀입니다. 그러자 베드로가 도대체 몇 번이나 용서해 주면 되는지 여쭈었습니다. 주님께서는 일곱 번 정도가 아니라 일흔 번씩 일곱 번이라도 용서해 주라고 하셨습니다. 우리가 할 수 있는 것만큼 무진장으로 용서해 주라는 것입니다. 그리고 용서해 주어야 할 이유를 비유로 알려 주셨습니다. 그 비유를 쉽게 설명하면, 우리가 하나님께로부터 죄를 용서받은 것은 바로 1만 달란트의 빚을 탕감받은 것과 마찬가지라는 것입니다. 1달란트는 6천 데나리온입니다. 1데나리온은 하루 근로자의 임금에 해당합니다. 그러므로 1만 달란트는 16만 4천 년 정도를 일해야

벌 수 있는 막대한 금액입니다. 이 금액을 하나님께로부터 탕감받은 것입니다. 그리고 이 세상에서 누군가가 내게 아무리 죄를 지었다 해도 하나님께서 보시기에는 그것이 불과 100데나리온에 해당하는 것밖에 안 된다는 것입니다.

그러면 내가 주님으로부터 용서받는 것은 6천만 데나리온인데, 어떤 사람이 나에게 잘못한 것은 100데나리온이므로 내 잘못의 60만 분의 1밖에 안 되는 것입니다. 내가 하나님께로부터 받는 용서에 비하면 아무것도 아닌 것입니다. 그러므로 우리가 하나님의 용서를 믿는다면 그같이 우리도 다른 사람을 용서해 주어야 합니다. 우리가 원수까지 사랑해야 하는 것은 바로 이러한 하나님의 사랑 때문입니다. 하나님의 사랑으로 말미암아 다른 사람을 사랑하며 용서하는 사람에게는 하나님께서 무엇이든지 응답하시고 친히 그와 함께하십니다.

사울은 다윗을 죽이려 했습니다. 다윗의 입장에서 보면 사울은 원수입니다. 그런데 다윗이 사울을 죽일 수 있는 기회가 여러 번 있었음에도 사울을 거듭거듭 용서해 주었습니다. 다윗의 아들인 압살롬도 다윗을 죽이려 했습니다. 그런데 다윗은 요압에게 자기 아들을 죽이지 말라고 당부했습니다. 압살롬이 결국 죽었다는 소식을 들었을 때는 "내 아들 압살롬아, 압살롬아!" 하면서 통곡했습니다. 하나님의 마음을 품고 용서해 주었기 때문에 그럴 수 있었던 것입니다.

하나님께서 그런 다윗과 늘 함께해 주심으로, 다윗이 죽은 지 3천 년이 지났지만 오늘도 이스라엘에는 다윗의 별이 국기에 그려져 가는 곳마다 그의 삶이 기려지고 있습니다. 하나님의 사랑으로 용서하는 것이야말로 우리 자신을 가장 아름답게 가꾸는 일입니다. 그럼으로써 어느 곳에 있든 하나님께서 함께하심을 경험하며 거짓 없는 사랑의 삶을 사는 축복을 우리 모두가 누릴 수 있기를 바랍니다.

로마서 13장

7
권세들에게 복종하라

로마서 13장 1-7절

각 사람은 위에 있는 **권세들에게 복종하라** 권세는 하나님으로부터 나지 않음이 없나니 모든 권세는 다 하나님께서 정하신 바라 그러므로 권세를 거스르는 자는 하나님의 명을 거스름이니 거스르는 자들은 심판을 자취하리라 다스리는 자들은 선한 일에 대하여 두려움이 되지 않고 악한 일에 대하여 되나니 네가 권세를 두려워하지 아니하려느냐 선을 행하라 그리하면 그에게 칭찬을 받으리라 그는 하나님의 사역자가 되어 네게 선을 베푸는 자니라 그러나 네가 악을 행하거든 두려워하라 그가 공연히 칼을 가지지 아니하였으니 곧 하나님의 사역자가 되어 악을 행하는 자에게 진노하심을 따라 보응하는 자니라 그러므로 복종하지 아니할 수 없으니 진노 때문에 할 것이 아니라 양심을 따라 할 것이라 너희가 조세를 바치는 것도 이로 말미암음이라 그들이 하나님의 일꾼이 되어 바로 이 일에 항상 힘쓰느니라 모든 자에게 줄 것을 주되 조세를 받을 자에게 조세를 바치고 관세를 받을 자에게 관세를 바치고 두려워할 자를 두려워하며 존경할 자를 존경하라 본문 1절은 "각 사람은"이라는 말로 시작됩니다. 여기에서 각 사람이란 모든 사람을 뜻하고, 그 모든 사람 속에는 남녀노소, 빈부귀천, 누구도 예외 없이 다 포함됩니다. 이어서 "위에 있는 권세들"이란 권력을 잡고 있는 통치자들을 의미합니다. 12장 10-21절에서 혈족과의 관계, 교우와의 관계 그리고 교회 밖 그리스도인과의 관계, 또 이웃과의 관계 그리고 핍박하는 사람, 원수 된 사람과의 관계에 대해 이야기하다가 이제 통치자와의 관계를 말하는 것입니다.

1절의 "권세들에게 복종하라"는 구절에서 '복종하라'는 단어는 '순복하라'는 의미입니다. 헬라어의 문자적인 의미는 그 위로 올라가려 하지 말고 아래에 거한다는 뜻입니다. 바꾸어 말하면, 위에 있는 사람을 인정하라는 것입니다. 그러면 왜 통치자들을 인정하고 그들에게 복종해야 합니까?

권세는 하나님으로부터 나지 않음이 없나니 모든 권세는 다 하나님께서 정하신 바라(1절 하반절)

여기에서의 '권세'는 단수입니다. 그러나 상반절에서 나온 권세는 '권세들'이라고 복수로 되어 있습니다. 그리고 하반절에 나오는 "모든 권세"에서의 '권세'도 원문에 복수로 되어 있습니다. 그런데 권세에 해당하는 헬라어 '엑수시아ἐξουσία'는 단수로 사용될 때는 하나님만이 가진 힘과 능력을 의미합니다. 사람은 흉내 낼 수 없는 권세입니다.

마땅히 두려워할 자를 내가 너희에게 보이리니 곧 죽인 후에 또한 지옥에 던져 넣는 권세 있는 그를 두려워하라 내가 참으로 너희에게 이르노니 그를 두

려워하라(눅 12:5)

사람들이 우리의 목을 칠 수는 있지만 우리를 지옥에 빠지게 하는 권세는 하나님 한 분께만 있습니다. 바로 이 권세를 의미합니다.

그들이 모였을 때에 예수께 여쭈어 이르되 주께서 이스라엘 나라를 회복하심이 이때니이까 하니 이르시되 때와 시기는 아버지께서 자기의 권한에 두셨으니 너희가 알 바 아니요(행 1:6-7)

여기에서 나오는 권한도 엑수시아입니다.

아버지께서 아들에게 주신 모든 사람에게 영생을 주게 하시려고 만민을 다스리는 권세를 아들에게 주셨음이로소이다(요 17:2)

성부 하나님께서 자신에게 속한 이 엑수시아를 성자 하나님이신 예수님께도 주셨습니다. 그러므로 이 권세라는 것은 성부, 성자, 성령 삼위일체 하나님께만 속한 것입니다.

그런데 복수가 되면 하나님만이 가지고 계신 권세를 위임받은 이 땅의 사람들을 가리키게 됩니다. 이것이 우리가 권세들에게 복종해야 할 이유입니다. 그들이 가지고 있는 권세가 사람에게로부터 주어진 것이 아니라 바로 하나님께로부터 위임된 것이기 때문에 그들을 인정해 주어야 하는 것입니다. 1절 끝부분에서도 "모든 권세는 다 하나님께서 정하신 바라"고 했습니다. 하나님께서 그로 하여금 권세를 갖도록 정하셨다는 말씀입니다.

정치 지도자들 가운데 부도덕한 사람들이 있습니다. 패역한 사람들이 있습니다. 공직자들 가운데 비인간적인 사람들이 있습니다. 우리는 그들에게 복종하기는커녕 그들의 존재 자체를 인정하기도 어렵습니다. 그럼에도 일단 그 존재 자체를 인정하지 않을 수 없는 것은 그들을 그 자리에 세우신 하나님의 뜻이 있기 때문입니다. 통치자들을 판단하고 그들과 관계 맺어가기에 앞서 하나님의 시각으로 그들을 바라볼 수 있어야 하는 것입니다. 12장부터 로마서의 주제가 '구원받은 그리스도인으로서 어떻게 살아갈 것인가'입니다. 그런데 무엇을 하든 가장 먼저 하나님 앞에서 하나님을 생각하며 행동하는 것이 바로 그리스도인으로서의 삶의 대원칙인 것입니다.

우리가 형제, 교인, 이웃, 원수를 어떻게 사랑할 수 있습니까? 하나님 앞에 설 때만 가능합니다. 우리가 하나님 앞에 서서 하나님의 시각으로 바라보지 않으면, 원수는 고사하고 부부지간에도 사랑을 행하지 못합니다. 중국의 천주교 신자 오경웅吳經熊 박사는 세계적인 석학인 데 반해, 그 부인은 서당에도 가본 적이 없었습니다. 그럼에도 그 부부는 평생을 행복하게 살았습니다. 오경웅 선생은 그 이유는 하나라고 말했습니다. 자신은 아내 될 사람의 얼굴도 모른 채 아버지가 결혼하라고 해서 결혼 첫날 처음 얼굴을 보았는데, 그 여인을 그 누구도 아닌 하나님께서 주셨다고 믿었기 때문에 행복할 수 있었다고 했습니다. 하나님을 몰랐을 때는 하늘이 점지해 주었다고 생각했는데, 하나님을 믿고 보니 하나님께서 주신 여인임을 깨닫게 되었습니다. 그래서 배운 것 없고 아는 것 없는 아내에게서 하나님의 신비스러운 은총을 더욱 발견할 수 있었다고 고백했습니다.

요즘 결혼하는 데 사람들이 상대의 학력을 얼마나 많이 따집니까? 그리고 결혼하기 전에 많은 상대를 만나 보고 결혼합니다. 그러나 결과는 어떻습니까? 부부가 서로 사랑하는 것도 하나님의 시각을 갖지 못하면 사랑할 수 없지 않습니까? 하물며 우리가 원수를 어떻게 사랑할 수 있습니까? 하나님 앞에 설 때만 가능한 것입니다.

지난 목요일에 어느 권사님이 저에게 전화를 해서 장시간 동안 이야기를 나누었습니다. 그분이 어느 교회에 다니는지는 모르지만 제가 행한 로마서 설교 테이프를 듣고 전화를 해오셨습니다. 그분의 부군 되시는 분이 새벽에 산책을 나갔다가 교통사고로 돌아가셨습니다. 그런데 병원으로 옮기는 사이에 경찰이 작성한 조서를 나중에 살펴보니, 사망 원인이 남편의 잘못으로 인한 것이라 해놓았습니다. 남편분은 월남전에 참전했다가 다리를 부상당했기 때문에 평소에 횡단보도가 아닌 곳에서는 건너지 않는 분이었습니다. 그리고 신호가 파란불로 바뀌지 않으면 발도 떼지 않는 분이었습니다.

조서가 조작된 것이 분명했습니다. 그런데 증거가 없었습니다. 그분이 다니는 교회의 교인들이 전단지를 만들어 오랫동안 사고 지점 주위에 뿌렸습니다. 그러자 목격자가 나타났습니다. 한 분은 신문 배달원이고 한 분은 아이를 낳기 위해 병원으로 가던 임산부였는데, 이들의 증언에도 잘못된 조서가 바뀌지 않다가 천신만고 끝에 조서가 바르게 수정되었습니다. 그리고 사고를 낸 자동차 기사는 구속되었습니다.

그런데 구속된 기사가 부인에게 합의해 달라고 요청해 왔습니다. 합의서를 받기 위해서는 일반적으로 합의금을 주는데, 300만 원을 가지고 와서 합의서를 써달라고 했습니다. 권사님이 너무도 괘씸한 생각이 들어 기사의 아내에게, 입장을 바꿔 당신이라면 합의해 주겠는지 물었습니다. 마침 그날 로마서 테이프를 들었는데, 원수를 사랑하라는 이야기가 나와 저에게 전화를 하신 것이었습니다. 그리고 자신이 어떻게 해야 하는지 제게 물었습니다. 제가 말씀드렸습니다.

"우리가 사람 자체만을 보면 그 사람을 절대 용서하지 못합니다. 그런데 시선을 우리의 생사화복을 주관하시는 하나님께 향하도록 하면, 결정이 달라질 수 있습니다. 하나님께서 권사님의 부군을 정말 사랑하셔서 먼저 천국으로 불러 올리셨는데, 그렇게 사랑하시는 이 가정을 통해 얼마나 많은 구원의 역사가 계획되어 있는지 저희가 어떻게 알 수 있겠습니까? 그러니 그 기사를 찾아가 이렇게 말씀드리시기를 권합니다. 인간적으로 생각하면 당신을 용서할 수 없지만, 내가 믿는 하나님 때문에, 나를 사랑하시는 하나님께서 용서해 주라고 하시기 때문에 합의를 하겠다고 말입니다. 그리고 당신이 세상을 살아가다가 나중에 내가 합의해 준 것이 얼마나 어려운 것이었는지 알게 될 때가 오면, 그때 꼭 예수를 믿으라는 말씀을 덧붙여 주십시오. 그리고 나머지 모든 것은 하나님께 맡기시기 바랍니다. 반드시 하나님께서 부군의 죽음이 헛되지 않게 역사하실 것입니다."

권사님은 그렇게 하겠다고 하셨습니다. 사람들과의 모든 관계가 사람만 보면 해결이 안 될 일이 너무나 많습니다. 그런데 하나님을 바라보면 해결이 안 될 일이 하나도 없습니다. 통치자와의 관계도 마찬가지입니다. 통치자들의 일거수일투족을 보고서 우리의 이성으로 판단하기 전에, 하나님 앞에서 그들을 바라보자는 것입니다. 그때에만 우리가 통치자들을 바르게 인식할 수 있고, 그들과 바른 관계를 맺을 수 있고, 그들 앞에서 그리스도인으로서 바른 처신을 할 수 있게 됩니다.

바벨론의 느부갓네살 왕은 참으로 부도덕한 왕이었습니다. 하나님도 알지 못하고 잔인무도한 왕이었습니다. 그는 예루살렘을 공격해 유다를 멸망시키고는 유다의 마지막 왕 시드기야를 감금했습니다. 아무리 멸망당한 나라의 왕이라도 어느 정도 왕으로서 대우를 해주는데, 느부갓네살 왕은 시드기야 목전에서 시드기야의 아들들을 죽였습니다. 그리고 시드기야의 두 눈을 뽑고 쇠사슬로 결박하고는 바벨론의 먼 곳까지 끌고 갔습니다.

그런데 예레미야 25장 9절에서 하나님께서 이런 느부갓네살 왕을 "내 종 느부갓네살"이라고 부르셨습니다. 어떻게 이런 패역한 사람이 하나님의 종일 수 있습니까? 하나님께서는 패역한 그 정권을 들어 하나님을 보지 않는 이스라엘 백성을 때리는 막대기로 쓰신 것입니다. 이스라엘 백성을 하나님 앞에 바로 세우고 징계하기 위해 느부갓네살 같은 사람이 있어야 하는 것이었습니다.

바벨론은 페르시아 제국에 의해 망했는데, 페르시아 제국의 고레스 왕을 가리켜 이사야 44장 28절에서는 "너 목자"라고 칭하고 있습니다. 바벨론 왕이나 페르시아 왕이나 다를 것이 뭐가 있겠습니까? 그들이 하나님을 모르기는 마찬가지였습니다. 그런데 어떻게 그가 하나님의 목자가 될 수 있습니까? 이스라엘이 바벨론에 의해 70년 동안 노예생활을 했는데, 하나님의 때가 되어 그들을 풀어 주는 역할을 하나님께서 고레스로 하여금 하게 하셨습니다. 만약 국민투표에 부쳐 절차를 거치면 이스라엘 해방은 절대 합의되지 않았을 것입니다. 부를 축적하고 권력을 누리던 이들이 순순히 합의를 했겠습니까? 기득권자뿐만 아니라 사회 전체가 약자를 부리던 습관을 바꾸기란 요원한 일이었을 것입니다. 이 대목은 일제강점기를 경험한 우리가 누구보다 잘 알고 있습니다. 노예가 있을수록 나라의 부는 강해지기 마련입니다.

바울이 위에 있는 통치자들에게 승복하고 그들의 존재를 인정하자고 한 말은 민주사회가 이루어진 오늘날이 아니라 2천 년 전에 한 말입니다. 당시 로마의 통치자들은 지극히 부도덕한 이들이었습니다. 그들 자신이 마치 하나님인 양 행동했습니다. 한 사람의 감정에 의해 수없이 많은 사람들이 죽임을 당하기도 했습니다. 더구나 이스라엘을 다스리는 권세들이 이스라엘 사람도 아니고 정복자인 로마제국 사람들이었습니다. 그런데 그들을 인정해야 한다는 것이었습니다. 그렇다면 바울은 역사의식도 없고, 민족의식도 없는 인간이었습니까? 그렇지 않습니다.

바울은 모든 유대인으로부터 존경받는 최고의 율법 학자인 가말리엘의 문하생일 정도로 민족의식이 투철했던 사람입니다. 그리고 자신의 사랑하는 동족이 구원받을 수만 있다면 설령 자신이 하나님께 저주를 받아 버림받는다 해도 그 길을 택하겠다고 한 바 있습니다(롬 9:3). 그런데 어떻게 로마의 권세들에게 복종하자고 말할 수 있습니까? 바로 그 권세를 통해 역사하시는 하나님의 손길을 볼 수 있었기 때문입니다.

로마의 권세들은 어느 나라보다도 정복욕에 사로잡혀 있던 사람들이었습니다. 그래서 주위 나라들을 거의 다 정복해 거대한 하나의 세계를 이루었습니다. 그로 인해 언어가 통일되었습니다. 라틴어나 헬라어만 쓰면 로마제국 어디를 가든지 의사소통이 되었습니다. 그리고 이 지역에서 저 지역으로 이동하는 데 행정적 불편이 크게 없었습니다. 로마제국은 온 세계를 정복하기 위해 넓은 도로망을 형성해 놓았습니다. 화폐도 통일된 화폐를 사용했습니다. 어디를 가든지 로마 군인들이 주둔해 있었기에 치안 상태가 좋았습니다. 여행객이 범죄를 저지르지 않는 한 신변적 위험이 없었습니다.

당시 로마제국은 지금은 수십 개의 나라로 쪼개져 있습니다. 사도들이 복음을 전하러 다닐 그때에 나라들이 수십 개로 쪼개져 있었다면, 하나님의 복음이 급속도로 전해지지 못했을 것입니다. 복음이 로마제국 내에서 300년이 채 되지 않아 널리 전파될 수 있었던 것은 절대 우연한 사건이 아니었습니다. 그 이후 서구 사회의 역사, 문화, 사상의 중심에 기독교가 놓이게 되었습니다. 즉, 로마 황제들은 패역했을망정 하나님께서 그들의 정복욕을 이용해 하나님의 복음이 전파될 수 있는 정지整地작업을 하신 것입니다.

작년에 소천하신 김성하 목사님이란 분이 계십니다. 1948년 공산당이 만주에 쳐들어올 때 그곳의 이름 있는 목사님들은 다 피신했습니다. 그런데 김 목사님은 어찌 하다 보니 피신을 못 하고 중국에 남게 되었습니다. 그리고 온갖 우여곡절을 겪고 살아남았습니다. 그런데 등소평이 집권한 이후 개방정책이 시행되면서 닫혔던 교회 문이 열렸습니다. 교회가 문을 열고 보니 그 거대한 중국 땅에 조선족 목사님은 이분이 유일했습니다. 중국에서는 중국 국적인 사람만 세례를 주고 안수도 할 수 있었습니다. 그러니 김 목사님이 안 계셨다면 조선족들은 세례도 못 받고, 안수도 못 받았을 텐데, 그분이 남아 살아 계셨기 때문에 세례를 베풀면서 많은 사람들을 신앙의 길로 이끌었습니다.

그분이 1987년 한국에 와서 장신대에서 설교를 하셨는데, 이런 말씀을 하셨습니다. 모택동이 중국 전체를 통일하고 40년 동안 철군정치를 펴면서 교회를 폐쇄시키고 많은 그리스도인들을 박해했습니다. 그때 사람들이 하나님은 어디 계시냐고 의문을 던지며 고통스러워했습니다. 그런데 40년 동안 하나님께서 다른 곳에 가 계신 것이 아니었습니다. 중국을 버리신 것이 아니었던 것입니다. 하나님께서는 모택동이라는 독재자의 손을 통해 중국 땅의 모든 우상을 타파하셨습니다. 중국 땅 전체가 우상을 섬기던 땅이었는데 그 땅에서 교회 문만 닫힌 것이 아니라 모든 우상이 제해진 것이었습니다.

그러므로 이제 복음이 전해지기 시작한 중국 땅에서 복음이 불길처럼 일어날 것이고, 하나님께서 40년을 뒤로 가게 하신 것이 아니라 오히려 중국을 더 빨리 복음화시키기 위해 하나님의 방법대로 일하셨다는 것이었습니다. 지금 중국에서 일어나고 있는 복음의 열기는 실로 대단합니다. 하나님 앞에 설 때 비로소 하나님의 역사하심이 보이는 것입니다.

히틀러에 의해 수많은 사람들이 죽었습니다. 그중에서도 가장 피해를 많이 입은 민족이 있다면 바로 유대 민족입니다. 600만 명 이상이 대학살을 당했습니다. 과연 히틀러에게 주어진 권세가 하나님께서 주신 권세였습니까? 왜 하나님께서는 그처럼 히틀러 같은 악마에게 잠시라도 권세를 위임하신 것입니까? 의문이 제기되지 않을 수 없습니다. 살아남은 유대인들은 오늘도 나치들이 저질렀던 만행을 전 세계에 고발하기 위해 기념관을 세우고 운동을 벌이고 있습니다.

그런데 우리가 조금 깊이 성경을 들여다보면 이 질문에 대한 해답을 얻을 수 있습니다. 빌라도가 끌려온 예수를 심문했는데, 예수가 실정법상 죄인이 아니었으므로 그를 살려 주기 위해 군중에게 "내가 누구를 너희에게 놓아 주기를 원하느냐? 바라바냐, 그리스도라 하는 예수냐?"(마 27:17) 하고 물었습니다. 빌라도는 으레 예수를 풀어 달라고 할 줄 알고 물은 것이었습니다. 그런데 엉뚱하게도 사람들이 바라바를 풀어 달라고 요청했습니다. 그리고 예수를 죽이라고 했습니다. 그렇지 않으면 반란이 일어날 것 같은 무서운 기세였습니다. 그 여론에 눌려 빌라도가 어쩔 수 없이 예수님께 사형을 언도했습니다.

언도하면서 대야를 가져다가 자기 손을 씻으면서 하는 말이, "이 사람의 피에 대하여 나는 무죄하니 너희가 당하라"고 했습니다. 그때 이스라엘 백성이 "그 피를 우리와 우리 자손에게 돌릴지어다"라고 했습니다. 하나님을 믿는다는 백성이 하나님의 아들을 죽여 놓고 그 피 값을 자기들이 당하겠다고 호언장담한 것입니다. 회개하지 않는 그들을 하나님께서 히틀러라는 한 미치광이를 통해 피값을 물으심으로 하나님의 공의를 만천하에 브여 주신 것이라 할 수 있습니다.

그리스도인의 역사관은 세상 사람들의 역사관과는 달라야 합니다. 그리스도인이 보는 역사가 세상 사람들이 보는 역사와 동일하다면, 믿는 사람과 믿지 않는 사람 사이에 차이가 있을 수 없습니다. 우리가 통치자들을 바라볼 때도 하나님의 시각으로 보지 않으면 여러 오류에 빠지게 됩니다. 첫째, 불의한 통치자들과 결탁하고 야합해 함께 사리사욕을 채우는 우를 범하게 됩니다. 둘째, 방관자가 될 수 있습니다. 그래서 이 시대에 내가 감당해야 할 몫이나 내가 져야 할 의무에 대해 무책임해지는 것입니다. 셋째, 나 스스로 사람들을 심판하는 심판자가 될 수 있습니다.

이스라엘 백성은 400년 동안 애굽에서 노예생활을 했습니다. 이것은 아브라함이 이삭을 낳기도 전에 예언된 하나님의 계획이었습니다. 하나님께서 이스라엘 백성을 가장 밑바닥에서 철저하게 훈련시키고자 하신 것입니다. 그래서 그들이 바로 왕을 아무리 대항해도 하나님께서 작정하신 400년이 찰 때까지는 해방될 수 없었습니다. 그때 누군가가 앞장서서 "내가 저 바로 왕을 심판하겠다"며 나아간다 해도 이루어질 수 없는 것이었습니다.

우리는 부도덕한 정권에 대항할 수 있어야 합니다. 부도덕한 정치인에게 맞설 수 있어야 합니다. 그러나 중요한 것은, 그럴 때라도 하나님께서 그들을 권세자로 세우신 뜻을 생각해 보아야 한다는 것입니다. 하나님의 신비스러운 공간을 보고자 하는 신앙의 여유가 없으면 결국 우리 자신이 심판자가 되어 끊임없는 폭력의 악순환만 초래하고 맙니다.

그러므로 권세를 거스르는 자는 하나님의 명을 거스름이니 거스르는 자들은 심판을 자취하리라(2절)

하나님의 신비스러운 공간을 무시하고 자기 자신이 심판자가 되려 하면, 오히려 하나님의 심판을 받을 수 있다는 경고의 말씀입니다. 그렇다면 우리는 통치자들이 어떻게 하든 아무 말도 하지 말고 복종만 하라는 것입니까? 아닙니다. 하나님의 모든 계명은 일방적이지 않고 상호적입니다. 십계명 가운데 '나 외에 다른 신을 섬기지 말고 어떤 형상도 만들지 말라'고 하신 계명은 인간의 의무만을 요구하시는 것이 아닙니다. 하나님께서 하나님의 의무를 다해 주시는 고로, 인간으로서의 의무를 다하라는 뜻입니다. 이렇듯 하나님의 의무와 인간의 의무는 상호적인 것입니다. '부모에게 공경하라'는 계명은 자식들만 부모를 공경해야 하고 부모는 아무렇게나 살아도 된다는 말이 아닙니다. 부모는 하나님의 뜻 안에서 자식을 사랑해야 한다는 대전제가 포함되어 있는 것입니다.

그러므로 아래 있는 사람들이 위에 있는 통치자들을 인정하고 그들에게 복종해야 한다는 것은, 바꾸어 말하면 위에 있는 통치자들이 자기에게 주어진 권세가 하나님께로부터 위임받은 신성한 것임을 깨닫고 위에 있는 사람으로서의 몫을 감당해야 한다는 것입니다. 그 몫이 무엇입니까?

다스리는 자들은 선한 일에 대하여 두려움이 되지 않고 악한 일에 대하여 되나니 네가 권세를 두려워하지 아니하려느냐 선을 행하라 그리하면 그에게 칭찬을 받으리라(3절)

우리가 선한 일을 행한다면, 통치자가 두려울 것이 하나도 없습니다. 권세 아래에 있는 사람들이 선한 삶을 살아야 한다는 것은 다시 말해, 권세를 가진 사람들은 선한 사람을 철저하게 지켜 주고 악한 사람을 징계하는 사명을 잘 감당해야 한다는 것입니다. 권세자들이 불의한 목적으로 아래에 있는 사람들과 결탁해 사악한 일을 도모해서는 안 되며, 선한 일과 불의한 일을 구별하여 스스로 그 선한 일을 행해 나가야 하는 것입니다.

그는 하나님의 사역자가 되어 네게 선을 베푸는 자니라 그러나 네가 악을 행하거든 두려워하라 그가 공연히 칼을 가지지 아니하였으니 곧 하나님의 사역자가 되어 악을 행하는 자에게 진노하심을 따라 보응하는 자니라(4절)

또한 통치자들은 자신이 "하나님의 사역자"임을 인식하고 있어야 합니다. 그래서 하나님께서 맡겨 주신 권세를 자기 욕망을 위해서가 아니라 선한 일을 위해 겸손히 사용해야 합니다.

그러므로 복종하지 아니할 수 없으니 진노 때문에 할 것이 아니라 양심을 따라 할 것이라(5절)

> 통치자가 나에게 진노할 것이 두려워 바르게 사는 것이 아니라, 내 양심에 비추어 지켜야 할 바를 지키며 살아가야 한다는 것입니다. 내가 신앙인으로서, 한 나라의 국민으로서 내 양심에 맞게 살아야 한다는 것은, 권력을 지니고 있는 사람들 역시 권세를 그들의 양심에 합당하게 써야 한다는 것입니다.

너희가 조세를 바치는 것도 이로 말미암음이라 그들이 하나님의 일꾼이 되어 바로 이 일에 항상 힘쓰느니라 모든 자에게 줄 것을 주되 조세를 받을 자에게 조세를 바치고 관세를 받을 자에게 관세를 바치고 두려워할 자를 두려워하며 존경할 자를 존경하라(6-7절)

> 어떤 세금이든지 바쳐야 할 세금은 정당하게 바치고, 그 세금을 거두어 집행하는 사람은 사리와 법도에 맞게 행해야 한다는 것입니다. 만약 권세자들이 지켜야 할 법도를 지키지 않았을 경우 우리가 어떻게 해야 합니까? 전도서 5장 8절을 보시겠습니다.

너는 어느 지방에서든지 빈민을 학대하는 것과 정의와 공의를 짓밟는 것을 볼지라도 그것을 이상히 여기지 말라 높은 자는 더 높은 자가 감찰하고 또 그들보다 더 높은 자들도 있음이니라

> 권세자들이 서슴없이 잘못을 행한다면 그 위에 있는 최종의 권세자이자 역사를 주관하시는 하나님께서 심판하시리라는 말씀입

니다. 끝까지 패역한 길을 걸은 이 세상의 통치자들은 하나님에 의해 모두 심판받았습니다. 그러므로 권세자들은 자신들에게 권세를 맡겨 주신 하나님의 심판을 두려워함으로 모든 일을 바르게 행해야 합니다.

우리는 어떤 의미에서든 남을 다스리는 동시에 남의 다스림을 받습니다. 부모님께는 다스림을 받으나, 자녀들을 다스리고 있습니다. 내가 다스리는 위치에 있든 다스림을 받는 위치에 있든 상관없이 최후의 권세를 가지고 계신 하나님 아래에 있다는 사실을 잊어서는 안 됩니다. 바로 그 하나님의 권세 아래에서 내가 다스림을 받는 사람으로서 혹은 다스리는 사람으로서 삶의 몫을 감당해 나갈 때, 그 사회가 공의로운 사회, 밝고 아름다운 사회가 되는 것입니다.

지금 도처에서 다리가 무너지고 지하철 사고가 나는 일이 왜 일어나고 있습니까? 다스리는 사람과 그 아래에 있는 사람이 한통속이 되어 자기 욕심을 부린 결과입니다. 누구를 탓하겠으며 누구의 잘못이라 하겠습니까? 지금 이 순간부터 위에 있는 사람은 위에 있는 사람대로, 아래에 있는 사람은 아래에 있는 사람대로 하나님의 권세 아래에서 자신의 몫을 감당해 나가십시다. 그러면 50년 뒤에는 분명 이 사회가 소망 있는 사회가 될 것입니다.

하나님께서 우리를 믿으시고 엉망으로 무너져 가는 이 사회를 우리에게 맡겨 주셨다는 것을 생각하면 얼마나 감격스럽습니까? 하나님의 권세 아래에서 우리의 맡은 바 사명을 진실되게 감당함으로, 더는 무너지지 않는 사회를 후손에게 물려주는 사람들이 되십시다.

8
사랑의 빚

로마서 13장 8-10절

피차 **사랑의 빚** 외에는 아무에게든지 아무 빚도 지지 말라 남을 사랑하는 자는 율법을 다 이루었느니라 간음하지 말라, 살인하지 말라, 도둑질하지 말라, 탐내지 말라 한 것과 그 외에 다른 계명이 있을지라도 네 이웃을 네 자신과 같이 사랑하라 하신 그 말씀 가운데 다 들었느니라 사랑은 이웃에게 악을 행하지 아니하나니 그러므로 사랑은 율법의 완성이니라

하나님께서는 무소부재하시며 전지전능하신 분입니다. 특정 시대, 특정 지역에 하나님의 통치가 임할 수 없는 공간이 있다면, 하나님께서 개입하실 수 없는 인간 적성의 한 부분이 있다면, 그 하나님은 하나님이실 수 없습니다.

 욥이 사탄의 시험을 받아 모든 것을 날리고 재 위에 앉아 자신의 썩어 가는 육체를 긁고 있을 때, 친구들이 다가와 욥이 하나님께 버림받아 그렇게 된 것이라고 했습니다. 그런데 사실은 그렇지 않았습니다. 바로 그 현장 속에 하나님께서 당신의 뜻을 이루시며 욥

과 함께하고 계셨습니다. 하물며 하나님께서 수천만 명이 모여 사는 한 나라의 역사에 개입하지 못하신다고 보는 것은 인간의 오판이자 오만입니다.

이스라엘 백성이 40년 동안의 광야생활을 마친 뒤 가나안 땅에 들어갔을 때, 하나님께서는 가나안 땅에 있던 원주민들을 멸해 주셨습니다. 그런데 유독 블레셋 족속이라든가, 시돈 족속, 히위 족속 등 몇몇 족속은 그대로 두셨습니다. 그러면 그 족속에게는 하나님의 통치가 불가능했기 때문입니까? 그렇지 않습니다.

사사기 3장 1-3절을 보면, 이스라엘 백성이 하나님께 등을 돌릴 때 그들을 바로 세우는 막대기로 쓰기 위해 하나님께서 그 이민족들을 남겨 두셨다고 했습니다. 그들의 역사 역시 하나님의 주관하에 있다는 것입니다. 지금 이스라엘이 살고 있는 가나안 땅의 가자지구와 여리고지구에 팔레스타인자치지구가 존재하고 있습니다. 물론 하나님의 통치가 그곳에도 미치고 있는 것입니다. 하나님께서 갈등 관계를 통해 당신의 계획을 이루어 가고 계심을 우리가 수긍할 수 있어야 합니다.

로마서 13장 1-7절은 크리스천과 국가의 의무에 대해 이야기하고 있는데, 그 앞뒤 구조가 중요한 의미를 지닙니다. 이 본문 앞에 있는 로마서 12장 9-21절은 사람에 대한 사랑을 이야기합니다. 그리고 로마서 13장 8절부터도 사람에 대한 사랑이 핵심 내용입니다. 사람 사랑에 대한 내용이 나라와 국민의 관계를 다루는 본문을 앞뒤로 감싸고 있는 것입니다. 이것이 무엇을 의미합니까? 사람에 대한 사랑 없이는 국민이 나라를 사랑할 수도, 집권자가 국민을 사랑할 수도 없다는 것입니다.

사람을 사랑할 때, 사람에 대한 사랑이 있을 때 비로소 집권자가 권력의 노예가 되지 않고 권력의 선한 청지기가 되어 사람들을 사랑하기 위한 봉사의 도구로 권력을 사용할 수 있습니다. 사람을 사랑할 때, 국민이 국가에 대한 의무를 다할 수 있습니다. 국가에 대한 의무를 다한다는 것은 궁극적으로 국민에 대한 의무를 다하는 것과 같기 때문입니다. 사람에 대한 사랑 없이는 나와 가장 가까운 가족을 사랑할 수 없음은 물론이고, 국가에 대한 의무를 행하는 것도 불가능합니다.

8절 상반절을 보십시오.

피차 사랑의 빚 외에는 아무에게든지 아무 빚도 지지 말라

우리가 세상을 살아가면서 절대로 져서는 안 될 빚이 있습니다. 내 능력 이상의 물질적인 빚, 금전적인 빚을 져서는 곤란합니다. 내가 내 능력으로 갚을 수 없는 빚을 졌을 때 그 빚은 사람과의 관계를 틀어지게 합니다. 채권자만 보면 비굴해지고 할 말도 못하게 됩니다. 빚에 쪼들리고 빚에 쫓겨 다니는 한, 새로운 사람만 만나도 그 사람을 이용해서 어떻게 하면 돈을 빌려 볼까 궁리하게 됩니다. 사람과의 관계가 바로 세워지지 않는 것은 물론이고, 내 삶 자체가 뒤틀립니다. 빚을 갚아야 하는데 갚지 못하고 날짜가 지나면, 전화 소리만 들려도 가슴이 뜁니다. 말하자면, 내가 갚을 수 있는 빚을 초과한 빚은 그 사람으로부터 자유를 박탈합니다. 자유가 박탈된 삶은 죽은 것이나 다름없습니다.

그런데 이와 반대로, 반드시 져야 할 빚이 있다는 것입니다. 바로 사랑의 빚입니다. 이 빚은 일방적으로 지는 빚이 아니라 서로 피차에 지는 빚입니다. 왜 그리스도인들이 서로 사랑의 빚을 지면서 살아가야 합니까? 빚과 선물의 차이는, 선물은 내가 받으면 그것으로 끝인데 빚은 내가 받은 다음에 반드시 되갚아야 한다는 데 있습니다. 그러므로 사랑의 빚을 지면 그 빚을 되갚아야 합니다. 쉽게 말하면, 사랑을 받아 본 사람만 사랑을 행할 수 있습니다. 그래서 그리스도인은 서로 간에 사랑의 빚을 지라는 것입니다. 그렇다고 누군가에게 사랑을 구걸하고 다니라는 의미가 아닙니다. 이미 내가 존재하고 있는 것, 지금 내가 살아 있는 것 자체가 내가 알게 모르게 주위에 있는 수많은 사람들에게 사랑의 빚을 진 결과라는 사실을 깨달아야 합니다. 많은 사람들로부터 사랑의 빚을 졌기 때문에 이처럼 내가 살아 숨쉴 수 있는 것입니다. 이것을 깨닫는 사람만이 사랑을 베풀어 다시 돌려줄 수 있는 것입니다.

이 땅에 태어난 모든 사람은 부모님으로부터 갚을 길 없는 사랑의 빚을 진 이들입니다. 부모님이 없었으면 생명 자체가 불가능했기 때문입니다. 우리가 태어나는 순간 어머니들은 한 번 죽었다가 살아나신 것입니다. 자신의 생명을 걸고 우리를 이 땅에 태어나게 하신 분들입니다.

얼마 전 저의 어머니(*장순자 권사, 1986년 소천)께서 "내가 자식들에게 큰 사랑을 받고, 내 부모님께 너무도 지극한 사랑을 받았는데, 그분들이 살아 계실 때 그 사랑을 다 갚지 못했고 지금도 갚을 길이 없구나. 이제 내가 세상을 떠나야 하는데 어떻게 해야 하나……" 하고 말씀하셨습니다. 그래서 제가 세상에 부모로부터 받은 사랑을 효도로 다 갚을 수 있는 자식은 없다고 말씀드렸습니다. 어머니께서는 자식들을 사랑하는 것으로, 부모님께 받은 사랑의 빚을 갚는 것이라고 하셨습니다. 왜 '내리사랑'이라고들 합니까? 아래에서 위로는 도저히 그 사랑을 갚을 길이 없기 때문입니다.

우리는 또 형제들에게 사랑의 빚을 지고 있습니다. 저에게 네 명의 아이가 있는데, 큰아이가 안쓰러울 때가 있습니다. 첫아이는 자신이 경험하는 모든 세상이 미지의 세상입니다. 전부 자기가 길을 뚫어야 합니다. 그러나 둘째, 셋째는 첫째에 비하면 비교적 순조롭습니다. 형과 같이 다니면, 형이 뚫어놓은 길만 다니면 큰 문제가 없습니다. 말도 빨리 배우고, 공부하는 방법도 빨리 익히고, 대부분이 빠릅니다. 그러므로 나에게 형이나 언니가 있다면, 내가 그들에게 사랑의 빚을 지고 있는 것을 의미합니다.

집집마다 대개 맏이가 의젓하고 생각이 깊은 것을 봅니다. 그래서 사람들은 역시 장남은 장남이고, 장녀는 장녀라고 말합니다. 왜냐하면 장남과 장녀에게는 동생이 있기 때문에 그렇습니다. 동생이 형으로, 언니로 자신을 높여 준 것이기 때문입니다. 이것이 동생에게 진 빚입니다.

이 세상에 살아 있는 모든 부모는 자녀에게 사랑의 빚을 지게 되어 있습니다. 만일 누군가가 자신은 돈을 많이 벌어 두었기 때문에 자녀에게 빚을 안 지고 오히려 재산을 물려주고 죽을 거라고 해도, 과연 그렇습니까? 인간이 죽고 나면 그 마무리를 누가 합니까? 자녀가 합니다. 내가 살아 있는 동안에는 사랑의 빚을 갚을 길이 있으나, 죽은 뒤에는 자녀에게 진 사랑의 빚은 갚을 도리가 없습니다. 갚을 수 없는 빚을 부모는 자녀에게 반드시 지게 되어 있습니다.

우리는 우리보다 먼저 이 세상을 산 사람들에게 큰 빚을 지고 있습니다. 그들이 마을을 이루고 길을 뚫지 않았더라면, 산을 개간하고 밭을 경작하지 않았더라면, 학문을 이루고 문화와 예술을 발전시키지 않았더라면, 목숨을 걸고 이 나라와 이 땅을 지켜 주지 않았더라면, 우리는 지금 존재할 수 없습니다. 따라서 수많은 선조와 이웃들에게 우리는 큰 사랑의 빚을 지고 있는 것입니다.

무엇보다도 우리는 하나님께 말할 수 없는 사랑의 빚을 지고 있습니다. 당신의 독생자를 십자가에서 죽게 하심으로 우리를 구원해 주신 사랑은 측량 자체가 불가능합니다. 1984년 8월 2일 새벽 2시에 하나님께서 저를 붙들어 주시고 제 삶의 방향을 틀어 주시지 않았다면 제가 과연 어떻게 되어 있을 것인지 생각할 때마다 아찔합니다. 하나님께서는 사랑으로 저를 세우고 사랑으로 덧입혀 주셨습니다.

이처럼 우리는 하나님께, 그리고 이 세상을 살아가는 모든 사람에게 크나큰 사랑의 빚을 진 사람들입니다. 이 사실을 가슴 깊이 깨달으면, 이 사랑의 빚을 갚기 위해 사랑을 행하는 사람들이 될 수 있습니다.

8절 하반절을 함께 보십시다.

남을 사랑하는 자는 율법을 다 이루었느니라

어떻게 이것이 가능할 수 있습니까? 내가 다른 사람들에게 사랑의 빚을 진 것을 깨닫고 다른 사람들을 사랑하며 살면, 사람들에게 악을 행할 수 없습니다. 사기를 칠 수 없습니다. 거짓을 행할 수 없습니다. 도둑질할 수 없습니다. 따라서 사람을 사랑하면, 사람을 향해 율법이 완성되어 가는 것입니다. 내가 하나님을 사랑하는데 어떻게 하나님께 등을 돌릴 수 있겠습니까? 그러므로 하나님을 사랑하면, 하나님을 향해 율법이 완성되어 가는 것입니다.

많은 사람들이 사랑해야 할 필요성을 알지만 사랑이 무엇인지 잘 알지 못합니다. 지금부터 구체적으로 그 개념을 정리해 보십시다.

첫째, 사랑은 상대와의 거리를 인정하는 것입니다. 상대와 나 사이에 있는 차이를 수긍하고 수용하고 인정하고 존중하는 것이 상대를 사랑하는 것입니다. 사람은 모두 다릅니다. 똑같은 사람이 있을 수 없습니다. 사람마다 다 독특한 자신만의 개성을 가지고 있습니다. 나와 다른 그 독특함을 수용하는 것이 사랑입니다. 예를 들어, 개를 사랑한다고 하는 사람들 가운데 개가 짖는다고 해서 개의 성대를 자르고, 냄새가 난다며 꼬리를 자르는 사람이 있습니다. 이것은 폭력이지 사랑이 아닙니다. 또는 흉측한 이기심입니다. 상대를 내가 만든 틀 속에 집어넣기 위해 상대를 재단하는 것이 아니라, 상대에 대해 갖고 있던 나의 틀을 깨버리는 것, 그래서 상대의 있는 모습을 그대로 수용하는 것, 나와의 차이를 존중하는 것, 이것이 사랑입니다.

둘째, 사랑은 상대를 바른 길로 인도하는 것입니다. 사랑이 상대와의 거리를 수용하고 인정하는 것이라고 해서 상대의 죄악까지도 다 덮어 수용하는 것을 의미하지 않습니다. 상대를 수용하되 상대를 바른 길로 용기 있게, 끈기 있게 인도해 내는 것이 사랑입니다. 그래서 참된 사랑은 사람을 바로 세웁니다.

미국의 한 목사님이 어느 날, 열네 살 된 딸로부터 아기를 가졌다는 이야기를 들었습니다. 우리 같으면 어떻게 하겠습니까? 일단 그날 한번 난리가 나고, 그다음 날 아무도 모르게 아이를 지우고는 이것은 너와 나만 아는 비밀이라면서 덮을 것입니다. 그런데 이 목사님은 딸의 이야기를 다 듣고는 할머니에게 전화를 하게 했습니다. 그리고 할머니에게도 잘못을 고백하라고 했습니다. 아이가 전화해서 할머니에게 아이를 가졌다고 말하면서 예전처럼 자신을 사랑해 줄 수 있으시겠냐고 물었습니다. 할머니는 아이에게 "너는 네 아이의 좋은 엄마가 될 거야, 걱정하지 마렴" 하고 말해 주었습니다. 아빠는 이번에는 이모에게 전화하게 했습니다. 딸은 이모에게도 똑같은 대답을 받았습니다. 이웃집을 다니면서도 똑같이 고백하게 했는데, 이웃 사람들이 모두 용기 있는 아이라며 격려해 주었습니다.

그다음 주일이 되었습니다. 그 목사님은 친구 목사님을 모셔다가 설교하게 했습니다. 설교가 끝난 뒤 아빠는 딸의 손목을 잡고 강단 위에 섰습니다. 그리고 자기 딸이 이렇게 잘못을 저질렀는데 회개하고 있으며, 딸을 예전처럼 사랑해 줄 수 있느냐고 성도들에게 물었습니다. 모든 교인들은 물론 사랑한다고 답해 주었습니다. 결국 그 딸은 열 달 만에 아이를 낳고, 아이를 낳은 뒤에는 기관을 통해 아이가 없는 집으로 입양시키고, 다시 공부를 시작했습니다. 그리고 현재는 선교사가 되어 러시아에서 귀한 일을 하고 있다고 합니다.

이 이야기는 사랑이 무엇인지 우리에게 깨우쳐 줍니다. 만약 딸의 잘못을 쉬쉬하고 덮어 버렸다면 그 아이는 형편없는 사람이 될 수도 있었을 것입니다. 그러나 부모가 그 아이를 바른 길로 인도하고자 용기와 결단과 끈기를 갖자, 한 아이가 전혀 다른 사람으로 세워졌습니다.

셋째, 사랑은 눈에 보이지 않는 상대의 수고를 보는 것입니다. 우리는 상대의 수고를 눈에 보이는 것으로만 판단하려 합니다. 아첨꾼은 그래서 생겨나는 것입니다. 눈에 보이는 곳에서만 잘하면 된다고 생각하기 때문입니다. 참된 사랑은 눈앞에 보이는 부분보다 보이지 않는 부분에서 더 중요한 일이 이루어지고 있음을 아는 것입니다.

넷째, 사랑은 보이지 않는 사람을 배려하는 것입니다. 현재 내가 하고 있는 일의 결과가 누구에게 미칠지 모르는 상태일지라도, 그 누군가를 위해 나의 모든 정성과 배려를 쏟는 것이 사랑입니다. 잘 알지 못하는 동네를 여행해 보면, 표지판을 보고서 찾고자 하는 곳을 못 찾아가는 경우가 많습니다. 그래서 몇 번씩이나 그곳 사람들에게 물어봐야 합니다. 표지판을 만드는 사람이 표지판을 만들 때, 길 찾는 이들을 세심하게 배려하지 않았기 때문입니다.

걸을 때 다른 사람의 신경을 거스르지 않도록 발소리를 죽이고, 문을 닫을 때에도 다른 사람에게 방해가 되지 않도록 문소리를 죽이는 것만으로도 그 사람은 성자가 된다는 말이 있습니다. 이 말은 내가 무엇을 하든지 눈에 보이지 않는 사람을 위한 배려가 중요함을 의미합니다. 내가 무엇을 하든 나의 일거수일투족은 내가 알지 못하는 누군가에 영향을 미친다는 사실을 잊어서는 안 됩니다.

다섯째, 사랑은 약한 사람을 위해 마음 쓰는 것입니다. 어떤 나라가 선진국이고 발달된 사회입니까? 물질적으로 잘사는 사회가 아니라, 약한 사람에 대한 마음 씀이 구현되어 있는 사회입니다.

작년에 뉴욕에 있는 무역회관 지하도에서 마침 저와 동행하신 분이 공중전화를 이용하려고 순서를 기다렸습니다. 바로 제 앞에는 경찰 두 사람이 진열장을 보면서 서로 이야기를 하고 있었습니다. 그런데 갑자기 한쪽을 보더니 자세를 바로잡고는 몇 발짝 앞으로 나와 진열장 앞으로 돌아서는 것이었습니다. 저는 속으로 생각하기를 이들이 잠시 여유를 갖다가 상사가 나타나서 그런가 보다 했습니다. 그런데 알고 보니 노인 한 분이 지팡이를 짚고 걸어오고 있었는데, 자기들로 인해 걸음에 방해가 되지 않게 하려고 비켜 준 것이었습니다. 그리고 진열장이 있는 가게에서 사람들이 나오려 하니까 그 노인이 지나갈 때까지 나오지 말고 기다리게 했습니다. 그리고 그 노인이 지하도에서 사라질 때까지 시선을 떼지 않았습니다.

작년에 제 셋째 아이와 여행을 했는데, 여행을 한 뒤 아이에게 무엇이 제일 재미없었는지 물었습니다. 셋째는 밥 먹는 시간이었다고 했습니다. 흔히 어른들은 밥을 먹으러 갈 때 어른들이 먹기 좋은 메뉴가 있는 곳으로 가고, 밥을 먹으면서는 아이들에게 이야기하지 못하게 합니다. 그러고는 정작 어른들끼리 두세 시간씩 이야기합니다. 그러니 아이들이 얼마나 지겹겠습니까? 우리는 기본적으로 약한 사람에 대한 배려가 부족합니다. 큰 예배당들이 많이 생겼지만, 몸이 불편하신 분들이 사용할 수 있는 시설은 눈에 불을 켜고 찾아도 찾기 어렵습니다. 휠체어가 예배당 안으로 들어갈 수 있도록 해놓은 예배당이 거의 없는 실정입니다.

왜 사랑이 약한 사람에게 초점을 맞추고 있습니까? 물이 낮은 곳으로 흐르는 것처럼, 사랑은 약한 곳으로 흘러가게 되어 있습니다. 부모도 약한 자식을 더 사랑합니다. 하나님께서도 고아나 과부나 약한 사람을 더 깊이 사랑하시는 것을 우리는 성경을 보면 확인할 수 있습니다.

우리는 사랑의 빚을 지고 태어나 오늘과 같은 존재로 살아가고 있습니다. 이제부터는 우리가 그리스도 안에서 사랑을 실천함으로 사랑의 채무자일 뿐만 아니라 사랑의 채권자가 되어 가십시다. 비록 우리의 사랑이 미흡하다 할지라도 주님께서 당신의 온전하심으로 우리의 부족한 부분을 채워 주실 것입니다. 그리고 우리의 삶은 의롭다고 인정받으며 한 걸음씩 완성되어 나갈 것입니다.

9
그리스도로 옷 입고

로마서 13장 11-14절

또한 너희가 이 시기를 알거니와 자다가 깰 때가 벌써 되었으니 이는 이제 우리의 구원이 처음 믿을 때보다 가까웠음이라 밤이 깊고 낮이 가까웠으니 그러므로 우리가 어둠의 일을 벗고 빛의 갑옷을 입자 낮에와 같이 단정히 행하고 방탕하거나 술 취하지 말며 음란하거나 호색하지 말며 다투거나 시기하지 말고 오직 주 예수 **그리스도로 옷 입고** 정욕을 위하여 육신의 일을 도모하지 말라

오늘 본문은 이렇게 시작되고 있습니다.

또한 너희가 이 시기를 알거니와(11절 상반절)

"시기"는 '시간', '때'를 의미합니다. 우리의 인생 자체가 시간입니다. 우리에게 주어지는 시간을 소유하지 못하고 누리지 못하는 상태를 가리켜 죽음이라고 말합니다. 즉 인생은 시간이고, 인생을 관

리한다는 것은 곧 시간을 관리하는 것입니다. 따라서 시간의 중요성을 아는 것이 지혜입니다.

그런데 본문에서 '시기'로 번역된 헬라어 '카이로스καιρός'는 인간이 임의로 정하거나 조절할 수 있는 시간을 의미하지 않습니다. 철저하게 하나님에 의해 결정되는 하나님의 때, 하나님의 시간을 뜻합니다. 예를 들어, 내가 친구에게 내일 점심을 같이 먹자고 전화를 한다고 하십시다. 그런데 다음 날 오전에 회사에서 중요한 일이 생겼습니다. 그래서 친구에게 전화해서 점심을 저녁으로 늦추자고 했습니다. 이것은 카이로스가 아닙니다. 그런데 어떤 사람이 친구를 만나기 위해 자동차를 타고 가다가 교통사고로 사망했습니다. 만약 자동차 사고가 날 줄 알았으면 밖에 나가지 않든지, 지하철을 이용했을 텐데 몰랐기 때문에 사고를 당한 것입니다. 1995년 1월 17일 고베에서 지진이 발생해 6천 여 명이 죽었습니다. 만약 그날 지진이 일어난다는 것을 알았다면 한 사람도 죽지 않았을 것입니다. 이것이 카이로스입니다. 하나님께서 결정해 두신 때, 우리의 힘으로는 도저히 알 수도 없고 조정할 수도 없는 때를 말합니다.

믿음이라는 것은 이 카이로스를 분별하고, 카이로스에 대비하고, 카이로스에 순종하는 것입니다. 예수님께서는 철저하게 하나님의 카이로스에 순종하셨습니다. 겟세마네 동산에서 기도하실 때 심히 슬퍼하고 고민하고 근심하시면서, 당신의 땀에 피가 배어나기까지 절규하셨습니다. 그리고 기도도 제대로 못하는 제자들에게 마저 자신을 위해 기도해 달라고 부탁하셨습니다. 예수님께서 기도하신 내용이, 할 수만 있다면 죽지 않게 하달라는 것이었습니다. 그런데 그토록 애태워 밤새도록 기도하시다가 그 기도가 어떻게 마무리됩니까?

만일 내가 마시지 않고는 이 잔이 내게서 지나갈 수 없거든 아버지의 원대로 되기를 원하나이다(마 26:42하)

예수님께서 기도하시는 동안 하나님의 카이로스를 확인하신 것입니다. 그래서 기도를 마치고 제자들에게 다가가 "때가 가까이 왔으니 인자가 죄인의 손에 팔리느니라. 일어나라 함께 가자"(마 26:45-46)고 하셨습니다.

반면에 예루살렘 사람들은 이 카이로스를 전혀 알지 못했습니다. 하나님의 아들이 육신의 몸을 입고 이 땅에 오셔서 사람들에게 자신을 보여 주신 것이 얼마나 큰 은총입니까? 주님께서 그들과 함께 하시는 시간이야말로 하나님께서 정하신 카이로스인데, 이 사실을 전혀 깨닫지 못했습니다. 그 시간을 놓치면 예수 그리스도를 다시는 눈으로 볼 수 없었습니다. 오히려 예수 그리스도를 못박아 죽이는 죄악을 범하고 말았습니다.

그렇다면 본문에서 말하는 하나님의 결정적인 때는 어떤 때를 의미하는 것입니까? 구원이 처음 믿을 때보다 가까웠다는 것입니다. 여기에서의 구원이란 바로 종말의 날을 말합니다. 그러니까 종말의 날이 가까이 왔다는 것입니다.

종말에는 우주적인 종말이 있고, 개인적인 종말이 있습니다. 우주적인 종말이란 주님께서 재림하시는 날, 이 땅에 하나님의 심판이 임하는 날, 세상의 역사가 종결되는 날입니다. 이날이 오기 전이라도 우리 각자는 개인적인 종말을 맞이합니다. 언젠가 우리는 이 땅을 떠나 하나님 앞에 서야 합니다. 개인적인 종말이건 우주적인 종말이건, 그때는 하나님께서 정해 주시는 카이로스입니다.

요즘에는 사람들의 수명이 많이 길어졌습니다. 그럼에도 50대,

40대, 30대, 심지어는 20대 이하의 연령에서도 얼마나 많은 사람들이 개인적인 종말의 카이로스를 맞이해 병상에서 그날을 기다리고 누워 있습니까? 우리는 자기 자신의 카이로스가 언제인지 알지 못합니다. 오늘 밤일 수도 있고, 몇 년 혹은 몇십 년 뒤일지도 모릅니다. 그것은 하나님의 결정 사항입니다. 한 가지 분명한 사실은, 우리가 언제 주님을 믿었든지 상관없이 주님을 믿었던 시점과 비교해 볼 때 우리의 종말이 더 가까워졌다는 점입니다.

오늘도 하루가 저물어 가고 있습니다. 이것이 무엇을 의미합니까? 우리가 그날은 모르지만 이 땅을 떠나야 하는 그날에 하루 더 가까이 간 것입니다. 지금도 우리는 각자의 카이로스를 향해 달려가고 있습니다.

바로 이 개인적인 종말의 카이로스를 인식하는 사람, 받아들이는 사람만이 지금 이 순간 자신이 무엇을 해야 할 것인지 바로 알고 분별하고 실천할 수 있습니다.

자다가 깰 때가 벌써 되었으니(11절 중반절)

자신의 카이로스가 1초 1초 다가오고 있다는 사실을 인식하는 사람은 더 이상 의미 없이 인생을 낭비하지 않고 아름답고 가치 있게 꾸려갑니다. 믿지 않는 사람들은 그것을 알 때가 되었음에도 모르고 있습니다. 깨어 있지 못한 것입니다.

이는 이제 우리의 구원이 처음 믿을 때보다 가까웠음이라(11절 하반절)

처음 믿은 그날부터 오늘까지 많은 시간들이 흘렀음에도 여전히 잠에 빠져 있는 그리스도인들도 많습니다. 이 영적인 수면 상태에서 깨어나지 않는 한, 우리는 절대 새날을 맞이할 수 없습니다. 오늘 0시에 오늘이 시작되었습니다. 바꾸어 말하면, 어젯밤 12시부터 오늘이라는 새날이 시작되었습니다. 그런데 우리는 어젯밤 12시부터 새날을 맞이했습니까? 그때 우리는 거의 다 잠자고 있었습니다. 그러면 우리는 언제 오늘이라는 새날을 맞이했습니까? 오늘 아침 잠자리에서 일어난 시간입니다. 따라서 사람마다 오늘이라는 새날을 맞이하는 시간이 다 다를 뿐만 아니라, 결과적으로 각 사람이 누리는 오늘의 길이가 다 다릅니다. 그런가 하면 현재 중환자실에서 의식불명으로 있는 사람에게는 오늘이라는 날이 주어져도 없는 것과 같습니다. 왜냐하면 계속 깨어나지 못하기 때문입니다. 깨어나야 비로소 그 순간부터 새날이 시작되기 때문입니다.

이스라엘 백성이 출애굽한 날이 아빕월 14일 밤입니다. 아빕월은 7월을 의미합니다. 그날 밤 해가 지면서부터 전 애굽에 있는 장자와 짐승의 첫 새끼들이 동시에 전부 죽었습니다. 그러나 이스라엘 백성은 문 인방과 좌우 문설주에 양의 피를 발라 둠으로, 하나님의 심판이 그 피를 보고 뛰어넘어가 이스라엘 백성은 한 명도 죽지 않았습니다. 그런데 출애굽기 12장 1-3절을 보면, 하나님께서 모세에게 다음과 같이 명령하셨습니다.

여호와께서 애굽 땅에서 모세와 아론에게 일러 말씀하시되 이 달을 너희에게 달의 시작 곧 해의 첫 달이 되게 하고 너희는 이스라엘 온 회중에게 말하여 이르라 이 달 열흘에 너희 각자가 어린 양을 잡을지니 각 가족대로 그 식구를 위하여 어린 양을 취하되 출애굽하던 달이 7월인데 하나님께서 그 달을 첫 달로 다시 시작하라고 명하셨습니다. 그래서 유대교인들은 오늘날까지도 종교력에 의해 아빕월을 첫 달로 계산하고 있습니다. 왜 하나님께서 이렇게 명령하셨습니까? 바로 아빕월 14일 밤, 그날이 애굽이라는 잠, 애굽이라는 어둠, 애굽이라는 죄악에서 깨어난 날이기 때문입니다. 다시 말하면, 가나안을 향해 다시 새롭게 일어선 것이며, 여호와와 더불어 비로소 새날을 맞이한 것입니다. 따라서 그 이전에 애굽에서 지내던 수없이 많은 날들은 이제 의미 없는 시간입니다. 우리에게 아무리 많은 날들이 주어진다 할지라도 영혼이 깨어 있지 않으면, 우리는 새날을 맞이하지 못합니다.

그렇다면 잠을 자는 것과 깨어 있는 것의 차이는 무엇입니까? 지금 우리가 다 깨어 있고 분명히 두 눈을 뜨고 있는데, 우리의 영혼은 잠을 자고 있습니까, 아니면 깨어 있습니까? 이것을 우리가 어떻게 분별할 수 있습니까?

첫째, 내가 지금 보고 듣고 있는지, 그렇지 않은지 살핌으로 가능합니다. 잠을 자는 사람은 주위에서 무슨 일이 벌어지고 있는지, 잠에서 깨어나지 않는 이상 볼 수 없고 들을 수 없습니다. 깨어 있다는 것은 지금 내 앞에서 일어나는 일을 보는 것을 의미합니다. 지금 내 곁에서 나는 소리를 듣는 것을 의미합니다. 그러므로 내가 두 눈을 뜨고 있다 해도 보지 못하면, 나는 지금 잠자고 있는 것입니다.

과거에 제가 어둠 가운데 살 때 밤에 술을 먹는데, 통금이 있을 때라서 조금이라도 술을 더 먹기 위해 운전기사는 미리 보내고 시계를 풀어놓고 초침까지 보면서 마시다가, 시간이 되면 차를 몰고 집으로 갔습니다. 술을 많이 마시고 운전을 하면 내 앞에 있는 길이 두 개로 보입니다. 이것이 진짜 길인지 저것이 진짜 길인지 긴가민

가하다가 눈을 뜨고 보면 이미 집에 도착해 잠을 자고 있었습니다. 두 눈을 뜨고 운전까지 했음에도 그것은 사실 잠든 것이었습니다. 앞을 보지 못했기 때문입니다.

예수님께서는 이 세상 모든 것을 보시고 진리의 소리를 들으셨습니다. 이 세상 전체가 하나님께서 지으신 것이므로 새를 보면 그 먹이를 공급하시는 하나님, 백합화를 보면 솔로몬의 모든 영광보다도 더 아름답게 입혀 주시는 하나님, 씨 뿌리는 농부를 보면 하나님 나라의 진리가 보이셨습니다. 그런데 우리가 두 눈을 뜨고 있음에도 이 세상에서 진리를 보지 못하고 진리의 소리를 듣지 못한다면, 우리가 밤늦게까지 열심히 일하며 굽이 닳도록 돌아다녀도 실은 잠이 든 것과 같은 것입니다.

둘째, 내가 지금 생각하고 있는지 살핌으로 가능합니다. 잠자는 사람은 생각하지 못합니다. 잠자는 동안은 사고가 멈추어 있습니다. 내가 진리를 보고 듣는 것으로 끝나는 것이 아니라 그 진리가 무엇을 의미하는지 생각하는 사람이 깨어 있는 사람입니다.

셋째, 내가 보고 듣고 생각한 것을 행동으로 반응하고 있는지 살핌으로 가능합니다. 진리가 행동으로 나타나지 않으면 그 사람은 여전히 잠자는 사람입니다. 하나님께서 이 세상 어떤 보석보다도 귀한 예수 그리스도라는 보석을 내 눈앞에 가져다 놓으셨는데 아무런 반응이 없다면, 그것은 잠자고 있는 것입니다.

그렇다면 우리가 어떻게 해야 잠에서 깰 수 있습니까? 어떻게 해야 새날을 맞이할 수 있습니까? 본문 12절을 보십시다.

밤이 깊고 낮이 가까웠으니 그러므로 우리가 어둠의 일을 벗고 빛의 갑옷

을 입자

벗고 입는 것이 그 해답입니다. 밤이 깊어졌다는 것은 곧 날이 새기 직전을 말합니다. 바로 목전에 다가와 있는 새날을 맞이하기 위해서는 벗을 것을 벗고 입을 것을 입어야 합니다. 우리가 잠잘 때 입는 옷과 일어나서 입는 옷이 다릅니다. 내가 잠자리에서 일어났는데 여전히 잠잘 때 입는 옷을 입고 있다면, 아직까지 일어날 의사가 없는 것입니다. 마찬가지로 우리가 정말 깨어 있다면, 진리 안에서 새날을 얻기 위해 벗을 것을 빨리 벗고 입을 것을 빨리 입는 사람이 되어야 합니다.

그렇다면 벗어야 할 어두움의 일은 무엇이고, 입어야 할 빛의 갑옷은 무엇을 의미합니까? 13절을 보시겠습니다.

낮에와 같이 단정히 행하고 방탕하거나 술 취하지 말며 음란하거나 호색하지 말며 다투거나 시기하지 말고

우리가 진리 안에서 깨어 있지 않으면, 모양과 무늬만 다를 뿐이지 우리가 입고 있는 옷은 사실 전부 방탕과 술 취함과 음란과 호색과 다툼과 시기의 옷입니다. 반면에 입어야 할 옷은 '낮에와 같이 단정히 행하는 것'이라 했습니다. 왜 사람들이 낮에는 단정히 행합니까? 낮에는 빛에 의해 자기 모습이 드러나기 때문입니다. 또 빛이 있는 낮 동안에는 다른 사람이 나를 보고 있음을 의식하기 때문입니다. 마찬가지로 우리가 그리스도의 빛 안에서 나의 실상을 바로 보고 바로잡는 것, 하나님께서 언제든지 나를 보고 계심을 의식하는 것, 그래서 우리 자신을 단정하게 하는 것, 이것이 바로 빛의

갑옷을 입는 것입니다.

여기에서 말하는 '단정히 행하다'라는 구절에는 세 가지 뜻이 있습니다. 첫째, '어울리게 행동하다'라는 뜻입니다. 사람은 나이나 처지에 어울리는 행동을 해야 합니다. 그리스도인으로서 그리스도인에게 어울리는 품행을 갖는 것이 단정히 행하는 것입니다.

둘째, '예의를 다하다'라는 뜻입니다. 우리는 모두 그리스도 안에서 한 형제자매입니다. 그런데 서로 형제자매라고 부른다고 해서 예의를 무시해도 된다는 것을 의미하지 않습니다. 오히려 그리스도인들은 서로에게 더욱 예의를 갖추는 사람이 되어야 합니다. 왜입니까? 그리스도인은 상대방 안에 있는 하나님을 보는 사람이기 때문입니다.

셋째, '고상하게 행하다'라는 뜻입니다. 진리보다 더 고상한 것은 없습니다. 오래 진리와 사귀었음에도 생각이 고상하지 않고 품행이 고상하지 않다면, 단정치 못한 것입니다.

우리가 주님을 언제 처음 믿었든지 간에 그 처음 믿었던 때와 지금을 비교해 볼 때 그리스도인으로서 어울리는 행동을 하지 않는다거나 더 예의를 갖추지 않는다거나 과거보다 더 고상하지 않다면, 우리는 그동안 잠을 잔 것이라 할 수 있습니다. 이상의 내용을 기억하기 쉽도록 좀더 간단하게 정리해 보십시다.

오직 주 예수 그리스도로 옷 입고 정욕을 위하여 육신의 일을 도모하지 말라 (14절)

벗어야 할 옷은 육신, 정욕입니다. 그리고 입어야 할 옷은 예수 그리스도입니다. 예수 그리스도로 옷 입을 때가 바로 깨어나는 순간이고, 그 순간부터 그 사람의 새날이 시작되는 것입니다. 옷을 벗는 경우는 두 가지밖에 없습니다. 우선, 내가 지금 입고 있는 옷이 형편없는 누더기요 나에게 해를 끼치는 것임을 깨닫는 사람이 그 옷을 벗어던지고 새 옷을 구하게 됩니다. 내가 내 돈 벌어서 밤마다 쾌락을 추구하고 정욕을 추구하고 내 멋대로 사는 것이야말로 인간이 누릴 수 있는 최선의 삶이라고 확신하는 사람, 이 옷보다 더 좋은 옷이 없다고 하는 사람은 절대 그 옷을 벗지 못합니다. 지금 입고 있는 옷의 무가치함을 알 때 비로소 벗어던지게 됩니다. 두 번째 경우는, 지금까지는 내 옷이 무척 좋은 옷인 줄 알았는데 새 옷을 접하고 보니 내 옷이 무가치함을 알게 된 경우입니다. 첫 번째 경우는 아직 새 옷을 못 만난 채 내 옷이 헌 옷이라 새 옷을 찾는 경우이고, 두 번째는 확실한 새 옷을 만나 그전까지 좋다고 생각했던 옷을 벗어버리는 경우입니다.

중광 스님(*2002년 3월 입적)이 과거에 참 더러운 옷을 입고 다녔습니다. 그래서 별명이 '걸레 스님'이었습니다. 그런데 어떤 분이 그런 중광 스님을 불쌍히 여기고 전도하러 여러 번 찾아갔습니다. 그는 예전에 저와 함께 술을 즐겼던 친구인데 이제는 둘 다 그리스도인이 되었고, 저도 함께 중광 스님을 뵈러가게 되었습니다. 그런데 스님을 뵙고 옷이 깨끗한 것을 보고 놀랐습니다. 알고 보니 그분이 헌 옷을 입지 않게 된 건 사랑하는 여인을 만나서였습니다. 지금은 스님이 아니라 예술가로 활동하고 있습니다. 평생 혼자 살던 분이 사랑하는 여인을 만나고 보니 자신의 행색에 변화가 있어야겠음을 느끼고 실행하신 것입니다.

13-14절은 그리스도인들에게 많이 알려진 구절인데 그 이유가 무엇입니까? 2천 년 교회사에서 가장 큰 거목으로 알려져 있는 아

우구스티누스가 이 구절을 보고 회심했기 때문입니다. 밀라노의 한 정원에 앉아 있던 그가 우연히 아이들이 노래하는 것을 들었는데, 가사 중에 다른 내용은 들리지 않고 "톨레 레게 톨레 레게" 하는 소리만 들렸습니다. '톨레 레게tolle lege'라는 말은 '들어서 읽으라'는 뜻입니다. 그래서 성경을 가져다 폈는데 본문 13-14절 말씀이 나왔습니다. 그 순간부터 아우구스티누스는 예수 그리스도로 옷 입고 새날을 시작했습니다.

그런데 이 내용과 관련해 사람들이 오해하는 부분이 있습니다. 이전까지 그가 형편없는 탕아였는데 우연히 이 말씀을 보고서 극적으로 회심한 것이 아닙니다. 아우구스티누스는 주후 354년 이교도 아버지와 독실한 크리스천인 어머니 모니카 사이에서 태어났습니다. 어릴 때는 철저하게 어머니의 영향으로 기독교식 교육을 받았습니다. 그런데 어머니가 아우구스티누스의 지적 수준을 감당하지 못해 아이의 질문에 답을 주려 하지 않고 무조건 믿음을 강요했습니다. 여기에 회의를 느낀 아우구스티누스는 교회를 떠나게 되었습니다. 그러고는 자기의 모든 질문에 합리적으로 답을 주는 마니교라는 종교에 9년 동안 심취했습니다.

그러다가 29세가 되어 마니교의 교주 파우스트를 만나 장시간 동안 면담을 했는데, 면담 결과 마니교에 진리가 없음을 확인하고 실망을 느껴 마니교에서 나왔습니다. 그리고 로마에 가서 자기가 전공한 수사학 학교를 세웠는데 실패했습니다. 30세에 밀라노에 가서 그 지역 주교 암브로시우스의 설교를 듣고 커다란 감동을 받았습니다. 십수 년 동안 멀리했던 성경을 다시 가져와 바울서신부터 공부하기 시작했습니다.

그렇게 2년 동안 공부하면서 말할 수 없는 갈등을 느꼈습니다. 지금 내가 입고 있는 옷은 헌 옷이라 벗어 버리고 새 옷을 입어야 하는데, 무슨 옷을 입어야 할지 몰랐습니다. B-로 이 당시 아우구스티누스가 회심하기 직전의 자신의 상태, 그리고 회심하는 순간이 《고백록》 8권 12장에 다음과 같이 기록되어 있습니다.

나로 말하면 어떻게 해석했는지 모르지만 어떤 무화과나무 그늘에 몸을 내던지고 눈물의 폭포를 터뜨렸습니다. 그랬더니 눈에서 눈물이 펑펑 쏟아져 나왔습니다마는 그것은 주님의 축복을 받을 제물이었던 것입니다. 나는 다음에 기록하는 말과 똑같지는 않지만 같은 의미의 말을 수없이 주님을 향해 했습니다. 주여, 그대는 언제까지입니까? 주여, 언제까지입니까? 마지막 날까지 노하시겠습니까? 제발 과거에 범한 우리의 불의를 상기하지 말아 주십시오. 사실 나는 아직 내가 그런 불의에 사로잡혀 있는 것을 느꼈던 것입니다. 나는 애처로운 소리를 더 높여 말했습니다. 대체 언제까지, 언제까지, 내일 또 내일입니까? 왜 지금이 아닙니까? 왜 지금 이때 추악한 내 모습이 끝장나지 않습니까? 나는 이렇게 말하면서 마음이 갈기갈기 찢기어 쓰디쓴 회한의 눈물에 젖어 있었습니다.

그랬더니 어떠했습니까? 이쯤에서 노래하는 투로 되풀이해서 소녀인지 소년인지는 모르지만 "톨레 레게, 톨레 레게"라는 소리가 들려왔습니다. 그 순간 나는 안색이 달라져 아이들이 놀이를 할 때 보통 무슨 노래를 하는 걸까 하고 골똘히 생각하기 시작했습니다. 하지만 그런 노래를 어디서 들어 본 적이 전혀 없었습니다. 왈칵 쏟아지는 눈물을 참고 일어섰습니다. 성경을 펴놓고 처음으로 눈에 띈 장을 읽으라는 하나님의 명령임에 틀림없다고 해석한 까닭입니다.

나는 급히 본래 앉아 있던 장소로 돌아갔습니다. 거기에는 성경책이 놓여 있었습니다. 그 성경을 손에 들자마자 편 다음, 처음으로 눈에 띄는 구절을 말없이 읽었습니다. 연회와 악취, 호색과 음란, 다툼과 시기를 버려라. 주 예수 그리스도를 입어라. 육욕을 충족시키는 일에 마음을 기울이지 마라. 나는 그 이상 읽으려 하지 않았으며 읽을 필요도 없었습니다. 왜냐하면 그 절을 읽는 순간, 말하자면 안심의 빛이라 할 수 있는 그 무엇이 마음속에 스며들어 모든 의혹의 어둠이 말끔히 사라져 버렸기 때문입니다.

아우구스티누스는 회심하기 전에 자신이 헌 옷을 입었다는 사실을 깨닫고 그 헌 옷을 벗어 버리기 위해 말할 수 없는 갈등과 번민과 고통 속에 있었던 사람입니다. 그런데 성경을 펴들고 13-14절을 읽은 뒤 더 이상 읽어 나갈 필요가 없었습니다. 왜입니까? 말할 수 없는 '안심의 빛'이 그를 지배했기 때문입니다. 즉, 다른 어떤 옷도 아닌 그리스도로, 그리스도의 말씀으로 옷 입어야 한다는 진리를 깨달은 것입니다.

그날로부터 아우구스티누스는 그리스도의 옷을 입었고, 그때가 32세 때였습니다. 그 이전의 모든 날들은 의미 없이 지나간 시간이었습니다. 그러나 아우구스티누스에게 새날이 시작된 그날은 한 개인의 새날로 그치지 않고, 언제나 교회의 새날로 아름답게 세워지고 있습니다.

우리도 어떤 형태이든지 옷을 입고 살아가고 있습니다. 어떤 사람은 학력의 옷을 입고 세상을 살아갑니다. 어떤 사람은 재력이라는 옷으로 자기를 감추며 살아갑니다. 어떤 사람은 권력의 옷, 명예의 옷을 입고 있습니다. 그러나 한 가지 사실만큼은 기억해야 합니다. 오늘 하루도 개인의 카이로스에 우리 모두가 한 걸음 가까이 다가갔습니다. 그 카이로스가 내 앞에 다가왔을 때, 내가 지금 입고 있는 그 옷이 나를 책임질 수 있겠습니까? 생명이 있는 동안 우리는 벗어야 할 옷을 벗어야 합니다. 어둠의 옷을 벗어야 합니다. 육의 옷을 벗어야 합니다. 이 세상에서 취한 모든 옷을 우리는 벗어야 합니다. 그리고 예수 그리스도로 옷 입어야 합니다. 그래야 비로소 내 종말의 카이로스가 도착하면 떳떳하게 주님 앞에 설 수 있을 뿐만 아니라 영원한 생명을 누리는 은총을 누릴 수 있게 될 것입니다.

로마서 14장

10
세움을 받으리니

로마서 14장 1-6절

믿음이 연약한 자를 너희가 받되 그의 의견을 비판하지 말라 어떤 사람은 모든 것을 먹을 만한 믿음이 있고 믿음이 연약한 자는 채소만 먹느니라 먹는 자는 먹지 않는 자를 업신여기지 말고 먹지 않는 자는 먹는 자를 비판하지 말라 이는 하나님이 그를 받으셨음이라 남의 하인을 비판하는 너는 누구냐 그가 서 있는 것이나 넘어지는 것이 자기 주인에게 있으매 그가 **세움을 받으리니** 이는 그를 세우시는 권능이 주께 있음이라 어떤 사람은 이 날을 저 날보다 낫게 여기고 어떤 사람은 모든 날을 같게 여기나니 각각 자기 마음으로 확정할지니라 날을 중히 여기는 자도 주를 위하여 중히 여기고 먹는 자도 주를 위하여 먹으니 이는 하나님께 감사함이요 먹지 않는 자도 주를 위하여 먹지 아니하며 하나님께 감사하느니라

오늘 본문은 믿음이 상대적으로 성숙한 사람과 연약한 사람에 대해, 그리고 서로가 어떻게 관계 맺어 가야 하는지에 대해 밝혀 주고 있습니다. 이 부분에서 우리가 잊지 말아야 할 사실은, 믿음이

성숙한 사람이든 연약한 사람이든 모두 하나님을 믿는다는 면에서 동일하다는 사실입니다.

믿음이 무엇입니까? 믿음은 그 사람이 나아가는 방향이 하나님을 향해 바뀐 것을 의미합니다. 따라서 성숙한 믿음이든 연약한 믿음이든 그 방향이 하나님을 향해 있다는 점에서는 차이가 없습니다. 믿음이 연약한 사람과 겉으로는 동일해 보이지만 그 삶이 하나님을 향해 있지 않은 불신자는 이 본문과 무관합니다. 따라서 본문을 살펴보는 동안 믿음이 연약한 사람을 하나님을 믿지 않는 사람과 혼동하지 말아야 합니다.

1절 상반절을 보십시오.

믿음이 연약한 자를

우리 주위에는 믿음이 연약해 보이는 사람이 있을 수 있습니다. 우리는 어떤 사람을 두고 믿음이 연약하다고 판단할 수도 있습니다. 그러나 우리가 조심하지 않으면 안 될 점이 있습니다. 상대를 믿음이 부족하다고 평가할 때 그 평가 기준은 지극히 주관적이라는 사실입니다. 교회는 학교처럼 시험을 쳐서 성적순으로 우열을 가리는 기관이 아닙니다. 그러므로 믿음이 적고 많음이 표준화되기가 어렵습니다. "저 사람은 믿음이 참 좋아" 혹은 "저 사람은 믿음이 약해" 하고 이야기할 때 그 기준은 철저하게 나 자신의 잣대입니다. 내가 하는 그 판단은 절대 온전할 수 없습니다. 하나님의 판단과 늘 다를 수 있는 것입니다.

한 여인이 300데나리온이나 되는 비싼 향유가 들어 있는 옥합을 예수님께 들고 나아와 그것을 깨뜨려 예수님의 발 앞에 부어 드렸습니다. 제자들은 그 모습을 보고 어떻게 저런 어처구니없는 짓을 하느냐며 그 여인의 믿음을 형편없는 것으로 매도해 버렸습니다. 그러나 예수님의 평가는 달랐습니다. 복음이 전해지는 곳에는 어디든지 이 여자가 행한 것도 전해질 것이라 하셨습니다. 지극히 높은 평가를 하신 것입니다(막 14:3-9).

예루살렘 성전 입구에 있는 헌금함에 금화를 헌금하는 사람들은 그것이 마치 자기의 높은 믿음의 표식인 양 당당해했습니다. 그런데 어느 가난한 과부가 한 고드란트를 남이 볼까 부끄러워 몰래 넣었습니다. 그런데 주님께서는 바로 이 여인의 믿음을 칭찬하셨습니다(막 12:41-44).

목회자라는 위치는 자칫 자신의 믿음이 가장 좋은 믿음, 가장 성숙한 믿음이라 착각하기 쉬운 자리입니다. 왜냐하면 늘 말씀을 가르치는 위치에 있기 때문입니다. 그런데 전혀 그렇지 않다는 사실을 저는 늘 확인합니다. 평소에 믿음이 미숙한 것처럼 보이던 분들, 또는 믿은 지 얼마 되지 않은 분들과 이야기하는 동안, 저 자신의 믿음이 부끄러울 정도로 그분들의 믿음이 아름답다는 것을 자주 확인합니다. 우리의 평가는 지극히 주관적이고 그것은 절대 온전할 수 없다는 사실을 망각해서는 안 됩니다. 이것을 잊으면 독선과 오만에 빠져 버립니다. 독선과 오만에 빠진 믿음은 인간의 집념일 뿐, 결코 바른 믿음일 수 없습니다. 믿음은 생명과 같아서 계속 성장하고 성숙해야 합니다. 그러나 독선과 오만에 빠진 믿음은 그 순간부터 정체되고 뒷걸음질하게 됩니다.

그러면 상대적으로 나보다 믿음이 연약하다고 생각되는 사람을 만나면 어떻게 해야 하겠습니까? 1절 상반절과 중반절을 함께 보십시다.

믿음이 연약한 자를 너희가 받되

믿음이 연약한 사람을 받아들일 수 있어야 한다는 것입니다. 그런데 받아들이고 수용하려면 먼저 나 자신이 철저하게 열려 있어야 합니다. 내가 내 믿음만을 하나의 고정된 틀로 여기며 꽉 닫혀 있는 상태로는 나와 다른 믿음, 연약해 보이는 믿음을 절대 수용할 수 없습니다. 그런데 열려 있는 것에서 멈추지 말고 한 걸음 더 나아가야 합니다.

그의 의견을 비판하지 말라(1절 하반절)

새번역 성경이 원문에 더 가깝게 번역했습니다.

그의 생각을 시비거리로 삼지 마십시오

믿음이 미숙한 사람의 생각과 행동을 비판하지도 말고 시비거리로 삼지도 말아야 합니다. 왜입니까? 그들도 하나님을 향해 있기 때문입니다. 그들도 하나님을 믿기 때문입니다. 그들의 삶의 방향이 하나님을 향해 있는 한 언젠가는 그들의 믿음도 성숙해질 것이기 때문입니다. 만약 내가 상대적으로 다른 사람에 비해 성숙한 믿음을 가지고 있다는 생각이 들면, 그것은 나도 미숙한 단계를 거쳤기 때문입니다.

연약한 믿음, 성숙한 믿음의 차이는 대체 무엇입니까? 본문은 이것을 형식과 본질의 문제로 다루고 있습니다. 성숙한 인생을 살고자 하는 사람은 인간의 내면, 본질적인 인간성을 가꾸어 가는 사람입니다. 그러나 그렇지 못한 사람은 겉치장하는 것으로 인생을 소비해 가는 사람입니다. 성숙한 신앙을 지닌 사람은 모든 형식적인 것을 떠나 늘 본질을 바라보고 본질 앞에 바로 서려 하는 사람입니다. 그에 비해 미숙한 사람은 눈에 보이는 형식에 얽매이는 사람입니다. 형식에 얽매이기 때문에 아직까지도 본질을 접해 보지 못한 상태에 있는 사람입니다. 이런 상태에 있는 사람이라 할지라도 그를 받아들이고 그의 생각이나 행동을 시비하지 말라는 것입니다.

어린아이들은 효도의 본질을 알지 못합니다. 어른들은 그런 아이들에게 효를 왜 행해야 하는지 그 본질을 깊이 가르쳐 주어야 하는데, 형식적인 것들만 강요하는 경향이 큽니다. 그러다가 아이들이 커서 성장한 뒤 자녀를 낳고 부모 입장이 되어 보면, 그제야 부모님의 사랑을 절실히 깨닫고 형식을 떠나 본질적인 효를 하게 됩니다. 예의범절의 차원을 넘어 부모님의 뜻을 이어받는 삶으로, 한 걸음 더 나아가 부모님께 영광을 돌리는 삶으로 효도하게 되는 것입니다.

모든 것에는 단계가 있기 마련입니다. 신앙도 마찬가지입니다. 나도 예전에는 분명 미숙한 상태에 있었는데 이제 조금 나아졌다고 해서 미숙해 보이는 사람을 비웃고 시비거리로 삼으면, 그것은 마치 개구리가 올챙이 시절을 망각한 것과 같습니다. 우리는 만물의 영장인 사람인데, 개구리 수준에 머물러 있을 수는 없지 않습니까? 그러므로 믿음이 연약한 사람이라 할지라도 그들을 널리 수용할 수 있어야 하는 것입니다.

2절을 보십시다.

어떤 사람은 모든 것을 먹을 만한 믿음이 있고 믿음이 연약한 자는 채소만

먹느니라

　　레위기 11장과 신명기 14장에는 먹을 것과 먹지 말아야 할 것을 구별하는 내용이 담겨 있습니다. 이 말씀은 이스라엘 백성이 지금부터 3500여 년 전 광야를 지나 가나안 땅으로 입성해 들어갈 때 모세에게서 주어진 율법입니다. 그런데 그때로부터 1500여 년이 지나 사도 바울의 시대에도 먹을 것과 먹어서 안 될 것을 가리는 사람들이 있었습니다. 철저하게 고기는 먹지 않고 채소만 먹는 사람들도 있었습니다. 당시는 로마가 세계를 지배하던 시대입니다. 그런데 로마는 우상을 섬기던 나라였기 때문에, 정육점 주인들이 고기를 잡으면 먼저 우상에게 바치고 시장에 내다 팔았습니다. 그래서 믿는 사람들이 볼 때 그 고기는 우상의 제물이었습니다. 우상의 제물인 고기를 먹는 것은 곧 우상을 섬기는 것이기 때문에, 고기를 절대 먹어서는 안 된다고 생각했던 것입니다.

　　바울은 이처럼 율법에 입각해 먹을 것과 먹어서는 안 될 것을 구별하는 사람들, 그리고 고기를 먹지 않고 채소만 먹는 사람들을 가리켜 "믿음이 연약한 자"라고 칭하고 있습니다. 왜냐하면 그들이 형식에 얽매여 있었기 때문입니다.

　　바울은 주님께서 말씀하신 바와 같이 하나님께서 만드신 모든 음식은 속된 것이 없다는 믿음을 지니고 있었습니다. 모든 음식은 하나님께서 만들어 주신 것이기 때문에, 바른 마음으로 바르게 먹으면 유익하지 않은 것이 없다는 것입니다. 따라서 바울에게 문제가 되는 것은 무엇을 먹을 것인가가 아니라 왜 먹느냐 하는 것이었습니다. 내가 무엇을 먹든지 그것을 먹는 목적이 주님의 영광을 위한 것이라면 바울에게는 못 먹을 것이 하나도 없었습니다. 그렇다고 해서 바울은 먹는 것, 먹지 못하는 것을 따지고 가리고 채소만 먹겠다는 믿음이 연약한 상태에 있는 사람들을 업신여기거나 시비 걸지 않았습니다. 오히려 3절 상반절에서 이렇게 말하고 있습니다.

먹는 자는 먹지 않는 자를 업신여기지 말고 먹지 않는 자는 먹는 자를 비판하지 말라

업신여긴다는 것은 깔보는 것을 말합니다. 위에서 아래로 내려다보는 것입니다. 또 본문에서 비판하지 말라고 한 것은, 모든 것을 자유함으로 먹는 사람을 말씀을 따르지 않는다며 정죄해서는 안 된다는 것입니다. 예수님 당시 세상 사람들이 예수님을 그처럼 정죄했습니다. 예수님께서 세리와 다른 죄인들과 더불어 모든 것을 먹고 마셨습니다. 그랬더니 사람들이 예수님을 가리켜 "보라. 먹기를 탐하고 포도주를 즐기는 사람이요 세리와 죄인의 친구로다"(마 11:19)라고 하였습니다.

믿음으로 먹는 사람이나 믿음으로 먹지 않는 사람이나 서로 업신여기지 말고 비판하지 말아야 할 이유가 무엇입니까?

이는 하나님이 그를 받으셨음이라(3절 하반절)

여기에서 "그"는 양쪽 모두를 말합니다. 어느 쪽이든지 하나님께서는 기꺼이 받아 주신다는 것입니다. 그러므로 서로 비판하지 말라는 것입니다. 이렇게 양쪽 모두를 받아 주시는 이유가 무엇입니까? 그들이 다 하나님을 믿는 사람이요 그들의 삶의 방향이 하나님을 향해 있어, 하나님에 대한 믿음 때문에 먹지 않는 것이고, 하나님에 대한 믿음 때문에 먹는 것이기 때문입니다.

제 큰아이가 만 10년 3개월이 되었습니다. 그리고 넷째는 3년 6개월이 되었습니다. 첫째아이는 막내보다 세 배를 더 산 것입니다. 지금 이 아이들의 수준에서 세 배를 더 살았다는 것은 대단한 차이입니다. 큰아이는 자기에게 주어진 일은 밤을 새워서라도 철저하게 하려는 스타일입니다. 그런데 큰아이에 비해 막내는 아직 어립니다. 유아부에서 성경을 외워 오라고 막내에게 숙제를 내주었습니다. 막내는 몇 주 동안 연습해 할머니 앞에서 외웠습니다. 시편 1편의 2절까지는 잘 외웠습니다. 그런데 3절을 시작하면서 첫 단어인 "저는……" 하고는 그다음 내용을 잊어버렸습니다(*"저는 시냇가에 심은 나무가 시절을 좇아 과실을 맺으며 그 잎사귀가 마르지 아니함 같으니……"[시 1:3상, 개역한글]) 조금 있다가 다시 "저는", 그래도 생각이 안 나서 또 "저는", 그러다가 갑자기 눈이 반짝했습니다. 그리고서 한다는 말이 "저는 이승주입니다"라고 했습니다. 이 모습을 보고 제가 아버지로서 큰아이만 좋아하며 받아들이겠습니까? 그렇지 않습니다. 막내도 제 아이이기 때문입니다. 제 아이이기 때문에 어리면 어린 대로, 의젓하면 의젓한 대로 다 귀한 것입니다.

4절 상반절에서 말씀합니다.

남의 하인을 비판하는 너는 누구냐

도대체 남의 하인을 무슨 자격으로 비판할 수 있느냐는 말입니다. 옛날에는 집집마다 종이 있었습니다. 그런데 그 종들은 어느 집에 속해 있든지 그 집안의 풍속과 가풍을 따를 수밖에 없습니다. 예를 들어 A라는 집안에서는 사람을 만나 인사할 때 거수경례를 한다고 하십시다. 그러면 그 종은 언제나 거수경례를 해야 합니다. 그런데 B라는 집안에서는 사람을 만나면 허리를 굽혀 인사하는 것이 풍속이라면, 그 집 종은 누구를 보든지 허리를 굽혀 인사할 것입니다. 그렇다고 해서 허리를 굽혀 인사하는 집안의 주인이 거수경례 하는 하인을 보고 무슨 인사를 그렇게 하느냐고 비판해서는 안 된다는 것입니다.

그가 서 있는 것이나 넘어지는 것이 자기 주인에게 있으매(4절 중반절)

하인이 서 있든지 넘어져 있든지 그것은 전적으로 그 주인에게 달려 있다는 말입니다. 즉 하인이 거수경례를 하든 허리를 굽혀 인사하든 그것은 철저하게 그 주인에게 달려 있는 문제라는 것입니다. 그 하인의 모든 행위에 대한 책임이 주인에게 있는 것입니다. 하나님과 인간의 관계도 이와 마찬가지입니다.

그가 세움을 받으리니 이는 그를 세우시는 권능이 주께 있음이라(4절 하반절)

여기에서 "그"는 믿음이 연약한 사람을 가리킵니다. 우리 삶의 초점이 주님께 맞추어져 있다면 우리의 믿음이 설령 미숙하다 할지라도 반드시 주님께서 우리의 믿음을 성숙하게 바로 세워 주신다는 것입니다. 주님께서는 당신의 인격으로, 당신의 품성으로, 당신의 자비하심과 사랑으로 우리의 삶을 채워 주셔서, 우리가 날마다 본질 위에 설 수 있도록 우리를 인도해 주십니다. 왜냐하면 주님께서 우리의 주인 되실 뿐 아니라 우리를 성숙하게 바로 세우실 수 있는 권능을 지니신 전능하신 하나님이시기 때문입니다.

여기에서 우리는 귀한 교훈을 얻을 수 있습니다. 주님께서 우리 모두를 성숙하게 세우시는 권능을 베푸시는 분임을 믿는다면, 그리고 내가 상대적으로 다른 사람에 비해 성숙한 믿음을 갖고 있다고 여겨진다면, 그것이야말로 나를 성숙하게 해주신 주님의 은총의 결과라는 사실입니다. 나 자신이 자랑할 것이 못됩니다. 내가 교만할 수가 없습니다. 바꾸어 말하면, 나보다 조금 미숙한 믿음을 가진 사람을 업신여길 수 없는 것입니다. 오히려 그들을 물심양면으로 도와주어야 할 입장에 서 있는 것입니다. 하나님께서 다른 사람보다 나에게 조금 더 성숙한 믿음을 주셨다면, 그것은 나만을 위한 것이 아니라 그 성숙함으로 다른 사람의 미숙함을 도우라는 뜻입니다.

반면에 내가 아직도 미숙한 지경에 있지만 주님께서 미숙한 믿음을 성숙한 믿음으로 바로 세우는 권능의 주님이심을 믿는다면, 지금처럼 계속 믿음의 어린 상태에만 머물러 있으려 해서는 안 됩니다. 내 주위에 나보다 더 성숙한 믿음을 지닌 사람들을 찾아 그들을 본으로 삼으면서 닮아가도록 힘써야 합니다. 주님께서는 우리를 성숙한 믿음의 위치에 세우시되, 주님의 수준까지 성숙하게 되기를 요구하십니다. 이 말은 이 세상이 끝나는 순간까지 성숙의 과정은 중단되지 않음을 의미합니다. 따라서 나와 생각이 다른 사람을 정죄할 것이 아니라, 나와 다른 믿음, 나보다 성숙한 생각을 받아들이는 자세를 갖추어야 합니다.

5절은 다음과 같이 전하고 있습니다.

어떤 사람은 이날을 저날보다 낫게 여기고 어떤 사람은 모든 날을 같게 여기나니 각각 자기 마음으로 확정할지니라 성경에는 여러 절기가 있습니다. 예를 들면 유월절, 초막절, 오순절 같은 날입니다. 요즘 경우로 말하면 성탄절, 부활절, 추수감사절 같은 날입니다. 사람들에 따라서는 이런 날에 특별한 의미를 부여하고 그날은 다른 날과 다르게 보냅니다. 반면에 부활절은 부활의 의미를 한 번 더 되새겨 주고 성탄절은 예수님께서 오신 것을 일깨워 주는 날일 뿐이고, 하나님께서 단드신 365일이 다 중요하기 때문에, 1년 365일이 전부 성탄절, 부활절이어야 한다고 생각하는 사람들도 있습니다. 어떤 경우든지 서로 다른 생각을 가진 사람을 비판하려 하지 말고, 각자의 소신대로 주어진 시간을 주님과 동행하며 뜻깊게 살아가야 하는 것입니다.

"확정할지니라"로 번역된 헬라어 원뜻은 '이행하다', '실행하다'입니다. 내가 진정으로 믿는 바를 마음에서부터 실행해 가야 한다는 것입니다. 예를 들어, 성탄절이나 부활절을 다른 날과 전혀 다른 특별한 날로 믿는다면, 말로만 그럴 것이 아니라 적어도 부활절이 다가오면 그전부터 마음으로 기도하며 부활절을 맞이해야 합니다. 예수님의 부활을 기리기 위해 예배당에 가서 예배에 참석하는 것으로만 끝날 것이 아니라, 절망 속에 있는 사람들에게 부활의 소망을 나누어 주기 위해 누구를 찾아가 무엇을 할 것인지 구체적으로 생각해 보아야 합니다. 자신이 믿는 대로 그날 행해야 하는 것입니다.

만일 부활하신 주님께서 우리와 늘 함께하시므로 365일이 부활절이 되어야 한다고 믿는다면, 실제로 365일을 부활절처럼 살아야 합니다. 이것이 정말 믿는 것이기 때문입니다.

행하는 믿음을 가질 때에만 주님의 세우심을 받을 수 있습니다. 믿는 대로 행동하는 것은 참으로 중요한 일입니다. 그러나 여기에 머물러서는 안 되고 한 단계 더 나아가야 합니다. 6절을 보십시다.

날을 중히 여기는 자도 주를 위하여 중히 여기고 먹는 자도 주를 위하여 먹으니 이는 하나님께 감사함이요 먹지 않는 자도 주를 위하여 먹지 아니하며 하나님께 감사하느니라

먹지 말아야 할 것을 먹지 않는 것이 바른 믿음이라고 생각하는 사람이 있습니다. 반대로, 무엇이든지 먹을 수 있다고 생각하는 사람이 있습니다. 이처럼 상반된 믿음을 갖고 있는 사람들은 서로 비판하지 말고 자신에게 그런 믿음을 주신 하나님께 감사하는 마음을 가지라는 것입니다. 하나님께서 믿음을 주시지 않았다면, 레위기 11장이나 신명기 14장의 말씀을 삶 속에서 실천할 생각도 못할 것입니다. 하나님께서 믿음을 주시지 않았다면, 우리가 그 모든 율법을 뛰어넘어 복음의 본질에 접할 수도 없을 것입니다. 그러므로 내가 지금 어떤 믿음을 갖고 있든지 그 믿음이 하나님께로부터 비롯되었음을 깨닫고 하나님께 감사해야 합니다.

이상을 한마디로 요약해 결론적으로 말한다면, 믿음은 반드시 하나님과의 종적인 관계에서 시작되어야 한다는 것입니다. 믿음을 사람과의 횡적인 관계에서 시작하려 하는 경우가 있습니다. 그래서 문제가 생기는 것입니다. 사람과의 횡적인 관계에서 믿음을 시작하면, 우리는 상대적으로 비교를 하게 되어 남을 업신여기거나, 비판하거나, 스스로 열등감을 갖거나, 시샘하는 사람이 될 수밖에 없습니다. 그러나 하나님과의 종적인 관계에서 믿음을 시작하면, 어떤 사람이 어떤 믿음을 갖고 있든지 그 믿음을 받아들일 수 있게 됩니다. 서로를 비판하고 정죄하는 것이 아니라, 하나님과의 종적인 관계 속에서 서로의 믿음을 보완해 주고 이끌어 주고 본받아야 할 아

름다운 관계가 됩니다.

　예를 들어, 제 아이들이 아버지와의 관계를 생각지 않고 모든 것을 각자의 입장에서만 생각하고 바라본다면, 서로를 업신여기고 비판하게 될 수밖에 없습니다. 그러나 아버지와 자식이라는 종적인 관계에서 생각하면, 형제들을 다 귀하게 여기는 아버지의 사랑 아래서 서로가 비판하거나 업신여기는 것이 아니라 보완해 주고 이끌어 주고 본받아야 할 관계임을 깨닫게 됩니다.

　왜 믿음을 가진 사람들이 자꾸 분리됩니까? 왜 믿음을 가진 단체가 분열됩니까? 하나님과의 종적인 관계에서 믿음을 시작하려 하지 않고 인간과의 횡적인 관계에서 시작하려 하기 때문입니다. 이 같은 믿음은 관계를 분열시킵니다. 그러나 모든 것을 하나님과의 관계에서 생각하고 내가 지금 가지고 있는 믿음이 하나님께로부터 왔음을 감사하면, 그 같은 믿음은 관계를 이어주고 발전시킬 뿐만 아니라, 하나님의 방법으로 더욱 성숙하게 세워져 나가게 됩니다.

　아직까지도 내 수준을 따라오지 못하는 남편 혹은 아내 혹은 주위 사람의 믿음을 업신여기고 있지는 않습니까? 아니면 나보다 앞서가는 주위 사람의 믿음을 정죄하고 있지는 않습니까? 나와 다른 믿음, 나와 다른 모습으로 신앙생활을 하는 사람을 무조건적으로 비판하고 정죄하고 있는 것은 아닙니까? 오늘 이 시간 하나님과의 종적인 관계에서 우리의 믿음을 다시 한 번 점검하고 우리의 믿음을 다시 시작하십시다. 그러면 우리의 믿음은 정말 귀하고 아름다운 믿음이 되어 우리 각자가 바로 서게 될 것이요, 믿음의 공동체는 비로소 사랑의 공동체가 될 것입니다.

11
주를 위하여

로마서 14장 7-12절

우리 중에 누구든지 자기를 위하여 사는 자가 없고 자기를 위하여 죽는 자도 없도다 우리가 살아도 **주를 위하여** 살고 죽어도 **주를 위하여** 죽나니 그러므로 사나 죽으나 우리가 주의 것이로다 이를 위하여 그리스도께서 죽었다가 다시 살아나셨으니 곧 죽은 자와 산 자의 주가 되려 하심이라 네가 어찌하여 네 형제를 비판하느냐 어찌하여 네 형제를 업신여기느냐 우리가 다 하나님의 심판대 앞에 서리라 기록되었으되 주께서 이르시되 내가 살았노니 모든 무릎이 내게 꿇을 것이요 모든 혀가 하나님께 자백하리라 하였느니라 이러므로 우리 각 사람이 자기 일을 하나님께 직고하리라

성경을 순서대로 읽어 나가다 보면 신명기 14장이나 레위기 11장에서 한 번쯤은 갈등하고 고민에 빠지게 됩니다. 그곳에는 먹어도 될 음식과 먹어서는 안 될 음식을 분류하고 있기 때문입니다. 이를테면 짐승 가운데 굽이 갈라져 쪽발이 되고 새김질하는 것은 먹어도 되고, 굽은 갈라져 있지만 새김질을 하지 않거나 새김질은 하는

데 굽이 갈라져 있지 않은 것은 먹을 수 없습니다. 또 어류에서 비늘과 지느러미가 있는 것은 먹어도 되지만, 그렇지 않은 것은 먹지 말아야 합니다. 더 구체적으로 예를 들면, 소나 양이나 염소 같은 짐승은 먹어도 되지만, 돼지는 먹어서는 안 됩니다. 생선회는 먹어도 되지만 멍게, 해삼, 전복, 소라는 먹어서 안 됩니다. 또 피는 어떤 경우에도 먹으면 안 됩니다. 그러면 삼겹살이나 선지국을 먹어야 힘이 나는 사람들은 무척이나 고민스럽지 않을 수 없습니다.

그런데 우리가 레위기 11장이나 신명기 14장을 문자 그대로 받아들인다면, 구약의 다른 내용들도 문자 그대로 받아들여야 합니다. 예배를 드릴 때마다 짐승을 잡아 피를 뿌려야 하고, 강단 위에는 법궤를 놓고 그 앞에 휘장을 쳐야 합니다. 그리고 이스라엘에서 대제사장 레위인 한 분을 모셔 와야 합니다. 그 사람 외에는 아무도 강단 위에 올라올 수 없습니다. 심지어 예배당 안에는 대한민국 국적을 가진 사람은 들어올 수 없고 이스라엘 사람들만 들어올 수 있습니다. 그러면 우리는 마당에서 예배를 드려야 합니다. 한국인인 우리는 목사, 장로, 집사, 성가대원 등 아무 직책도 맡을 수 없게 됩니다.

구약을 이렇게 받아들이는 그리스도인은 아무도 없습니다. 구약을 가능한 한 문자적으로 받아들이는 유대인들도 구약의 율법 그대로 짐승의 목을 쳐서 피를 뿌리며 제사를 드리지 않고 회당에 모여 하나님의 말씀으로 하나님께 경배드립니다. 중요한 것은, 우리가 성경을 볼 때 문자가 우리에게 전하는 형식적인 면이 아니라, 바로 그 문자 속에 내포되어 있는 본질, 정신입니다. 형식과 본질의 관계를 설명할 때 고린도전서 16장 20절보다 더 좋은 예가 없습니다.

너희는 거룩하게 입맞춤으로 서로 문안하라

　내가 목사이기 때문에 말씀대로 살아야 한다고 해서 이 말씀을 문자 그대로 받아들인다면, 그래서 이번 주일부터 새신자들이 올 때마다 거룩하게 입맞춤으로 인사한다면, 사람들이 저를 거룩한 목사라고 하겠습니까? 아마 저는 몰매를 맞고 쫓겨날 것입니다. 거룩하게 입맞춤으로 문안하라는 말은 2천 년 전 예법이요 형식입니다. 그러므로 2천 년 전에는 나와 격이 맞는 사람뿐만 아니라 도저히 격이 맞지 않는 사람, 이를테면 노예라든지 냄새나는 걸인이라 할지라도 구별 없이 당시의 예법에 따라 입맞춤으로 문안해야 했습니다. 왜입니까? 그들은 그리스도 안에서 다 같이 형제자매 된 사람들이기 때문입니다.

　그렇다면 그 형식에 담겨진 본질은 무엇입니까? 이 본질을 우리가 받아들여 삶에 접목시킨다면 어떤 의미가 되는 것입니까? 오늘날의 인사 예법은 남자는 악수를 하고 여자는 허리를 굽혀서 인사하는 것입니다. 따라서 예배당에 누가 들어오든지 그에게 다가가 진심으로 사랑하는 마음으로 손을 잡고 악수해 주는 것, 겸손한 마음으로 허리를 굽혀 인사하는 것, 이것이 이 말씀이 담고 있는 본질인 것입니다. 그러므로 입맞춤으로 문안하라는 것은 시대가 지나 언제든지 바뀔 수 있는 형식이지만, 그 형식에 담겨 있는 본질은 아무리 시간이 흘러도 변할 수 없는 절대적인 것입니다.

　우리가 주님의 말씀을 볼 때 그 말씀이 그리스도 안에서 뜻하는 바가 무엇인지 포착하는 것이 중요합니다. 그리스도가 바로 진리의 본질이시기 때문에, 그리스도 안에서만 그 문자가 담고 있는 본질과 정신을 바르게 이해할 수 있습니다. 구약에서 그토록 분명하게 율법으로 명령하고 있음에도 왜 우리가 더 이상 짐승을 잡아 피를 뿌리며 제사를 드리지 않습니까? 예수 그리스도께서 십자가에 매달려 자신을 제물 삼으심으로 우리를 위해 온전한 제사를 드려 주셨기 때문입니다. 그래서 우리에게는 그와 같은 형식이 더 이상 필요 없는 것입니다. 다만 과거에 짐승을 잡아 제사를 드리던 그 정신은 우리가 절대적으로 갖춰야 합니다. 구약의 사람들이 하나님께 바치려는 제물에 흠이 있는지 없는지 철저히 살피며 예배를 준비했듯이, 우리가 예배당에 올 때 준비된 마음으로 오는 이 같은 본질적인 정신은 우리가 절대적으로 지켜야 하는 것입니다.

어떻게 우리가 레위인이 아님에도 목사가 되고 장로가 되고 집사가 되고 성가대원이 될 수 있습니까? 그리스도를 믿음으로 그리스도 안에서 레위인이 되었기 때문입니다. 우리가 이스라엘 백성이 아님에도 어떻게 이처럼 예배당 안에 들어와 예배를 드릴 수 있습니까? 주님을 믿음으로 그리스도 안에서 하나님의 자녀 이스라엘이 되었기 때문입니다. 어떻게 그리스도인들이 돼지 삼겹살을 먹고 선짓국을 먹고 해삼과 멍게를 먹고도 거리낌 없이 신앙생활을 할 수 있습니까? 주님을 향한 거룩함은 외적 형식에 있는 것이 아니라 우리 마음의 중심과 관련한 문제이기 때문입니다. 참된 그리스도인은 그 중심이 항상 하나님을 향해 있으며 주님을 위합니다. 그러므로 무엇이든 먹을 수 있습니다. 만일 궁극적인 결과가 하나님의 영광을 가리는 것으로 드러난다면, 아무리 좋아하는 것이라도 끊을 수 있습니다.

그러면 레위기 11장이나 신명기 14장이 전하는 형식에 얽매여 고민하고 있는 사람의 믿음을 우리가 어떻게 바라보아야 합니까? 그런 믿음은 미숙하고 연약한 믿음일 수 있으나, 그것 또한 하나님을 향한 아름다운 믿음인 것입니다. 그리스도인들이 레위기 11장이나 신명기 14장을 읽으며 갈등이나 번민에 빠지는 이유가 무엇입니까? 그 말씀이 성경에 기록된 말씀이기 때문입니다. 즉, 하나님의 말씀이기 때문입니다. 바꾸어 말하면, 그들이 하나님을 믿기 때문입니다. 하나님을 믿지 않는 사람이라면 그 말씀을 읽을 이유도 없고, 읽었다 하더라도 그 말씀 때문에 번민에 빠질 이유가 하나도 없습니다. 하나님을 믿기 때문에 두렵고 떨리는 마음으로 그 말씀을 어떻게 지켜야 하는지 갈등과 번민에 빠지는 것입니다.

그래서 바울은 1-6절에서 다섯 가지 교훈을 제시해 주었습니다. 첫째, 믿음이 성숙한 사람은 구약의 형식에 얽매여 있는 믿음이 연약한 사람을 업신여기지 말아야 한다는 것입니다. 그 형식의 과정을 거치지 않으면 본질에 다다를 수 없기 때문입니다. 그런 과정을 거쳐야 형식에 담겨 있는 본질이 무엇인지 알게 됩니다. 형식을 모르고서 본질을 아는 방법은 없습니다.

둘째, 형식에 얽매여 있는 사람은 형식을 극복하여 본질에 충실한 사람을 정죄하지 말아야 한다는 것입니다. 형식에 얽매여 있는 사람은 형식에 자유한 사람을 볼 때 그가 마치 하나님의 말씀을 무시하는 것처럼 여겨질 수 있습니다. 바리새인들이 예수님을 죽인 이유가 무엇입니까? 자기들의 형식 논리로 볼 때 예수는 하나님을 모독하는 자였습니다. 하나님의 말씀을 경홀히 여기는 자였습니다. 그래서 예수님을 죽였습니다. 형식을 뛰어넘어 본질을 추구하는 사람은 정죄의 대상이 되어서는 안 됩니다. 오히려 우리가 다다라야 할 경지를 보여 주기에 우리의 본으로 삼아야 합니다.

셋째, 믿음이 미숙한 사람, 믿음이 성숙한 사람, 이 양쪽의 믿음을 주님께서는 다 기쁘게 받아 주신다는 것입니다. 어른들이 여러

명 있는데 어린아기에게 이리 오라고 손짓을 해도 아기는 쉽게 가지 않습니다. 부모가 오라고 하면 그제야 부모의 음성을 듣고 갑니다. 그런데 아기가 걸어오지 않고 기어온다고 해서 그 부모가 기뻐하지 않습니까? 기어와도 기쁘고 기다가 넘어져도 기쁩니다. 왜입니까? 그 아기가 내 아기고 내 소리를 알아들어 나에게 속해 있기 때문입니다.

넷째, 미숙한 믿음이든 성숙한 믿음이든 주님께서 날마다 바로 세워 가신다는 것입니다. 주님을 향해 있는 한 주님께서 미숙한 사람의 믿음을 성숙한 단계로 이끌어 가시고, 성숙한 사람의 믿음은 더 원숙한 경지로 올려 주십니다.

다섯째, 우리가 무엇을 하든지 믿음으로 행해야 한다는 것입니다. 음식을 먹든 안 먹든 그것을 하나님을 향한 믿음으로 행하는 것이 중요합니다. 모든 형식을 파하고 본질만을 추구하겠다고 할 때 그것도 하나님을 향한 믿음으로 행해야 합니다. 형식보다 본질을 이야기하는 사람 가운데는 믿음이 아닌 자신의 편의를 위해 그렇게 하는 사람들이 있습니다. 형식을 지키는 것이 귀찮기 때문이기도 합니다. 그런 사람들은 집에서 기도하지 무엇 때문에 새벽에 나가서 기도하느냐고 합니다. 자신이 하기 싫으니까 남이 지키고자 하는 형식을 파괴해 버리고 싶은 것입니다.

로마서 14장은 이 다섯 가지 교훈 위에서 끝까지 전개되고 있습니다. 그러므로 로마서 14장이 끝날 때까지 이 다섯 가지 교훈을 우리 마음에 담고 있어야 합니다.

7절을 보시겠습니다.

우리 중에 누구든지 자기를 위하여 사는 자가 없고 자기를 위하여 죽는 자도 없도다

7절에서 9절까지 "위하여"라는 단어가 다섯 번이나 나옵니다. 이 세상에 있는 모든 물건은 어떤 목적이 있기 때문에 만들어집니다. 그런데 중요한 사실은, 만들어지는 목적이 그 물건 자체에 있는 것이 아니라 물건 밖에 있다는 것입니다. 예를 들어 사람이 칼을 만든다고 하십시다. 칼을 만드는 목적은 칼 자체에 있지 않습니다. 그 칼을 가지고 음식을 만들기 위함입니다. 또 사람이 의자를 만드는 목적은 그 의자 자체에 있는 것이 아니라, 그 의자 위에 사람이 앉을 수 있도록 하기 위함입니다.

사람이라는 존재도 절대로 우연히 만들어진 존재가 아닙니다. 어떤 목적을 위해 만들어졌습니다. 그 목적이 무엇입니까? 7절 말씀은 사람이 만들어지는 목적이 사람 자체에 있지 않다는 것입니다. 자기를 위해 살고, 자기를 위해 죽는, 자기 자신을 목적으로 삼기 위해 사람이 태어나는 것이 아니라는 것입니다. 바꾸어 말하면, 내가 만들어진 목적이 내 밖에 있다는 것입니다.

"우리 중에"라는 구절은 '하나님을 믿는 크리스천 중에'라는 말입니다. 그리고 "누구든지"는 믿음이 연약하든지 강하든지, 다시 말해 믿음이 성숙하든지 미숙하든지 상관없다는 말입니다. 그래서 적어도 크리스천이라면 삶의 목적을 자기에게 두어서는 안 된다는 것입니다. 왜입니까? 삶의 목적을 자기에게 두면, 자기와 타인을 동시에 죽이게 되기 때문입니다. 만일 어떤 칼이 자기 존재의 목적을 자신에게 둔다면, 그래서 기분이 날 때마다 이 사람도 찌르고 저 사람도 찌른다면, 그리고 눈에 보이는 물건을 난도질한다면, 제거당

해야 할 흉기에 지나지 않게 됩니다. 결국 자기와 타인을 함께 해치는 꼴이 된 것입니다.

나무는 애써서 열매를 맺습니다. 나무가 열매를 맺는 목적은 자기가 가지려는 것이 아니라 자기 밖에 있는 존재에게 주기 위함입니다. 만약 어떤 나무가 자기가 갖기 위해 열매를 맺는다면, 그래서 나무에 달려 있는 열매를 고스란히 움켜쥐고 있다면, 그 열매는 모두 썩어 버리게 됩니다. 그뿐만 아니라 가지도 함께 썩고 결국 나무 자체가 살 수 없게 됩니다.

사람도 삶의 목적을 자신에게 둘 때 이와 같은 결과를 초래합니다. 예를 들어 가정주부가 매일 같은 일을 반복하는 것은 얼핏 대단히 단조롭고 무미건조한 삶처럼 보입니다. 그러나 자기 삶의 목적을 자기 밖에 두면, 단조롭게 보이는 그 삶은 엄청난 가치와 의미를 지니게 됩니다. 자신의 봉사와 헌신으로 자녀의 인생이 확장되고, 남편은 사회 속에서 웅기雄氣를 펼쳐 갑니다. 자신이 만드는 음식은 단순한 음식으로 그치는 것이 아니라 사랑하는 가족의 살이요 피요 생명이 됩니다. 더 확대해서 말하면, 내가 지금 만드는 음식은 내 가족의 미래입니다. 이와 같은 마음으로 매일을 살아간다면, 단조로울 수가 없습니다. 비록 집안에 있다 할지라도 나는 내 자녀 안에서, 내 자녀와 함께 살아가는 것입니다.

그런데 만약 어느 날부터 주부가 삶의 목적을 자기에게 두기 시작하면, '내가 어쩌다 이 모양 이 꼴이 되어 이런 집안에서 매일 똑같이 이런 짓을 하고 있을까' 하고 생각하게 됩니다. 그리고 그렇게 생각하는 순간부터 삶은 전혀 무의미해집니다. 그리고 말할 수 없는 권태감에 빠집니다. 그와 같은 생각에 젖어들면 결국 자기 가정과 자기 인생이 동시에 파멸되고 맙니다.

남편의 경우도 마찬가지입니다. '내가 어쩌다 저런 여자를 만나서 이 모양 이 꼴로 있나' 하고 생각하며 인생의 목적을 자기에게로 옮기면, 그 순간부터 자기 인생과 자기 가정의 파괴자로 등장하게 되는 것입니다.

그렇다면 삶의 목적을 내 밖에 두어야 한다고 할 때 그 밖이라는 곳이 구체적으로 어디입니까? 8절을 보시겠습니다.

우리가 살아도 주를 위하여 살고 죽어도 주를 위하여 죽나니 그러므로 사나 죽으나 우리가 주의 것이로다

사나 죽으나 주님을 위하는 것이 바로 삶의 목적을 밖에 두는 것입니다. 그때에만 그 목적이 바른 목적이 되고, 자신과 타인을 동시에 살릴 수 있습니다. 그때에만 우리가 참다운 크리스천이요 빛의 자녀가 될 수 있는 것입니다.

지난 주일 예배 시간에 미우라 아야코 여사가 쓴 책에 나오는 마츠코시라는 분에 대해 말씀드렸습니다. 마츠코시는 젊은 시절 10여 년 이상을 심한 결핵성척추염으로 깁스 침대에 누워 있었습니다. 그 침대는 손 외에는 움직일 수 없게 되어 있는 침대입니다. 만약 그녀가 삶의 목적을 자신에게 두었다면 어떻게 되었겠습니까? 아마도 자살했을 것입니다. 그렇게 누워만 있으면서 무슨 의미로 살아가겠습니까?

그런데 그 병원에 있던 수많은 사람들이 그녀를 찾아가 위로를 얻고, 사랑을 얻고, 평안을 얻었습니다. 이는 그 여인이 그런 상황 속에서도 삶의 목적을 주님께 두었다는 증거입니다. 자신을 여기에 누워 있게 하신 하나님의 뜻, 하나님의 목적을 발견하고 그것을

삶 속에서 실천하고자 누워서도 수많은 사람들을 바로 세우려 했던 것입니다.

사나 죽으나 삶의 목적을 주님으로 삼는 이 같은 삶이 어떻게 가능한 것입니까? 그 해답을 9절이 제시해 주고 있습니다.

이를 위하여 그리스도께서 죽었다가 다시 살아나셨으니 곧 죽은 자와 산 자의 주가 되려 하심이라

우리의 죄를 대신 지고 십자가에서 돌아가셨다가 다시 살아나셔서, 우리가 이 땅에 살아 있을 때뿐만 아니라 죽은 뒤에도 우리를 영원한 길로 인도하시는 그리스도로 말미암아 가능합니다.

모성애라는 것은 어머니가 자식에게 갖는 본능적인 사랑을 뜻합니다. 우리는 본능이라고 하면 나쁜 것으로 생각하는 경향이 있습니다. 만약 여인에게 어머니로서의 본능적인 사랑이 없다면 어떻게 자식이 태어날 수 있겠습니까? 또 태어난 자식의 생명이 어떻게 유지될 수 있겠습니까? 어머니는 자식을 위해 자신의 생명을 던집니다. 이런 어머니의 본능적인 사랑이 자식의 생명을 이 땅에서 가능케 하는 원동력이 되는 것입니다. 몇십 년 살다가 죽을 수밖에 없는 유한한 여인도 자식에 대해 이 같은 사랑을 행할 수 있는데, 하물며 우리를 창조하시고 우리를 영원히 사랑하시는 하나님께서 어떻게 우리를 향한 하나님으로서의 본능적이고 본성적인 사랑이 없으시겠습니까? 이 사랑이 있었기 때문에 성자 하나님께서 자신의 생명을 버리실 수 있었던 것입니다.

그러므로 우리가 사나 죽으나 주님을 위해 산다는 것은 너무도 당연한 이야기가 될 수밖에 없습니다. 내가 나 자신을 위해 사는 것은 나 자신을 망치는 길이지만, 주님을 위해 사는 것은 결국 나를 사랑하는 길이자 나 자신을 살리는 길입니다. 그리고 타인을 사랑하는 길이자 타인을 살리는 길이기도 합니다.

바울이 무슨 이야기를 하고 싶어서 '위하여'를 강조하고 있습니까? 10절을 보십시다.

네가 어찌하여 네 형제를 비판하느냐 어찌하여 네 형제를 업신여기느냐 우리가 다 하나님의 심판대 앞에 서리라

이 말씀은 3절을 반복한 것으로, 미숙한 사람의 믿음을 업신여기지 말며 형식을 무시하고 본질을 뒤쫓는 사람을 정죄하지 말라는 것입니다. 양쪽 모두 사나 죽으나 주님을 위해 사는 이들이기 때문입니다. 그들의 삶의 방향은 이미 주님을 향해 있기에, 그들에게 잘못이 있다면 하나님께서 그들을 성숙하게 세워 주실 것입니다.

이어서 11절은 바울이 이사야 45장 23절을 인용한 말씀입니다.

기록되었으되 주께서 이르시되 내가 살았노니 모든 무릎이 내게 꿇을 것이요 모든 혀가 하나님께 자백하리라 하였느니라

"하나님께 자백하리라"는 것은 하나님을 찬미할 것이라는 의미입니다. 즉, 하나님을 향해 있는 사람이라면, 그 신앙이 미숙하든 성숙하든 하나님을 찬미하며 주님을 위해 살아가고 있다는 것입니다.

12절은 이상의 내용의 궁극적인 결론을 가르쳐 줍니다.

이러므로 우리 각 사람이 자기 일을 하나님께 직고하리라

"직고하리라"는 말은 사실대로 아뢸 것이라는 의미입니다. 그래서 남을 업신여기거나 비판하기 전에, 무엇을 행하든지 진실로 주님을 위해 행하고 있는지를 아뢰어야 한다는 것입니다. 바꾸어 말하면, 하나님 앞에서 자신의 삶을 바르게 성찰해 보라는 것입니다. 입으로는 사나 죽으나 주님을 위해서라고 하는데 실제 행동은 자기 욕심, 자기 영광을 위해 사는 것이 아닌지 하나님 앞에서 따져 봐야 합니다. 그 같은 삶을 살고 있다면, 내가 원하든 원치 않든 상관없이 결과적으로 나와 다른 사람을 동시에 파멸시켜 가는 것이기 때문입니다.

술을 먹는 사람들이 잔을 부딪칠 때 "위하여!"라고 한다고들 합니다. 그런데 무엇을 위해 마시는 것입니까? 결국은 자신을 위해 마시는 것입니다. 그런데 과연 자기 자신이 삶의 목적이 될 만한 가치가 있습니까? 지금도 나의 카이로스는 쉬지 않고 달려오고 있는데, 결국은 관 속에 누울 수밖에 없는 나 자신을 내 삶의 목적으로 삼는 어리석은 사람이 되겠습니까? 우리는 깊이 성찰해 보아야 합니다. 우리가 무엇을 하든지, 어떤 행동을 하든지, 무엇을 먹든지 마시든지, 오직 주님을 위해 행하고 살아가는 사람이 될 때, 다른 사람을 살리고 내 삶도 존귀하게 엮어 갈 수 있습니다.

우리가 주님을 위해 살아갈 때만 삶을 폐물로 만들지 않을 수 있다는 것이 중요합니다. 내가 주님을 위해 살아갈 때, 다른 사람을 살리는 가치 있는 삶을 살 수 있을 뿐만 아니라, 내 인생의 막이 내리는 순간 영원한 생명이라는 무대 위에서 나 자신도 다시 살아갈 수 있습니다. 세월이 흐를수록 내 삶이 폐물이 되지 않고 생명으로 영원히 가꾸어져 가는 것보다 더 흥분되는 일이 어디에 있겠습니까?

12
하나님의 나라는

로마서 14장 13-18절

그런즉 우리가 다시는 서로 비판하지 말고 도리어 부딪칠 것이나 거칠 것을 형제 앞에 두지 아니하도록 주의하라 내가 주 예수 안에서 알고 확신하노니 무엇이든지 스스로 속된 것이 없으되 다만 속되게 여기는 그 사람에게는 속되니라 만일 음식으로 말미암아 네 형제가 근심하게 되면 이는 네가 사랑으로 행하지 아니함이라 그리스도께서 대신하여 죽으신 형제를 네 음식으로 망하게 하지 말라 그러므로 너희의 선한 것이 비방을 받지 않게 하라 **하나님의 나라는** 먹는 것과 마시는 것이 아니요 오직 성령 안에 있는 의와 평강과 희락이라 이로써 그리스도를 섬기는 자는 하나님을 기쁘시게 하며 사람에게도 칭찬을 받느니라

13절은 "그런즉"이라는 단어로 시작하고 있습니다. 이 의미를 알려면 12절을 살펴보아야 합니다. 내가 무엇을 행하든지 그것이 정말 주님을 위한 것인지, 바른 믿음으로 행하는 것인지 날마다 분별해야 한다는 것이 12절에 담긴 뜻입니다. 그 믿음이 주님을 위한

것이 아니고 그와 같이 분별함이 없으면, 우리는 결국 욕심을 위해 행할 수밖에 없으며 하나님과 나 자신은 서로 무관한 존재로 분리되고 맙니다.

그런즉 우리가 다시는 서로 비판하지 말고 도리어 부딪칠 것이나 거칠 것을 형제 앞에 두지 아니하도록 주의하라(13절)

그러므로 자기가 옳다고만 주장하며 상대를 비판할 것이 아니라 서로에게 장애물이나 걸림돌이 되지 않도록 해야 한다는 것입니다. 예를 들어, 어떤 직장인이 술을 끊었다고 하십시다. 그러면 술을 마시는 동료는 술을 끊은 동료에게 기어이 술을 먹여 결단을 허물어 버리게 하고 맙니다. 그래서 술을 끊으려는 사람들에게 걸림돌이 되는 경우가 참 많습니다. 왜 서로가 서로에게 장애물이나 걸림돌이 되지 말아야 합니까? 14절에 그 까닭이 있습니다.

내가 주 예수 안에서 알고 확신하노니 무엇이든지 스스로 속된 것이 없으되 다만 속되게 여기는 그 사람에게는 속되니라

무언가가 속되지 않다 할지라도 그것이 속되다고 믿는 사람에게는 그것이 정말 속되게 된다는 것입니다. 따라서 어떤 음식을 속되다며 먹지 않는 사람에게 그 음식은 정말 속된 것이므로, 그 사람을 판단하지 말고 그 사람을 걸려 넘어지게 하지 말아야 합니다. 건강 때문이 아니라 종교적인 믿음 때문에 채식을 하는 사람들이 있습니다. 이런 사람에게 억지로 고기를 먹이면 두드러기가 납니다. 예전에 파키스탄 사람과 사업할 때였습니다. 파키스탄 사람들

은 절대 돼지고기를 먹지 않습니다. 그런데 한번은 같이 일본을 여행하면서 제가 아는 일본인 집으로 초대받아 갔습니다. 부인이 요리를 해오는데 파키스탄 사람이 이 고기가 소고기인지 물었습니다. 그런데 부인은 영어를 잘 몰라 그저 "하이, 하이" 하고 대답했습니다. 그리고 모두가 식사를 맛있게 잘 먹었습니다.

후식으로 커피를 먹는데, 밖에 나갔던 남편이 돌아와 함께 마셨습니다. 그런데 그가 하는 말이 요즘 일본에서는 소고기보다 돼지고기가 더 비싸다면서 오늘 돼지고기 요리가 어땠느냐고 물었습니다. 그 순간부터 파키스탄 사람이 불편해하기 시작하는데, 호텔에 가서 밤새도록 앓고 다음 날 보니 초췌해져 있었습니다. 소고기인 줄 알고 먹었을 때는 괜찮았는데 돼지고기라는 것을 알고 난 후부터 그런 현상이 생긴 것입니다.

믿음을 가진 사람을 우리가 굳이 넘어지게 하려고 해서는 안 됩니다. 그런 사람에게 음식을 억지로 먹게 하는 것은 옳은 일이 아닙니다. 그러나 여기에서 한 가지 분명하게 짚고 넘어가야 할 것이 있습니다. 14절 말씀의 무게중심이 있는 상반절을 함께 보십시다.

내가 주 예수 안에서 알고

바울이 예수님 안에서 알고 있다고 했으니 얼마나 분명히 알고 있는 것이겠습니까? 그뿐만 아니라 "확신하노니 무엇이든지 스스로 속된 것이 없으되"라고 하였습니다. 무엇이든지 다 하나님께서 만든 것이기에 그 속에는 하나님의 선하심이 깃들어 있습니다. 그래서 속된 것은 없고 단지 속되다고 생각하는 사람에게만 그것이 속된 것이 된다는 것입니다. 우리는 사도 바울처럼 속된 것은 없다고 하는 경지에까지 이르는 믿음을 지녀야 함을 잊어서는 안 됩니다.

주님께서는 마가복음 7장 16절에서 "사람 안에서 나오는 것이 사람을 더럽게 하는 것이니라"고 전하고 있습니다. 사람 안에서 나오는 것이 사람의 생각을 더럽게 하고, 사람의 판단을 역겹게 하고, 사람의 행동을 추하게 만든다는 것입니다. 그렇다면 내 마음을 더럽히는 것이 아니라면, 내 생각을 추하게 하는 것이 아니라면, 이 세상의 어떤 음식이든 속된 것은 없다고 할 수 있습니다.

의사들 중에서 담배를 가장 피우지 않는 의사는 흉부외과 의사라고 합니다. 흉부외과 의사들이 허파를 수술할 때 담배 핀 사람들의 허파에는 역겨울 정도로 니코틴이 쌓여 있다고 합니다. 그러면 허파에 니코틴이 쌓여 있는 사람의 생각과 맑은 공기를 마시며 깨끗한 허파를 지닌 사람의 생각이 같을 수 있겠습니까? 왜 술이 나쁩니까? 술은 사람의 정신을 혼미하게 만듭니다. 마약도 마찬가지입니다. 사람의 심령을 마비시킵니다. 이런 류의 것이 아니라면 속된 음식은 있을 수 없는 것입니다. 어떤 음식이든 그것을 하나님께로부터 주어진 것으로 알고 감사함으로 먹을 수 있는 사람이 진리 안에서 자유하는 사람입니다. 그러나 이런 경지에 있는 사람이라도 가려 먹는 사람의 걸림돌이 되어서는 안 됩니다.

만일 음식으로 말미암아 네 형제가 근심하게 되면 이는 네가 사랑으로 행하지 아니함이라 그리스도께서 대신하여 죽으신 형제를 네 음식으로 망하게 하지 말라(15절)

예수 그리스도의 피값으로 구원받은 하나님의 자녀를 음식으로 인해 넘어지게 하고 실족시키는 일은 있을 수 없다는 것입니다. 예수님을 믿으면서도 술을 마음껏 먹고 싶어 하는 사람들은 성경에서 합법적인 근거를 찾아내려 합니다. 그러면서 즐겨 이야기하는 구절 중 하나가 디모데전서 5장 23절입니다.

이제부터는 물만 마시지 말고 네 위장과 자주 나는 병을 위하여는 포도주를 조금씩 쓰라

이스라엘은 물에 석회질이 많아 그곳 사람들이 물 대신 포도주를 마셨습니다. 디모데는 예수님을 믿고 나서 밥 먹을 때 포도주 다시면 정신이 혼미하다고 해서 포도주를 끊고 물만 마셨습니다. 그러다가 속을 버리게 되었습니다. 바울은 그런 디모데의 속병을 위해 포도주를 약으로 조금 쓰라고 말한 것입니다. 그러므로 이 말씀은 술을 마셔도 좋다는 합법적 근거가 될 수 없습니다.

그리고 에베소서 5장 18절에서 "술 취하지 말라"고 했는데, 술 취하지 말라고 했지 술 마시지 말라고 한 것은 아니라며 사람들은 항변합니다. 그런데 실제로 성경에 술 마시지 말라는 구절이 없습니까? 있습니다.

재앙이 뉘게 있느뇨 근심이 뉘게 있느뇨 분쟁이 뉘게 있느뇨 원망이 뉘게 있느뇨 까닭 없는 상처가 뉘게 있느뇨 붉은 눈이 뉘게 있느뇨 술에 잠긴 자에게 있고 혼합한 술을 구하러 다니는 자에게 있느니라 포도주는 붉고 잔에서 번쩍이며 순하게 내려가나니 너는 그것을 보지도 말지어다 그것이 마침내 뱀 같이 물 것이요 독사 같이 쏠 것이며 또 네 눈에는 괴이한 것이 보일 것이요 네 마음은 구부러진 말을 할 것이며 너는 바다 가운데에 누운 자 같을 것이요 돛대 위에 누운 자 같을 것이며 네가 스스로 말하기를 사람이 나를 때

려도 나는 아프지 아니하고 나를 상하게 하여도 내게 감각이 없도다 내가 언제나 깰까 다시 술을 찾겠다 하리라(잠 23:29-35)

솔로몬도 술을 먹고 추태를 보였기 대문에 아예 술을 쳐다보지도 말라는 것입니다. 저도 신학교에 입학하고서 술을 쳐다보지 않았는데, 지난 5월 말 천진한인교회 1주년 기념예배에 참석해 성찬식을 갖던 도중 기도하고 잔을 받아 목으로 넘겼는데 진짜 술이어서 놀란 기억이 있습니다. 제가 술을 끊고 나서 체질이 어느 정도로 변했냐면, 한번은 누가 인사동에서 만나자고 해서 같이 저녁을 먹었습니다. 그리고 이야기를 하려고 카페 같은 곳을 들어갔는데, 알고 보니 술집이었습니다. 그런데 제가 마시는 것이 아닌데도 다른 사람이 마시고 있는 것을 보고 얼마나 역겨운지 속이 견딜 수 없었습니다. 그래서 결국 집에 와서, 먹었던 것을 다 토했습니다. 그날 성찬식을 마친 뒤에도 두세 시간 동안 속이 무척 괴로웠습니다. 나중에 알고 보니 당일 아침에 실수로 포도주 준비가 안 되어 급히 주위 가게에서 사 왔는데, 그것이 그만 독한 술이었습니다.

그때 제가 어떻게 이럴 수 있느냐, 포도주가 없으면 성찬식을 하지 말아야지 이렇게 독한 술로 하면 어떻게 하느냐고 하면, 혹은 잠언 23장을 펴놓고서 술은 쳐다보지도 말라고 했는데 교인들에게 술을 먹이는 교회가 어디 있느냐고 하면, 제가 의로운 사람이 되는 것입니까? 그렇지 않습니다. 그것은 제게 사랑이 없음을 의미합니다. 사랑이 있다면, 탓할 것이 아니라 그런 술을 가지고 성찬식을 하려 했던 분들의 절박함을 헤아리는 것이 맞지 않겠습니까?

그러므로 너희의 선한 것이 비방을 받지 않게 하라(16절)

내가 의로운 것은 물론 좋은 일입니다. 나 홀로 선한 것도 참 좋습니다. 그러나 그것이 타인의 비방을 불러일으키는 것이 되어서는 안 된다는 것입니다. 우리는 어떤 불의든지 불의를 구별하고 그것을 행하지 않을 용기가 있어야 합니다. 그런데 그 모든 것의 결과가 사랑으로 귀결되지 않으면, 우리의 모든 의로움은 반드시 사람들의 비방을 불러일으키게 됩니다. 이것을 조심해야 하는 것입니다.

예를 들면, 내가 버스를 타고 가는데 어떤 사람이 남의 주머니에서 지갑을 소매치기했습니다. 그런데 버스에 탄 사람들이 이것을 알게 되어, 소매치기에게 지갑을 내놓으라 하는데도 그가 내놓지 않았습니다. 그러면서 자신이 안 훔쳤다며 시치미를 뗐습니다. 그러다가 결국 자기가 훔친 지갑을 내놓았습니다. 그러고는 무릎을 꿇고서 자신을 감옥에 보내든지 마음대로 하라고 했습니다. 그때 어떤 사람이 의협심에 가득 차서 "네가 그러고도 인간이냐"며 구둣발로 그를 짓밟았다고 해서, 누구도 그 사람을 의롭다고 하지 않습니다. 오히려 짓밟은 사람을 비방하게 될 수 있습니다.

우리의 선함이 사랑으로 귀결되지 않으면 왜 타인의 비방으로 드러나게 되는 것입니까? 사랑의 바탕 위에 있지 않은 행함에는 하나님께서 함께하시지 않기 때문입니다. 하나님께서 함께하시지 않으면 내가 아무리 의롭고 선하다 할지라도 결국 비방받게 됩니다.

하나님의 나라는 먹는 것과 마시는 것이 아니요 오직 성령 안에 있는 의와 평강과 희락이라(17절)

하나님의 나라는 음식을 어떻게 먹느냐 하는 것에 있지 않습니다. 하나님의 나라는 오직 성령 안에서 의와 평강과 희락을 이루는

데 있는 것입니다. 그러므로 형식을 벗어나 본질을 추구하는 사람이라 할지라도 그 사람의 삶 속에서 의와 평강과 희락이 이루어지지 않는다면, 사실 그를 하나님을 바로 믿는 사람이라고 볼 수 없는 것입니다. 반대로, 어떤 사람은 신명기 14장에 얽매여 있는 사람 같지만 그 속에 의와 평강과 희락이 열매 맺어 간다면, 그는 하나님과 바른 관계 속에 있는 것입니다.

몇 년 전 이상구 박사 신드롬이 일던 때가 있었습니다. 우리 교회에서도 그분을 모시고 두 번 집회를 가진 적이 있습니다. 두 번 다 많은 인파가 몰려들었습니다. 그분은 정통 개신교 교파에 속한 분이 아니지만 집회를 가졌던 이유는 그분이 가진 과학적인 복음관 때문이었습니다. 복음의 능력을 과학적으로 입증할 수 있다는 이야기를 많은 사람들이 거의 들어본 적이 없었습니다. 그런데 집회가 어떻게 끝났습니까? 그분이 설명할 때는 대단히 은혜로운 시간이었는데, 설명이 끝나고 질문 시간이 되자 현미를 먹어도 되느냐, 치즈를 먹어야 하느냐 등 대부분 먹고 마시는 것에 관한 질문들만 이어졌습니다. 그분을 초청한 의도와는 전혀 빗나간 질문들이었습니다.

천국은 먹고 마시는 데 있지 않습니다. 무엇을 먹고 무엇을 먹어서는 안 된다는 것으로 천국이 이루어진다면, 그보다 쉬운 일이 어디 있겠습니까? "의"라고 번역된 헬라어 '디카이오쉬네δικαιοσύνη'는 하나님의 말씀에 순종하고 하나님과 바른 관계를 맺어 바른 삶을 드러내는 것을 말합니다. 참다운 그리스도인은 거짓을 행할 수 없습니다. 참다운 그리스도인은 불의와 함께할 수 없습니다. 왜냐하면 참다운 그리스도인은 의를 이루는 사람이기 때문입니다.

그런데 만약 의만 드러나게 되면, 그 의는 자칫 사람을 찌르는 칼이 될 수 있습니다. 그리고 사람을 넘어뜨리는 인간의 의로 변질되기 쉽습니다. 그래서 의는 의 자체만으로 드러나서는 안 되고 반드시 다른 것을 수반해야 합니다. 내 삶을 통해 드러나는 것이 하나님의 의가 맞다면, 그것은 반드시 평강을 수반합니다. 내가 거짓된 사람에게 거짓에서 떠나도록 권면할 수 있습니다. 불의한 사람의 불의를 고발할 수 있습니다. 그러나 그것으로 끝나는 것이 아니라, 그와 진리 안에서 평강을 맺어야 하는 것입니다. 그때 나의 의가 하나님의 의가 되는 것입니다. 그리스도인은 늘 사랑의 바탕 위에 서 있어야 합니다. 그렇지 않으면 우리의 의가 평강으로 연결되지 않습니다.

그러면 내가 느끼고 있는 평강이 참된 평강인지, 아니면 평강으로 위장된 갈등인지 어떻게 구별할 수 있습니까? 이것을 구별할 수 있기 위해 마지막 하나가 더 수반되어야 합니다. 내가 정말 하나님의 의를 드러내고, 삶 속에서 타인과 더불어 진정한 평강이 드러난다면, 그것들이 희락의 열매로 결론지어져야 합니다. "평강"을 뜻하는 헬라어 '에이레네εἰρήνη'는 사람과의 관계 속에서만 이루어지는 것이 아닙니다. 에이레네는 나와 상대방 사이에서 이루어지는 것이기는 하되, 내가 하나님과 바른 관계를 맺을 때 하나님으로부터 주어지는 것입니다. 하나님으로부터 에이레네가 주어질 때는 그 에이레네 속에 반드시 진리의 기쁨과 생명의 기쁨이 있습니다.

아무리 40일 금식기도를 하고 산에 가서 기도한다 할지라도, 의와 평강과 희락은 하루아침에 이루어지지 않습니다. 삶 속에서 하나님의 의가 드러나기 위해서는 많은 훈련이 필요하고, 평강의 관계를 맺기 위해서도 많은 시간이 필요합니다. 그뿐만 아니라 모든 것이 희락의 열매로 거두어지기 위해서도 마찬가지입니다. 인간의 노력만으로 이것은 절대 이루어지지 않습니다. 17절을 다시 보면, 그래서 "오직 성령 안에"라고 말씀하고 있는 것입니다. 우리가 성령 안에 있을 때에만 사랑의 바탕 위에 설 수 있고, 의와 평강과 희락을 이룰 수 있고, 그때 비로소 우리가 두 발로 서 있는 그곳이 하나님의 나라로 확장되어 갈 수 있습니다.

이로써 그리스도를 섬기는 자는(18절 상반절)

이 구절은 "이렇게 그리스도를 섬기는 사람은"이라는 의미입니다. 즉, 오직 성령 안에서 의와 평강과 희락을 이루며 그리스도를 섬기는 사람을 가리킵니다.

하나님을 기쁘시게 하며 사람에게도 칭찬을 받느니라(18절 하반절)

참된 그리스도인은 형식을 떠나 진정한 본질, 의와 평강과 희락을 이루어 갑니다. 그 과정에서 한순간 사람들로부터 오해받거나 배척받을 수 있지만, 결국에는 하나님과 사람들로부터 동시에 기쁨과 칭송을 받게 됩니다. 나는 하나님의 의와 평강과 희락을 드러낸다고 생각하는데, 나이가 들어도 사람들로부터 오해를 받고, 이 동네에서만 오해받는 것이 아니라 저 동네를 가서도 오해를 받는다면, 그동안 잘못 살아왔을 확률이 높습니다.

예수님께서도 수많은 사람들로부터 비방과 배척을 받으셨습니다. 그러나 돌아가시는 현장에서마저도 그분을 보고 삶을 돌이키는 사람이 있었습니다. 예수님과 함께 십자가에 못박힌 두 강도는 처음에는 똑같이 예수님을 비방했습니다. 그런데 그중 한 강도가 예수님께서 진정 그리스도이심을 알고 돌아섰습니다. 2천 년이 지난 오늘날에는 50억 인구 중에서 20억이 그분을 그리스도로 따르고 있습니다. 우리가 참신앙을 가진 그리스도인이라면, 그래서 진리대로 사는 기쁨을 누리기를 원한다면, 방법은 하나입니다. 모든 형식을 뛰어넘어 성령 안에 거하며 날마다 의와 평강과 희락을 이루어 가야 할 것입니다.

13
덕을 세우는 일

로마서 14장 19-21절

그러므로 우리가 화평의 일과 서로 **덕을 세우는 일**을 힘쓰나니 음식으로 말미암아 하나님의 사업을 무너지게 하지 말라 만물이 다 깨끗하되 거리낌으로 먹는 사람에게는 악한 것이라 고기도 먹지 아니하고 포도주도 마시지 아니하고 무엇이든지 네 형제로 거리끼게 하는 일을 아니함이 아름다우니라

본문 19절은 이렇게 시작되고 있습니다.

그러므로 우리가 화평의 일과 서로 덕을 세우는 일을 힘쓰나니

"그러므로"라는 접속사가 쓰였기 때문에, 접속사 이후의 의미를 파악하기 위해서는 접속사 이전의 내용을 살펴봐야 합니다. 17-18절에서 이야기한 바를 상기해 보십시다. 우리가 구태여 교회를 찾는 이유는 교회 밖에서는 의와 평강과 희락을 배울 곳이 없기 때문입니다. 그래서 그리스도인에게 교회는 절대적입니다. 교회에서

그 배움을 통해 우리 삶 속에서 의와 평강과 희락을 이루어 나가면, 일시적으로 사람들에게 오해받을 수는 있지만 결국 하나님으로부터 기뻐하심을 받고 사람들에게도 칭찬을 받는다고 했습니다. 우리가 이루어 가는 천국은 하나님과 사람을 동시에 만족시키는 것이기 때문입니다.

19절은 "그러므로" 우리가 힘써야 한다고 말하고 있는 것입니다. 무엇에 힘써야 합니까? "화평의 일과 서로 덕을 세우는 일"입니다. '힘쓰다'에 해당하는 헬라어 '디오코διώκω'는 '무엇을 쫓다'라는 뜻입니다. 문법적으로 말하면, '도망가다'라는 동사의 연장형 혹은 사역형이라고 합니다. 이 문법에 따라 직역하면, '패주케 하다', '도당케 하다'라는 뜻이 됩니다. 쉽게 말하면, 군인들이 전쟁터에서 싸움을 하는데, 한쪽 군대가 패했다고 하십시다. 그래서 도망을 갑니다. 그런데 그런 군인이 도망가다 말고 한가롭게 다른 전투를 구경할 수 있습니까? 그런 일은 결코 없습니다. 그야말로 생명을 걸고 필사적으로 도망가야 하기 때문입니다.

예수 그리스도를 믿는 사람으로서 힘써야 할 일이 있다는 것은, 그 일을 위해 생명을 걸어야 한다는 것을 뜻합니다. 그러면 우리가 대체 무엇을 위해 생명을 걸어야 합니까? 첫째, 화평을 이루는 일입니다. 지난 시간 우리는 천국이 의와 평강과 희락을 이루는 데 있다고 배웠습니다. 우리가 의를 이루는 목적이 바로 평강을 이루는 데 있고, 평강의 결과가 희락입니다. 그러므로 우리가 소망하는 바 천국을 이루는 핵심적인 것이 바로 화평입니다. 그래서 그리스도인은 화평의 일에 생명을 걸어야 하는 것입니다. 쉽게 말해 의가 화평의 전제 조건이라면, 화평은 의의 결과로 드러나는 것입니다. 그래서 화평이 이루어지면, 그 속에는 이미 의가 완성되어 있음을 의미하고 희락 역시 자연스럽게 드러나게 됩니다.

그리스도인은 하나님의 의를 드러내는 사람이기에 불의나 거짓을 행할 수 없습니다. 오히려 불의를 고발하고 거짓을 이길 수 있는 용기 있는 사람이어야 합니다. 그러나 그럴 경우 상대를 버리기 위함이 아니라 그를 깨우쳐 돌아서게 함으로, 진리 안에서 그와 화평을 이루기 위함이어야 합니다. 따라서 의를 위해 불이익과 손해를 당할지라도 그 사람의 삶 속에 희락이 끊어지지 않는 까닭은, 그 사람의 삶 속에 화평이 이루어지고 있기 때문입니다.

우리가 신앙훈련을 할 때 그 궁극적인 목적이 어디에 있습니까? 하나님과의 화평에서 시작해서 사람과의 화평으로 귀결되도록 하는 데 있습니다. 그리스도인이 평강을 누리는 경우는 하나님 앞에 진실로 무릎 꿇을 때입니다. 그때 말할 수 없는 평화가 샘솟는 것을 느낍니다. 그런데 평소 사이가 좋지 않은 사람을 보는 순간 마음속 평화가 깨지고 미움과 분노가 끓어오른다면, 그 사람은 하나님과만 평화를 맺으려 할 뿐이지 그 평화를 횡적으로 다른 사람과 맺기 위해 힘쓰는 일에 소홀한 사람입니다.

사무엘하 5장 4-5절을 보십시오.

다윗이 나이가 삼십 세에 왕위에 올라 사십 년 동안 다스렸으되 헤브론에서 칠 년 육 개월 동안 유다를 다스렸고 예루살렘에서 삼십삼 년 동안 온 이스라엘과 유다를 다스렸더라

다윗의 재위 기간은 40년입니다. 그런데 그중 7년 반 동안은 헤브론에서 통치했고, 나머지는 예루살렘에서 통치했다고 기록되어 있습니다. 헤브론과 예루살렘은 지역을 가리키는 고유명사이기도

하지만, 단어 자체의 뜻을 가지고 있는 보통명사이기도 합니다. '헤브론חֶבְרוֹן'은 '교제의 자리', 즉 하나님과 교제를 나누는 자리라는 뜻입니다. '예루살렘יְרוּשָׁלַיִם'은 '터전'을 의미하는 '예루엘יְרוּאֵל'과 '평화'를 의미하는 '샬렘שָׁלֵם'이 합쳐져 '평화의 터전'을 뜻합니다. 다윗은 30세에 왕이 되어 37세에서 70세까지 평화의 터를 닦았습니다. 그런데 이처럼 평화의 터를 닦을 수 있었던 기반이 무엇이었습니까? 7년 동안 헤브론에서 하나님과 교제하며 훈련한 신앙이 바로 그것입니다.

만약 다윗에게 그러한 신앙훈련이 없었다면, 다윗은 평화의 터전을 일굴 수 없었을 것입니다. 평화의 사람이 되지도 못했을 것입니다. 그가 철저하게 하나님과의 관계에서 바른 신앙훈련을 겪었기에, 사람과도 화평하는 예루살렘의 사람이 될 수 있었습니다. 예를 들어, 사울이 다윗을 죽이려고 얼마나 몹쓸 짓을 많이 했습니까? 그런 사울을 죽일 수 있는 절호의 기회가 다윗에게 왔으나, 다윗은 끝내 사울과 화평하기 위해 그를 살려 주었습니다.

이 같은 예루살렘의 삶은 헤브론의 삶의 결과로 주어진 것이고, 그런 다윗에게는 희락이 계속해서 있었습니다. 한평생을 놓고 보면, 다윗에게는 크고 작은 잘못이 많이 있었습니다. 그럼에도 그의 인생의 큰 줄기가 자신을 위협하던 사람들과 끝내 평강을 이루려는 예루살렘의 삶이었기 때문에, 하나님께서 그를 기뻐하셨을 뿐만 아니라 모든 이스라엘 백성으로부터 칭송받는 성군으로 오늘까지 존경받고 있는 것입니다.

사람과의 평화를 이루기 위해 우리는 얼마만큼 우리의 생애를 걸고 있는지 살펴볼 필요가 있습니다. 우리가 남과 싸우기 위해서는 얼마나 에너지를 집중합니까? 그리고 실제로 싸울 때도 나에게 있는 에너지를 다 발산시키지 않습니까? 그런데 남과 싸울 때 사용하는 에너지의 반의반만이라도 평화를 위해 사용한다면, 이 세상에 더불어 평화하지 못할 사람은 아무도 없을 것입니다.

둘째, 덕을 세우는 일입니다. 화평하는 일과 덕을 세우는 일은 불가분의 관계에 있습니다. 동전의 양면과 같습니다. '덕을 세우다'라고 번역된 헬라어 '오이코도메οἰκοδομή'는 '집'을 뜻하는 '오이코스 οἶκος'와 '세우다'를 뜻하는 '도마δῶμα'라는 단어가 합쳐진 것입니다. 즉, 덕을 세운다는 것은 집을 세운다는 의미입니다. 누군가와 더불어 살기 위해 집을 세우는 것과 같은 삶, 누군가와 더불어 내 삶을 공궤해 가는 것이 바로 덕을 세우는 삶입니다. 그러므로 화평을 세우는 일과 덕을 세우는 일은 절대 분리할 수 없습니다. 더불어 화평을 이룰 수 없는 사람이 어떻게 덕을 세우며 더불어 살아갈 수 있겠습니까?

내가 정말 덕을 세우고 있는 사람인지, 아니면 입으로는 덕을 외치고 있지만 실제로는 독불장군 같은 사람인지 점검할 수 있는 간단한 방법이 있습니다. 내가 짓고 있는 인생이라는 지붕 아래 얼마나 많은 사람들이 나와 더불어 삶을 나누고 있는지 살펴보면 금방 알 수 있습니다. 바꾸어 말하면, 인생이라고 하는 이 집 아래에 얼마나 많은 사람들이 나와 더불어 화평의 관계를 맺고 있는지 살펴보면 됩니다.

그러면 술 인심이 좋은 사람에게 술친구가 모여들어 북적거리는 것도 본문에서 말하는 덕의 결과라고 할 수 있습니까? 아닙니다. 왜냐하면 하나님의 나라는 먹고 마시는 데 있는 것이 아니기 때문입니다. 먹고 마시는 것 때문이 아니라 비록 내 주머니가 비어 있고 내 삶이 보잘것없다 할지라도 의와 평강과 희락의 삶을 나누기 위해 사람들이 함께할 때, 그것이 바로 덕이라는 집을 정성스럽게 세워 가는 것입니다. 생명을 걸 때에만 참다운 생명이 모여 새로운 생명을 낳습니다. 생명을 걸지 않은 곳에는 수많은 사람이 모여든다 할지라도 생명이 없습니다.

사도 바울은 본문을 통해 누구와 화평을 이루고, 누구에게 덕을 세우라고 말하고 있습니까? 넓게 보면 이 땅에서 더불어 살아가는 모든 사람을 말하지만, 우리가 처음부터 대상을 넓게 잡을 수는 없습니다. 처음부터 그러면 시작도 못하고 주저앉게 될 것이기 때문입니다. 신앙에는 단계가 있습니다. 그러므로 우리가 생각해 볼 수 있는 대상은, 나의 믿음에 비해 아직 믿음이 미숙한 사람, 아직 먹고 마시는 문제에 연연해하는 사람, 다시 말하면 아직 본질을 접하지 못하고 형식에 얽매여 있는 사람입니다. 이런 사람과 화평을 이루고, 이런 사람을 수용할 수 있도록 덕의 집을 세우라는 것입니다. 간단하게 말하면, 믿음이 큰 사람이 믿음이 작은 사람을 수용하고 포용하기 위해 화평을 이루고 덕을 이루는 일에 생명을 걸어야 하는 것입니다.

스스로 믿음이 커졌다고 생각될수록 믿음이 작은 사람을 경멸하고 업신여기게 됩니다. 그리고 정죄합니다. 그래서 자꾸 분리와 분열이 일어납니다. 한 가정이 있습니다. 여러 가족이 모여 함께 살아가고 있습니다. 옛말에 가지 많은 나무에 바람 잘 날 없다고 했습니다. 가족들이 모여 사는 가정에 어떻게 화평이 이루어질 수 있겠습니까? 오직 한 가지 방법뿐입니다. 큰 어른이 작은 이들을 수용하고 포용할 때 가능합니다.

신앙 공동체도 마찬가지입니다. 믿음이 성숙한 사람들이 아직 믿음이 미숙한 사람들을 수용하고 포용하면서 그들과 더불어 화평을 이루고 덕의 집을 세워 갈 때, 그 신앙 공동체가 은혜로운 공동체로 변화되는 것입니다. 따라서 한 신앙 공동체가 은혜로운가 은혜롭지 않은가 하는 것은 전적으로 믿음이 성숙한 사람들, 주님과 오래도록 관계를 맺어 온 사람들의 몫이자 책임이지, 처음 믿은 초신자들, 믿음이 미숙한 사람들의 몫이 아닌 것입니다.

음식으로 말미암아 하나님의 사업을 무너지게 하지 말라 만물이 다 깨끗하되 거리낌으로 먹는 사람에게는 악한 것이라(20절)

"무너지게 하지 말라"는 것은 파괴하지 말라는 뜻입니다. 파괴하지 말아야 할 하나님의 사업이 무엇인지 살펴나가 보십시다. "만물이 다 깨끗하되 거리낌으로 먹는 사람에게는 악한 것이라"고 했습니다. 이 말씀은 무엇이든지 속된 것은 없는데 하나님 앞에서 속되다고 믿는 사람에게는 속되게 작용한다는 14절과 동일한 의미처럼 보입니다. 그러나 실은 전혀 의미가 다릅니다. "거리낌으로 먹는 사람"이란 음식을 먹는 사람이 거리낌으로 먹는다는 의미가 아니라, 음식을 먹음으로써 상대방을 거리끼게 한다, 즉 비틀거리게 하거나 실족하게 한다는 의미입니다. 따라서 내가 무엇을 먹음으로 인해 상대방을 넘어지게 만든다면, 그것은 곧 악한 일이라는 것입니다. 이 본문을 공동번역성경과 새번역성경이 번역을 잘 해놓았습니다.

음식 문제를 가지고 하느님께서 하시는 일을 그르쳐서는 안 됩니다. 과연 모든 것이 깨끗합니다. 그러나 어떤 음식을 먹는 것이 남을 죄짓게 하는 원인이 된다면 그것을 먹는 것은 좋지 않습니다. (공동번역)

하나님이 이룩해 놓으신 것을 음식 때문에 망치는 일이 없도록 하십시오. 모든 것이 다 깨끗합니다. 그러나 어떤 것을 먹음으로써 남을 넘어지게 하면, 그러한 사람에게는 그것이 해롭습니다. (새번역)

쉽게 예를 들어보겠습니다. 저는 예수 그리스도를 믿음으로 저의 행위가 아니라 믿음으로 구원받았음을 잘 알고 있습니다. 이신칭의에 대해 잘 알고 있습니다. 이미 영원한 생명을 얻은 하나님의 자녀가 되었습니다. 그러므로 제가 지금 술 한 잔 먹느냐 마느냐 하는 것은 구원의 문제와는 상관없음을 잘 알고 있습니다. 그런데 저가 술 한 잔 마시고 얼굴이 벌게서 설교를 한다면, 그것이 하나님 앞에서 구원과는 상관없는 일이라 할지라도 얼마나 많은 사람을 실족시키겠습니까? 좀더 정결한 삶을 살기 위해 술독에 빠진 삶을 청산하려고 애쓰는 사람이 제 입에서 풍기는 술 냄새를 맡고 다시 술을 입에 대어 귀한 인생을 허비하게 될 것입니다.

제가 술을 먹던 시절, 사회활동을 하는 어느 목사님이 세미나를 하셨는데, 그 자리에는 믿지 않는 사람들이 많이 왔습니다. 그런데 세미나를 마치고 파티 자리에서 그 목사님이 맥주를 컵에 따르더니 자연스럽게 마시는 것이었습니다. 그 모습을 보고 제가 얼마나 기분이 좋았는지 모릅니다. 저 또한 계속해서 술 마셔도 된다는 면죄부를 받았다고 여겨졌기 때문입니다. 또 다른 봉사활동 모임에 갔는데, 거기서는 어떤 목사님이 술은 물론이요 담배도 피웠습니다. 저는 그분들을 만남으로 제 인생의 많은 날들이 의미 없이 버려짐을 경험했습니다.

신명기에 짐승의 피를 먹지 말라는 말씀이 있습니다. 피는 곧 생명이기 때문에 먹지 말라는 것입니다. 짐승은 이미 죽었는데 왜 피가 생명이 됩니까? 짐승의 피는 구약에서 인간의 죄를 대속하는 제물로 사용되었습니다. 그런데 어떤 사람이 짐승의 그 피를 마시고 있다면, 그 피로 사함 받아야 할 사람의 죄는 해결될 수 없습니다. 그 사람은 여전히 죄 중에 있게 되는 것입니다. 그런데 예수 그리스도께서 이 땅에 오셔서 십자가에서 당신의 피를 흘리심으로 우리의 죗값을 다 치르셨습니다. 그래서 우리는 짐승의 피로 제사드릴 필요가 없게 되었습니다. 예수 그리스도의 보혈이 모든 제사를 완성시켰기 때문입니다.

그 순간부터 우리는 짐승의 피로부터도 자유함을 얻은 것입니다. 선짓국을 좋아하는 사람이 자유롭게 선짓국을 먹을 수 있고, 모두가 피에 대해 얽매이지 않는다고 하십시다. 그런데 목사인 제가 사슴 한 마리를 잡아다가 뿔을 자르고 피를 받아 마시고서는 아무 일 없다는 듯이 교인들에게 인사한다면, 교인들이 은혜를 받겠습니까? 영적인 삶을 살기 위해 자기 육체의 소욕을 버리려 애쓰는 분들이 저의 그런 모습을 보고 분명 실족할 것입니다. 이와 같이 다른 사람을 실족시키는 것이 악한 일이라는 것입니다. 나에게는 그것이 죄가 되지 않을지 몰라도 남을 실족게 하면 죄가 된다는 것입니다.

작년에 안식년을 보내면서 서울에 있는 동안에는 주일 낮예배만 드리고 저녁예배와 수요예배 때는 다른 교회에서 예배를 드렸습니다. 제가 늘 예배를 주관하는 입장이기 때문에 가족들과 함께 예배를 드릴 수 없었습니다. 그래서 어디에 가서 예배를 드릴까 생각하다가 제 아이들과 손을 잡고 걸어갈 수 있는 위치에 있는 교회에 가서 예배를 드리기로 했습니다.

그런데 서너 달 저희 동네에 있는 세 교회를 다니다가 더 이상 못 다녔습니다. 가서 앉아 있는 것 자체가 너무도 힘들었기 때문입니다. 교회 목사님들이 공부를 안 하는 것이 느껴졌습니다. 대신 교인들에게 계속 겁을 주는 내용으로 설교했습니다. 그리고 늘 결론은 헌금을 많이 내는 것과 주님의 종을 잘 섬기라는 것이었습니다. 이 같은 내용이 세 교회에서 공통적으로 보였습니다. 그래서 하는 수 없이 저희 가족은 가정교회로 모여 예배드렸습니다.

그러다가 12월 31일로 안식년이 끝났습니다. 그런데 만약 올 초부터 제가 여러분에게 저녁예배 때 나오지 마시고 저는 제 가족들과 은혜롭게 집에서 예배를 드리겠다고 한다면, 제 믿음으로는 아무런 문제가 없을지 몰라도 아침저녁으로 주님의 말씀을 들으며 주님과 바르게 관계 맺으려 하는 수많은 분들을 비롯해 저의 아이들에게도 올무를 놓는 것이 되지 않겠습니까?

그러면 파괴하지 말라는 하나님의 사업이 무엇인지 답이 보입니다. 하나님을 잘 믿으려는 사람의 믿음을 나의 언행으로 무너지게 하는 것이 하나님의 사업을 파괴하는 것입니다. 하나님께서 당신의 독생자 예수 그리스도의 생명과 맞바꿔 구원하신 한 사람이 한 걸음 한 걸음 믿음의 길을 나아가고 있는데, 내가 조금 먼저 믿었다고 해서 그의 걸음을 비틀거리게 한다면 이것이 바로 하나님의 사업을 무너지게 하는 일인 것입니다.

제 큰아이는 본인이 동생들에게 무엇이든 양보해야 됨을 알고 있습니다. 그럼에도 큰아이가 크게 신경질을 낼 때가 있습니다. 두세 시간에 걸쳐 레고를 공들여 쌓았는데 동생들이 와서 다 허물어 버릴 때입니다. 이런 경우는 어른도 화날 일입니다. 하물며 하나님께서 온 정성을 쏟아 이룩하신 구원의 역사 속에 있는 한 사람을 나의 경솔한 행동으로 흔들리게 한다면 하나님께서 절대로 기뻐하실 리가 없습니다.

하나님께서는 암몬과 모압 족속을 여호와의 총회에 영원히 들어오지 못하게 하라고 하셨습니다(신 23:3). 왜냐하면 그들이 가나안으로 향하는 이스라엘 백성의 믿음을 꺾으려 했기 때문입니다. 하나님께서는 이런 행위를 용납하지 않으십니다.

고기도 먹지 아니하고 포도주도 마시지 아니하고 무엇이든지 네 형제로 거리끼게 하는 일을 아니함이 아름다우니라(21절)

실족시키지 않는 것이 아름다운 일이라는 것입니다. 고린도전서 8장 13절에서 바울이 말하기를 "만일 음식이 내 형제를 실족하게 한다면, 나는 영원히 고기를 먹지 아니하여 내 형제를 실족하지 않게 하리라"고 하였습니다. 본문에서 말하는 바도, 우상에게 바쳐졌던 고기를 먹음으로 인해 믿음이 연약한 사람이 자신을 보고서 우상을 받아들이는 일이 초래될 수 있다면 먹지 않겠다는 것입니다. 이스라엘에서는 음식을 먹을 때 포도주를 상용했으나 그것이 술인 이상, 술을 끊지 못하는 사람이 바울이 포도주 마시는 것을 보고 술 마시는 일을 지속하게 된다면, 바울은 포도주 역시 마시지 않겠다는 것입니다.

여러분, 믿음이 어떻게 성숙되어 갑니까? 처음에 믿음이 연약할 때는 우상의 제물이나 포도주를 먹으면 하나님께 벌을 받을까 봐 두려워 먹지 않습니다. 그런데 믿음이 성숙하게 되면 하나님의 심판이 두려워서가 아니라, 하나님께서 사랑하시는 사람을 실족시키지 않고 오히려 도와주기 위해 먹지 않게 됩니다. 나 자신은 이미 먹고 마시는 문제에 대해 진리 안에서 완전한 자유를 얻었습니다. 그러나 그 자유를 나를 위해 사용하는 것이 아니라 믿음이 약한 사람을 위한 봉사의 도구로 쓰는 것입니다. 자유의 참된 가치는 바로 여기에 있습니다.

성숙한 믿음, 큰 믿음을 지닌 사람은 미숙하고 연약한 믿음을 지닌 사람을 배려해야 합니다. 우리는 자신을 되돌아볼 필요가 있습니다. 믿음이 약한 사람에 대한 배려가 정말 내 안에 있는지, 내가 자신 있게 행하고 있는 일이 누군가를 실족시키고 있는 것은 아닌지, 내가 가진 믿음이 내 가족 혹은 주위 사람들과 나의 관계를 점점 더 벌어지게 하는 것은 아닌지, 그래서 도저히 메울 수 없는 골을 만들고 있는 것은 아닌지 살펴볼 필요가 있습니다.

믿음이 미숙한 사람이 매일 한 단계 올라가려 하는 것이 믿음의 성숙이라면, 이미 성숙한 지경에 있는 사람이 자기보다 믿음이 작은 사람을 위해 내려가 주는 것은 믿음의 원숙이 됩니다. 그처럼 상대의 수준으로 내려가 상대를 배려하고 더불어 화평할 수 있는 사람의 삶에만 덕이라는 천국의 집이 세워질 수 있는 것입니다.

14
네게 있는 믿음을

로마서 14장 19-23절

그러므로 우리가 화평의 일과 서로 덕을 세우는 일을 힘쓰나니 음식으로 말미암아 하나님의 사업을 무너지게 하지 말라 만물이 다 깨끗하되 거리낌으로 먹는 사람에게는 악한 것이라 고기도 먹지 아니하고 포도주도 마시지 아니하고 무엇이든지 네 형제로 거리끼게 하는 일을 아니함이 아름다우니라 **네게 있는 믿음을** 하나님 앞에서 스스로 가지고 있으라 자기가 옳다 하는 바로 자기를 정죄하지 아니하는 자는 복이 있도다 의심하고 먹는 자는 정죄되었나니 이는 믿음을 따라 하지 아니하였기 때문이라 믿음을 따라 하지 아니하는 것은 다 죄니라

바울은 고린도전서 8장 9절에서 이렇게 말한 바 있습니다.

그런즉 너희의 자유가 믿음이 약한 자들에게 걸려 넘어지게 하는 것이 되지 않도록 조심하라

믿음이 커져서 자유해지는 것은 좋은데 그 자유가 다른 사람의 걸림돌이 되어서는 안 된다는 것입니다. 바울은 한 단계 더 나아가 갈라디아서 5장 13절에서 다음과 같이 말했습니다.

형제들아 너희가 자유를 위하여 부르심을 입었으나 그러나 그 자유로 육체의 기회를 삼지 말고 오직 사랑으로 서로 종노릇하라

화평을 이루고 덕을 세운다는 것은 믿음이 강하고 큰 사람이 약하고 작은 사람의 수준으로 내려가 그 사람의 수준에 자기를 맞추어 주는 것입니다.

이제 우리는 로마서 14장의 결론을 접하고 있습니다. 22절 상반절을 보시겠습니다.

네게 있는 믿음을 하나님 앞에서 스스로 가지고 있으라

지금 나에게 있는 믿음을 언제든지 하나님 앞에서 스스로 지킬 수 있어야 한다는 뜻입니다. 화평을 이루기 위해 믿음이 약한 사람의 수준으로 내려가지만, 이것이 그의 믿음에 내가 동화되는 것을 의미하는 것은 아닙니다. 그 사람의 수준에 맞추어 주기는 하되 내가 가지고 있는 믿음은 견지해야 하는 것입니다. 어떤 경우든지 나의 믿음은 지키면서 책임과 의무를 다해야 합니다.

3년 6개월 된 제 막내아이는 아직 말을 잘하지 못합니다. 아침에 막내가 제게 인사를 하면 저는 그 아이의 수준에 맞추어 이야기합니다. 그런데 제가 아침부터 저녁까지 하루 종일 그렇게 이야기한다고 해서 마냥 즐겁고 화평할 수 있겠습니까? 제가 늘 3년 6개월

된 수준으로 맞추어 주면 저 자신에게도 불행이고 아이에게도 불행입니다. 제가 아이의 수준으로 내려가면서도 가장인 아버지로서의 책임 있는 모습을 보여 주어야 합니다. 그래야 아이도 배울 것을 배우며 어른이 되고, 저는 저대로 더 성숙하고 원숙해질 수 있는 것입니다.

믿음도 마찬가지입니다. 내가 상대의 수준으로 내려가면서도 내가 지켜야 할 믿음, 책임과 의무를 다하는 것이 바른 믿음의 자세입니다. 제가 결혼하기 전에 신혼여행을 어디로 갈지 의논을 했는데, 제 처가 신혼여행을 황지에 있는 예수원으로 가자고 했습니다. 저는 그것이 좋게 들려 그러기로 했습니다. 그런데 황지로 가는 기차는 청량리에서 새벽에만 출발했습니다. 그래서 결혼 첫날은 서울에서 잠을 자고 새벽에 출발하기로 했습니다. 이제 황지에 가면 술구경을 할 수 없으니 술을 시켰습니다. 건배를 하려고 처에게 술잔을 주었습니다. 그랬더니 자신은 아직까지 태어나서 남자로부터 술잔을 한 번도 받아 본 적이 없다고 했습니다. 결혼해서 남편이 주는 술잔만 받으려 했기 때문이었습니다. 술을 따르고 함께 건배를 했습니다. 그런데 처가 술잔은 받았는데 마시지를 않는 것이었습니다. 그 이후에도 집으로 친구들을 몰고 가면 술상을 다 차려 주었습니다. 그리고 앉아서 술도 따라 주었습니다. 그러면서도 절대로 술을 마시지 않았습니다.

저는 나중에 깨달았는데, 제 처가 형편없는 수준으로 내려와 주었던 것이었습니다. 그래서 같이 어울려 준 것이었습니다. 그러나 자신이 지켜야 할 믿음을 지키는 모습을 저에게 보여 주었습니다. 저는 처 앞에서 술을 마시려 하면 늘 양심이 꺼림칙했습니다. 만약 그때 제 처가 집사가 술꾼이 될 수 있느냐며 저를 몰아세웠다면 저는 더 술꾼이 되었을지도 모릅니다.

언젠가 어떤 여성도님과 상담을 했는데, 그 남편분이 교회를 다니지 않고 등산을 좋아한다고 했습니다. 아내는 교회를 다니니까 남편은 매주일 가는 부부 등산팀에 아내와 함께 갈 수 없었습니다. 그래서 아내에게 제안하기를, 한 달에 한 번은 교회를 가지 말고 등산을 가자고 했습니다. 그렇게 해주면 자신도 한 달에 한 번은 교회에 가겠다고 했습니다. 여성도님은 교회에 나가겠다는 말은 복음처럼 들렸는데, 등산을 가자는 말은 고통이었습니다. 그래서 어떻게 하면 좋을지 제게 상담을 청한 것이었습니다.

저는 남편분의 제안에 따르시라고 말씀드렸습니다. 남편과 아내의 믿음의 격차가 커질 때, 한쪽에서 그 격차를 줄여 주고자 하는 노력이 없으면 나머지 한쪽은 포기해 버리게 됩니다. 내가 도저히 따라갈 수 없다고 생각하는 순간, 아예 줄을 놓아버리게 됩니다. 한 달에 한 번씩은 산에 가시되, 다만 예배 시간이 되면 그분들에게 양해를 구하고 그분들이 볼 수 있는 위치에서 예배드리라고 말씀드렸습니다.

'남편의 수준으로 내려가지 않으면, 남편과 더불어 신앙생활을 할 수 없게 됩니다. 주님, 이 예배를 기쁘게 받아 주시고 주님께서 역사를 일으켜 주십시오' 하고 기도하며 홀로 중심을 다해 예배를 드리시라고 했습니다. 물론 하나님께서는 여성도님이 그렇게 예배드릴 수밖에 없는 이유를 누구보다 잘 아십니다. 남편의 수준으로 내려는 가지만, 지켜야 할 신앙을 지키는 것이 참된 그리스도인의 자세입니다.

감사하게도 그 성도님의 남편분께서 근래에 더 자주 교회에 나오시는 것으로 알고 있습니다. 내려가서 그 수준에 맞추어 주지만 하나님 앞에서 내 신앙을 지키고자 하는 부분이 없다면 우리는 같이 퇴행하게 됩니다. 내가 상대의 수준에 맞추어 주는 것이 화평을 이루는 일이라고 해서, 어떤 사람이 사기를 치자고 할 때 같이 사기 칠 수 있습니까? 불의를 행하는 수준으로 내려갈 수 있습니까? 이런 경우는 상대를 말고 내 신앙을 지켜야 합니다. 신앙을 견고히 하고서야 수준을 맞추어 준 상대의 손을 잡고 다시 올라올 수 있는 것입니다.

22절 하반절이 다음과 같이 전합니다.

자기가 옳다 하는 바로 자기를 정죄하지 아니하는 자는 복이 있도다

믿음으로 깊이 판단하여 행동하면서 자신을 정죄하지 않는 사람, 그 행위를 한 뒤 죄책감이나 양심의 가책을 느끼지 않는 사람은 복되다는 것입니다. 방금 말씀드린 대로 그 여성도님이 제 말을 듣고 남편과 산에 갔습니다. 그리고 그 산에서 예배를 드렸습니다. 그리고 내려오는데 계속 죄책감이 성도님을 괴롭힌다고 하십시다. 한 달에 한 번씩 산에 감으로 주일을 어겼다고 하는 양심의 가책 때문에 견딜 수 없다고 하십시다. 얼마나 고통스럽겠습니까? 그러므로 하나님 앞에서 자신이 믿는 바를 행한 뒤 양심의 가책이나 죄책감을 느끼지 않으려면 하나님을 더 바로 알아야 합니다. 그러면 우리는 오히려 더 큰 하나님의 능력을 경험하게 됩니다.

다윗이 사울의 칼을 피해 동가식서가숙東家食西家宿하고 다닐 때였습니다. 어느 날 놉 땅에 도착했는데 오랫동안 먹지 못해 기진맥진했습니다. 말하자면 아사 직전이었습니다. 다윗은 제사장 아히멜렉을 찾아갔습니다. 그리고 먹을 것을 달라고 했습니다. 그런데 당시 아히멜렉에게 먹을 것이라고는 하나님께 바치는 진설병만 있었습니다. 그런데 아히멜렉이 그것을 다윗 일행에게 주었습니다. 그리고 생명을 건지게 했습니다.

이것은 형식적으로 보면 하나님의 법을 어긴 것입니다. 하나님의 법을 지켜야 할 제사장이 율법을 무시한 것입니다. 그런데 그런 자신의 행위 때문에 그날 밤 아히멜렉이 죄책감과 양심의 가책에 사로잡혀 고통스러워했습니까? 아닙니다. 그는 본질적인 면에서 하나님을 알고 있었기 때문입니다. 하나님 아버지 앞에 바쳐진 이 떡이 썩어질 때까지 그냥 두는 것보다 그 떡으로 지금 죽어 가는 한 생명, 그것도 하나님께서 사랑하시는 생명, 하나님의 도구로 선택받은 그 생명을 살리는 것이 하나님께서 기뻐하시는 일임을 알고 있었던 것입니다.

가령 제가 그 여성도님과 상담하면서 산에 가서 예배드리라고 했는데, 집에 와서 성경을 보면서 다시 생각해 보니 그 이야기를 잘못한 것 같아 죄책감에 사로잡혀 내내 후회한다고 생각해 보십시오. 그리스도인이 죄책감에 사로잡히는 것보다 더 무서운 것은 없습니다. 내가 모르고 지은 죄에는 죄책감을 가질 필요가 없습니다. 주님께서 용서해 주시기 때문입니다. 그런데 내가 알고서 혹은 고의로 죄를 지었다면, 그때 몰려오는 죄책감은 참으로 감당하기 어렵습니다.

저는 그분과 상담하고 나서 후회나 거리낌이 있지 않았습니다. 왜냐하면 그것이 예수 그리스도의 방법이라는 확신이 있었기 때문입니다. 하나님 아버지께서는 형편없는 죄인을 구원하시기 위해 우리의 수준으로 인간의 몸을 입고 내려와 주셨습니다. 우리의 수준까지 내려와 우리에게 자신을 맞추어 주신 하나님께서 그 당신을 본받아 남편의 수준으로 내려가는 아내를 탓하시겠습니까? 놀러가고 싶어서 가는 것이 아니라 정말 그 남편을 구원하기 위한 중심으로 간다면, 하나님께서 오히려 격려하시지 않겠습니까?

하나님을 바로 알고 하나님을 더 깊이 앎으로 믿음 위에 서서 무슨 일을 행하든지 양심의 가책을 느끼지 않는 사람, 오히려 그 삶 속에서 내가 믿는 하나님으로부터 남모르는 은총의 손길이 임하는 것을 경험하는 사람보다 더 복된 사람은 없습니다. 그와 같은 삶을 살아갈 때 우리 믿음의 경지는 더 넓고 깊어지는 것입니다.

의심하고 먹는 자는 정죄되었나니 이는 믿음을 따라하지 아니하였기 때문이라 믿음을 따라하지 아니하는 것은 다 죄니라(23절)

무엇을 먹든 먹지 않든, 어떤 일을 행하든 행치 않든 의심하면서 하는 것, 다시 말해 믿음으로 하지 않는 것은 죄의 열매로 거두어진다는 것입니다. 믿기는 믿는다고 하면서 믿음으로 행하지 않는 것, 사심이나 공명심 등 욕심으로 행하는 것은 반드시 죄의 열매를 거둡니다. 그래서 우리가 무엇을 하든지 정말 믿음으로 행하는 것이 중요합니다.

어떤 사람이 믿음으로 행한다고 할 때 그것이 참믿음인지 아닌지 어떻게 구별할 수 있습니까? 이번에 서울시장에 출마한 분들 중에는 목사님도 계시고, 목사님 부인도 계시고, 장로님도 계시는데, 이 분들이 모두 기도하고서 출마하셨다고 합니다. 그 결정이 자기 소신인지 하나님의 뜻인지 어떻게 아셨는지 궁금합니다.

바른 믿음으로 행한 일은 네 가지 기반 위에 세워져야 합니다. 첫째, 그 일을 행하는 자세가 신실해야 합니다. 믿음을 나타내는 헬라어 '피스티스'의 뜻 자체가 신실이라고 했습니다. 그 일을 행하는 나의 자세가 하루하루 지나갈수록 더 신실해져야 합니다. 믿음으로 행한다고 하면서 대충 태만하게 한다면, 절대 믿음으로 행한 것이 아닙니다. 정말 믿음으로 행한 사람에게서는 불량품이 나올 수 없습니다. 설혹 나온다 해도 하나님께서 합력하여 완성하시기 때문입니다.

둘째, 행위의 기반이 말씀이어야 합니다. 믿음이란 말씀에 대한 순종이기도 합니다. 우리가 하나님을 알 수 있는 방법은 하나님께서 우리에게 주신 말씀을 통해서입니다. 그러므로 믿음은 말씀을 접하고 말씀을 받아들이고 말씀에 순종하는 것으로부터 시작됩니다. 따라서 내가 무엇을 하든지 하나님께서 내게 주신 말씀에 의지해 행해야 합니다. 우리가 하나님을 위해 일하고 믿음으로 행한다고 하면서도 실제로 말씀에 뿌리를 둔 행위가 아닐 때는, 그것은 십중팔구 우리의 욕망으로 행하는 것입니다. 그리스도인은 말씀을 떠나서는 세상 사람들과 다를 바 없게 됩니다. 말씀 없는 곳에 남는 것은 인간의 욕망밖에 없습니다.

셋째, 자신의 행위가 자신에게뿐만 아니라 타인에게도 유익을 가져와야 합니다. 내가 믿음으로 행한다고 하면서 나의 유익만 있고 나에게만 기쁨이 있다면, 그것은 믿음의 행위라고 보기 어렵습니다.

얼마 전 안타까운 기사가 났는데, 예수 믿는 아내와 믿지 않는 남편이 서로 싸우다가 남편이 속이 상해서 집에 석유를 붓고 불을 지른 사건이었습니다. 그런데 이와 비슷한 내용의 기사들이 신문에 심심찮게 보도됩니다. 냉정하게 생각해 보십시다. 아내가 예수님을 믿음으로 남편에게 유익이 돌아갔다면 왜 싸움이 일어나겠습니까? 아내는 심방을 다니고 구역예배를 다니며 기쁘고 즐거운데, 남편은 홀아비 같은 생활을 하게 되고 가정에 있어야 할 여인의 손길이 미치지 않으면 어떻게 되겠습니까? 바른 믿음으로 행한다면 하나님께 예배드리며 헌신하는 것만큼 남편에 대한 헌신이 더 깊어져야 합니다. 남편이 볼 때 '저 사람이 예수 믿더니 뭔가 다르구나. 태도도 다르고 말씨도 다르고 모든 행동이 다르구나'라고 생각하며 마음속에 감동을 느낄 때, 그것이 남편 앞에서 바른 믿음으로 행한 결과입니다. 믿음은 분리시키지 않습니다. 믿음의 결과는 언제든지 통합으로 나타납니다. 바른 믿음 위에 세워진 행동은 일시적으로 오해를 받을 수는 있지만 결국에는 타인의 유익으로 드러나게 됩니다.

넷째, 일을 행하는 방법이 정직해야 합니다. 믿음으로 행한다고 하면서 사기를 칠 수 없습니다. 믿음으로 행한다고 하면서 불의를 행할 수 없습니다. 믿음으로 행한다고 하면 그 방법과 과정이 반드시 선하고 의롭고 성경적이어야 합니다.

적어도 이 네 가지 기반 위에서 이루어지는 일이라면, 그것은 참된 믿음으로 이루어지는 일이며 그때는 우리가 무슨 일을 한다 해도 그 결과에 대해 죄책감을 느끼거나 양심의 가책을 받지 않을 수 있습니다. 이미 내 삶의 방향이 하나님을 향해 있기 때문입니다. 비록 그 일을 다소 미숙하고 서투르게 했다 할지라도 성령님께서 당신의 온전하심으로 우리의 허물을 바로잡아 주시기 때문입니다. 오히려 우리는 주님의 은밀한 손길을 경험하는 은혜를 누리게 될 수 있는 것입니다.

믿는 사람이란 한마디로, 믿음대로 사는 사람입니다. 믿음대로 행동하는 사람입니다. 우리가 믿는 이들이라면, 무슨 일을 하든지 신실하게 행하십시다. 말씀의 기반 위에서 행동하십시다. 나의 유익만 생각할 것이 아니라 타인의 유익도 생각하십시다. 그리고 언제나 주님께서 요구하시는 선하고 의로운 방법을 추구한다면, 그와 같은 삶을 통해 우리는 더불어 사는 사람들과 화평과 덕을 이루어 나갈 수 있습니다. 그들의 손을 잡고 그들을 끌어 주는 견인차가 될 수 있습니다. 무엇보다 우리 자신이 주님의 손길에 의해 다듬어지는 은혜를 느끼며 원숙한 믿음으로 나아가게 될 것입니다. 이 같은 삶이 가장 복되다는 사실을 깨닫는 사람이 진정 복된 사람입니다.

로마서 15장

15
강한 우리는 마땅히

로마서 15장 1-3절

믿음이 강한 우리는 마땅히 믿음이 약한 자의 약점을 담당하고 자기를 기쁘게 하지 아니할 것이라 우리 각 사람이 이웃을 기쁘게 하되 선을 이루고 덕을 세우도록 할지니라 그리스도께서도 자기를 기쁘게 하지 아니하셨나니 기록된 바 주를 비방하는 자들의 비방이 내게 미쳤나이다 함과 같으니라

15장 1절은 이렇게 시작합니다.

믿음이 강한 우리는 마땅히 믿음이 약한 자의 약점을 담당하고 자기를 기쁘게 하지 아니할 것이라

바울은 "믿음이 강한 우리"라고 말하고 있습니다. 로마서는 바울이 고린도에 머물면서 아직 로마에 가보기 전에 로마에 있는 그리스도인들을 위해 쓴 편지입니다. 따라서 그때까지 로마에는 복음을 제대로 설명해 줄 교사가 없었습니다. 로마에 있는 교인들은 복음

의 이해가 필요했습니다. 바울은 그들에게 복음이 무엇인지 가르쳐 주기 위해 지금 이 편지를 쓰고 있는 것입니다.

그렇다면 이 편지를 받아 볼 로마의 그리스도인들은 대부분 초신자입니다. 그런데 바울은 그들을 가리켜 "믿음이 강한 우리"라고 말하고 있습니다. 그들이 믿음이 강하다는 것을 기정사실화하는 것입니다. 이것을 통해 우리는 그리스도인이란 강한 믿음의 소유자가 되어야 함을 알 수 있습니다.

아이들은 힘이 약하기 때문에 할 수 없는 것들이 많습니다. 그러나 성장하면서 점점 힘이 세집니다. 그리고 성인이 되면 비로소 성인으로서의 몫을 감당하게 됩니다. 만약 나이가 들었는데도 어린아이의 유약함을 그대로 가지고 있다면, 끊임없이 누군가의 도움을 받으며 살아가야 합니다. 나무보다 쇠가 강하고, 무쇠보다 강철이 강한 이유가 무엇입니까? 강한 것일수록 꺾이거나 휘어지거나 흔들리지 않기 때문입니다.

강한 믿음이란 무엇입니까? 첫째, 어떤 상황 속에서도 흔들리지 않는 믿음입니다. 어떤 상황 속에서도 굴함이 없는 믿음입니다. 아무리 유혹의 파도가 엄습해도, 아무리 욕망이 솟구쳐도, 흔들림이 없는 믿음이 강한 믿음입니다. 그리스도인이면서도 믿음의 연수를 자랑하거나 은혜 받은 크기를 비교하고, 지극히 작은 유혹, 지극히 작은 이득 앞에서도 의를 살피지 않고 거짓을 행한다면, 너무나 서글프고 비극적인 일이 아닐 수 없습니다.

둘째, 강한 믿음이란 자신이 행한 잘못을 인정하는 것입니다. 강하지 못하면 자신의 잘못을 인정하지 못합니다. 강하지 못하면 비굴하고 비겁해집니다. 그러나 강한 사람은 자기 잘못을 인정하고 사과할 수 있습니다. 참된 강함은 자신의 불완전함을 인정하는 것으로부터 시작합니다. 우리는 근본적으로 하나님에 의해 창조된 피조물입니다. 이것을 인식하지 못하면 우리는 스스로 된 사람으로 여기게 됩니다.

우리가 강해지지 않으면 다른 사람을 사랑하고 용서할 수도 없습니다. 다른 사람을 사랑하고 용서할 수 있는 이유 중 하나는 내가 겪었던 연약함을 그 사람에게서 발견하기 때문입니다. 정말 강한 사람은 부정과 불의에 두려움 없이 항거하되 결국에는 하나님의 사랑으로 용서를 베푸는 사람입니다. 사랑은 용서로 궁극에 다다르는 것입니다.

셋째, 강한 믿음이란 진리 위에서 정도를 걸어가는 것입니다. 아무리 유혹이 밀려오고 욕망이 솟구쳐도 중심을 잃지 않고 정도를 걸어갈 수 있는 힘입니다.

우리가 이처럼 강한 믿음의 소유자가 되면 삶 속에 어떤 일이 일어나게 됩니까? 삶을 통해 예수 그리스도가 드러나는 경험을 해보신 분들은 이미 알고 계실 것입니다. 다른 사람 앞에서 자기 잘못을 시인하려 할 때 자존심이 허락지 않는 경우가 허다합니다. 우리가 얼마만큼 기꺼이 다른 사람을 사랑하고 용서하고 있습니까? 어떤 모양으로든지 상대를 이기거나 누르고 그보다 우월하고 싶은 본능을 발견하게 되지 않습니까? 아무리 의지가 강해도 진리를 행하며 살아가는 일에 두려움이 앞서는 것을 경험하지 않습니까? 우리에게 있는 인간적인 힘으로는 이 모든 것이 불가능함을 매일 경험할 수 있습니다.

그런데 신비스럽게도 이런 삶의 순간순간마다 예수 그리스도께서 먼저 그 길을 가셨음을 기억하고 그분을 믿고 따라가면, 모든 일들이 가능하게 되는 것입니다. 그분의 강함을 힘입어 우리의 잘못을 스스럼없이 시인할 수 있게 되고, 그분의 강함을 힘입어 사랑하고 용서할 수 있게 되고, 그분의 강한 능력 안에서 어떤 경우에도 굴함이나 꺾임이나 휘어짐 없이 정도를 걸어갈 수 있게 됩니다.

믿음이 강해진다는 것이 삶 속에서 예수 그리스도의 영역이 더 넓어짐을 의미한다면, 어떻게 해야 더 예수 그리스도를 드러내고 예수 그리스도의 영역을 넓혀 갈 수 있겠습니까? 수력발전은 물의 낙차를 이용해 에너지를 얻는 것입니다. 그렇기 때문에 낙차가 크면 클수록 얻을 수 있는 에너지는 더 커집니다. 10미터 높이의 낙차와 100미터 높이의 낙차에서 얻는 에너지의 크기는 비교가 안 됩니다. 따라서 예수 그리스도의 강하신 능력을 내 삶에서 더 드러내려면, 예수 그리스도와 나 사이의 낙차를 더 크게 해야 합니다. 바꾸어 말하면, 주님 앞에서 나 자신이 낮아지면 낮아질수록, 주님 앞에서 내가 겸손해지면 겸손해질수록, 주님 앞에서 나를 부인하면 부인할수록, 주님 앞에서 내가 없어지면 없어질수록, 주님과 나 사이의 낙차는 더 크게 되고 주님의 능력이 더 크고 강하게 드러나는 것입니다. 바울은 이것을 어떻게 표현했느냐면 "내가 약한 그 때에 강함이라"(고후 12:10)고 했습니다.

그렇다면 주님 앞에서 더 낮아짐을 일상에서 어떻게 실천할 수 있습니까? 주님의 말씀, 예를 들면 지금 우리에게 주어진 이 로마서 15장 말씀 앞에서 낮아지고 겸손해지고 우리 자신을 부인하는 것입니다. 그 말씀이 비록 내 경험, 생각, 판단, 감정과 맞지 않는다 할지라도, 온 우주와 나를 지으신 창조주 하나님의 결론이 말씀 속에 들어 있음을 인정하고 그 말씀에 순종하는 것입니다. 그때 비로소 진리요 생명이요 능력이요 힘이신 주님의 강하심이 드러나게 되고, 그 강하심을 힘입어 내가 강한 믿음의 소유자, 강한 그리스도인이 될 수 있는 것입니다.

　강한 믿음은 훈련 없이는 얻을 수 없습니다. 주님의 말씀 앞에서 나를 부인하는 것, 주님의 말씀에 내 삶을 온전히 맡겨 드리는 것, 주님 앞에서 나 스스로가 없어져 버리는 것, 이 모두가 훈련 없이는 이루어지지 않습니다. 반드시 시간이 필요하고 과정을 거쳐 방법을 배우게 되고, 그 결과로 주님의 능력이 드러나고 우리가 강한 그리스도인으로 설 수 있는 것입니다. 따라서 말씀 앞에서 이 같은 훈련을 부지런히, 성실히 행해 나가는 것이 중요합니다.

　우리는 자기 자식을 죽인 살인범을 용서하는 부모를 간혹 보게 됩니다. 이 세상에 자식을 사랑하지 않는 부모가 어디 있겠습니까? 그처럼 사랑하는 자식을 죽인 살인범보다 더 증오스러운 존재가 어디 있겠습니까? 그럼에도 그 살인범을 용서한다면, 그것은 정말로 위대한 신앙이자 강한 믿음이 아닐 수 없습니다. 그 부모는 자식을 죽인 범인 때문에 수많은 밤을 지새며 괴로워했을 것입니다. 그 범인을 본 후에는 그 범인에 대한 증오심 때문에 처절한 고통의 순간들을 겪었을 것입니다. 그 고통의 과정을 겪은 뒤에야 용서를 선포한 것입니다.

　1987년 세상을 떠들썩하게 한 유괴 사건이 있었습니다. 함효식이라는 범인이 혜준이라는 어린아이를 유괴했습니다. 특히 이 사건이 국민들을 분노케 한 이유가 있습니다. 범인은 아이를 유괴하고 나서 그날 밤 죽였음에도 마치 아이가 살아 있는 것처럼 부모에게 전화해서 돈을 요구했습니다. 자기와 동거하면서 아이를 가진 여자와 결혼하기 위한 자금 마련을 위해서였습니다. 아직 태어나지도 않은 자기 자식을 위해서 남의 자식을 죽인 것입니다. 그러고는 수사망이 좁혀지자 한강에서 자살극을 벌였습니다.

당시 혜준 양의 어머니는 집사님이었는데 지금은 전도사님이 되셨습니다. 혜준 양의 부모는 그렇게 증오스럽던 범인을 결국 용서해 주었습니다. 그리고 감옥에 있는 범인이 사형당하기 전까지 영치금과 먹을 것을 넣어 주었습니다. 그러나 딸이 유괴당한 날부터 용서를 선포하기까지 그 부모 곁에서 제가 그 과정을 지켜보았는데, 증오할 수밖에 없는 현실과 그를 용서하라는 하나님의 말씀 사이에서 그 부모가 얼마나 큰 번민과 고통의 나날을 보내야 했는지 모릅니다. 그런데 마치 여인의 해산의 고통을 통해 태 안에 있던 아이가 세상에 태어나듯, 그 아픔의 과정을 겪고서 주님의 은총 속에서 용서를 선포하는 강인한 신앙의 소유자가 된 것입니다.

만일 우리에게도 현재 말할 수 없는 고통과 아픔이 있다면, 하나님의 말씀과 현실 사이에서 잠 못 이루는 고민과 번뇌에 빠져 있다면, 이 과정과 기간을 하나님의 말씀 앞에서 우리를 훈련하는 과정으로 여기십시다. 이 모든 과정을 하나님의 말씀 앞에서 나를 부인하고 주님의 말씀에 나를 맡기는 아름다운 시간으로 꾸려 나가십시다. 그러면 반드시 용서와 사랑과 강한 신앙이라는 새로운 생명의 통로가 우리에게 열릴 것입니다.

1절을 다시 보시겠습니다.

믿음이 강한 우리는 마땅히 믿음이 약한 자의 약점을 담당하고 자기를 기쁘게 하지 아니할 것이라

믿음이 강한 사람은 강하기 때문에 "마땅히" 해야 할 것이 있습니다. 강한 사람이 마땅히 해야 할 것을 하지 못하면 강한 사람일 수

없습니다. 서구 정신사회를 지배하는 말 중에 '노블레스 오블리지 noblesse oblige'라는 말이 있습니다. 본래는 프랑스 말인데 미국도, 영국도 그대로 사용하고 있습니다. '노블레스'는 '귀족'이라는 뜻이고, '오블리지'는 '의무', '책임'이라는 뜻입니다. 상류 사회에 속해 있는 사람은 사회 속에서 감당해야 할 책임과 의무가 따로 있다는 것입니다. 지도 계급에 속해 있음에도 의무와 책임을 다하지 않으면 오히려 조롱거리가 되고 맙니다.

믿음이 강한 사람은 무엇을 행해야 합니까? 첫째, 연약한 사람의 약점을 담당해야 합니다. 어린아이들은 연약합니다. 미숙하고 유치합니다. 부모 된 어른들이 자신들의 강함으로 아이들의 연약함과 미숙함을 메워 주고 보완해 줍니다. 그래서 아이들이 성장할 수 있는 것입니다. 부모 된 어른이 자녀의 연약함을 보고도 그대로 방치해 둔다면, 어떤 특별한 사연이 있지 않은 이상 부모이길 포기한 것입니다. 강한 사람이 연약한 사람의 약한 부분을 담당하는 것이 하나님 나라의 질서이며 순리입니다.

둘째, 자기를 기쁘게 하지 말아야 합니다. 강한 사람은 자신의 기쁨보다 연약한 사람의 기쁨을 먼저 생각하는 사람입니다. 세상에서 자기 기쁨만을 추구하는 사람이 다다르는 종착역이 있습니다. 타락입니다. 자기만 기쁘게 하는 삶은 밑 빠진 독과 같아서 무엇으로도 채워지지 않습니다. 만족이라는 것이 없습니다. 더 큰 것, 더 센 것, 더 자극적인 것을 계속 추구하다가 결국은 파멸에 이르게 되는 것입니다. 오늘날 우리 사회에 마약이 급속도로 확산되고 있는 것은 자기 기쁨만을 추구하는 이들이 많음을 의미합니다. 내가 비록 천군만마를 호령한다 할지라도, 천만 적군을 내 앞에 무릎 꿇게 하는 힘이 있다 할지라도, 나 자신을 제어하고 절제할 수 없으면 결코 강한 사람이 아닙니다. 정말 강한 사람은 자기를 이기는 사람이기에, 자기 기쁨의 노예가 되지 않습니다.

셋째, 이웃을 기쁘게 해야 합니다. 2절을 함께 보시겠습니다.

우리 각 사람이 이웃을 기쁘게 하되 선을 이루고 덕을 세우도록 할지니라

내가 다른 사람을 기쁘게 해주고 있다는 것은 나 자신을 절제하고 제어한 결과임을 의미합니다. 그러므로 타인을 기쁘게 해줄 줄 아는 사람은 강한 사람인 것입니다. 여기에서 주목해야 할 말이 "우리 각 사람이"입니다. 사람들과 더불어 다른 사람을 기쁘게 해주는 것은 참으로 중요합니다. 그러나 '우리'라는 집단에서 떨어져 나와 내가 홀로 있을 때에도 다른 사람을 기쁘게 해주는 삶을 살아야 하는 것입니다. 정말 강한 사람은 집단 속에 있을 때도 강하고, 홀로 떨어져 있을 때도 강한 것입니다. 집단 속에 있을 때는 강한 것 같은데 홀로 떨어져 있게 되면 마치 모래처럼 휩쓸리고 중심을 잃게 된다면, 그것은 강한 것이 아닙니다.

그러면 이웃과 더불어 술을 마시고 도박을 하며 기쁘게 해주는 것도 여기에 해당합니까? 그렇지 않습니다. "우리 각 사람이 이웃을 기쁘게 하되"라고 명시되어 전제 조건이 있음을 알 수 있습니다.

넷째, 그것은 바로 선을 이루고 덕을 세워야 한다는 것입니다. 육체의 강함은 주먹의 힘으로 드러납니다. 군대의 강함은 무력으로 드러납니다. 신앙의 강함은 무엇으로 드러납니까? 선과 덕으로 드러납니다. 그래서 강한 믿음의 소유자는 타인을 기쁘게 하되, 선을 이루고 덕을 세워 나갑니다. 의를 알지 못하고 진리를 보지 못하는 그들을 깨우쳐 가면서 그들을 선의 사람으로, 덕의 사람으로 이끌

어 주는 것이 강한 사람이 마땅히 해야 할 일입니다.

강한 믿음을 지닌 사람이 왜 이처럼 행해야 합니까? 그 이유를 3절에서 밝혀 주고 있습니다.

그리스도께서도 자기를 기쁘게 하지 아니하셨나니 기록된 바 주를 비방하는 자들의 비방이 내게 미쳤나이다 함과 같으니라

우리의 본이 되시고 우리가 따라야 할 삶의 목적 되시는 예수 그리스도께서 당신 자신의 기쁨을 위해 살지 않으셨기 때문입니다. 오히려 그분은 우리의 수준으로 내려와 우리의 연약함을 대신 져주고 보완해 주기 위해 십자가에서 자신의 몸을 던지셨습니다. 수없이 많은 사람들로부터 "네가 과연 그리스도냐, 하나님의 아들이라면 그렇게 할 수 있느냐"며 모욕당하고 비방받으면서도 타인의 기쁨을 위해 일생을 바치셨습니다.

그분의 삶이 너무도 연약하고 무가치해 보여 사람들은 그를 그리스도가 아니라고 했습니다. 그러나 예수 그리스도께서는 죽음을 깨뜨리고 부활하실 정도로 강한 분이셨습니다. 인간적인 눈으로 보면 연약해 보이는데 그 믿음은 사망의 권세를 궤멸시킬 정도로 강했습니다. 죽음을 이기는 것보다 더 강한 것이 세상에 어디에 있겠습니까?

이처럼 우리가 우리의 기쁨을 구하지 않고 타인의 기쁨을 추구하며 선과 덕을 이루어 나가면, 세상에서 주어지는 기쁨이 아니라 진리에서 비롯되는 기쁨을 누릴 수 있게 됩니다. 세상에서 우리가 구하는 기쁨, 육적으로 추구하는 기쁨, 자신간을 위한 기쁨은 지극히 일시적이고 우리를 파멸로 이끕니다. 그러나 자신을 초월해 강

한 믿음으로 진리와 동행함으로 진리로부터 비롯되는 기쁨은 우리를 승리케 합니다. 우리를 세워 주고 더 강하게 합니다. 우리를 더 맑고 투명하고 아름답게 합니다. 그 기쁨 속에서 우리는 강한 믿음을 소유한 그리스도인의 멋과 맛을 풍기며 살아가게 될 것입니다.

16
교훈을 위하여

로마서 15장 4절

무엇이든지 전에 기록된 바는 우리의 **교훈을 위하여** 기록된 것이니 우리로 하여금 인내로 또는 성경의 위로로 소망을 가지게 함이니라

본문 4절의 상반절을 함께 보십시다.

무엇이든지 전에 기록된 바는 우리의 교훈을 위하여 기록된 것이니

여기에서 "전에 기록된 바"라는 것은 기록되어 전해지는 성경을 의미합니다. 우리에게 전해지고 있는 성경 말씀은 우리를 가르치고 훈계하기 위해 기록된 것임을 말합니다. 하나님의 모든 말씀이 인간을 바르게 교훈하고 가르치기 위함임은 그리스도인에게는 너무도 기본적인 상식입니다. 그런데 왜 기본적인 상식을 바울은 본문에서 언급하고 있는 것입니까? 하나님의 말씀 없이는 절대로 참그리스도인이 될 수 없음을 다시금 일깨워 주기 위함입니다. 오직 하

나님의 교훈만이 강한 신앙의 소유자, 강한 그리스도인이 될 수 있게 함을 강조하려는 것입니다.

　신앙의 유무 혹은 신앙의 깊이는 그 사람의 삶으로 분별됩니다. 참믿음의 소유자가 되기 위해서는 참믿음의 소유자답게 살아가는 사람이 되어야 합니다. 믿음을 소유한 사람으로서 어떻게 살아야 하는지도 알지 못하면서 강한 믿음의 소유자가 되기를 원한다는 것은 어불성설입니다. 그래서 바울은 하나님의 교훈, 말씀의 가르침 속에서 우리 한 사람 한 사람 모두가 강한 그리스도인, 강한 믿음의 소유자가 되고자 하는 노력에 소홀함이 없게 하려고 이 말을 강조하고 있는 것입니다.

　신명기 32장 2절은 이렇게 전하고 있습니다.

내 교훈은 비처럼 내리고 내 말은 이슬처럼 맺히나니 연한 풀 위의 가는 비 같고 채소 위의 단비 같도다

　하늘 위에서 내리는 비, 그것도 중동 지방에 내리는 비, 그리고 그곳의 나무에 맺히는 이슬은 문자 그대로 생명의 단비입니다. 그 생명의 단비를 받고 먹고 마심으로 나무들은 무성해지고 가지가 강해집니다. 생명의 단비 되시는 하나님의 말씀을, 교훈을, 가르침을 먹고 마시는 사람과 그러지 않는 사람은 마치 무성한 나무와 말라 비틀어진 나무의 형국과 흡사합니다.

　바울은 디모데후서 3장 16-17절에서 말했습니다.

모든 성경은 하나님의 감동으로 된 것으로 교훈과 책망과 바르게 함과 의로 교육하기에 유익하니 이는 하나님의 사람으로 온전하게 하며 모든 선한 일

을 행할 능력을 갖추게 하려 함이라

하나님의 말씀은 사람을 온전하게 한다고 했습니다. 하나님의 말씀 자체가 생명의 단비, 즉 온전한 생명이기 때문입니다. 그 온전한 말씀이 내 속에 생명으로 채워질 때, 그리고 그 생명이 나를 지배할 때, 내가 온전한 사람으로 온전한 삶을 살게 되는 것은 당연한 이치라 하겠습니다. 이 세상에서 온전한 생명을 지니고 온전한 사람으로 온전한 삶을 살아가는 것보다 더 가치 있는 일이 무엇이 있을 수 있겠습니까? 솔로몬은 잠언 13장 14절에서 다음과 같이 말했습니다.

지혜 있는 자의 교훈은 생명의 샘이니 사망의 그물에서 벗어나게 하느니라

솔로몬 자신이 하나님의 교훈을 떠났을 때, 생명의 단비를 거부하고 이 생명으로부터 멀어졌을 때, 그 자신이 부패와 방종과 방탕에 빠졌고, 그 결과 살아 있는 것 같았지만 실은 사망 속에 있음을 뼈저리게 느낀 눈물겨운 고백입니다.

인간이 알아야 할 일들은 바다만큼 크고 넓은데 실제로 알고 있는 것은 겨우 바닷물 한 방울에 불과하다고 파스칼이 말했습니다. 우리가 교회에 올 때 흔히 자동차나 버스, 지하철을 이용하는데, 이것들이 어떻게 만들어지고 어떻게 작동하는지 자세하게 알고서 이용하지는 않습니다. 우리가 지금 성경책을 보고 있지만 이 책이 어떻게 만들어졌는지 잘 모릅니다. 우리가 입고 있는 옷도 그 옷감이 어떻게 만들어졌는지 무지합니다. 의사라고 해서 사람의 인체를 다 알고 있습니까? 그러니 우리가 무엇을 안다고 할 수 있습니까?

내가 전공한 분야에 대해서는 모르는 것이 없을 정도로 박학한 사람이라 할지라도, 이 세상을 움직이고 있는 모든 원리들에 비한다면 내가 알고 있는 것은 바닷물 한 방울에 불과합니다. 어떤 사람의 경우는 한 방울조차 안 될 수도 있습니다. 따라서 우리 안에 하나님의 생명의 말씀이 주입되지 않으면, 솔로몬이 잠언에서 고백했듯이 하나님의 교훈이 빠져 버린 지식이 우리를 피곤하고 지치게 만들 것입니다.

그러나 그 한 방울의 앎이 하나님의 생명으로 채워지면, 그 한 방울의 앎이 생명의 단비와 합해지면, 그것은 단순한 한 방울이 아니게 됩니다. 그것은 한 방울처럼 보이지만 실은 바다보다 큰 가치와 의미를 담게 됩니다. 생명보다 더 큰 것은 없기 때문입니다. 그 한 방울이 영원하신 하나님의 생명으로 채워지고 주입될 때, 우리는 결코 지치지 않고 굴하지 않는 강한 그리스도인, 강한 신앙의 소유자들이 될 수 있습니다.

우리가 강한 믿음을 소유하고 강한 그리스도인이 된다는 것을 다른 말로는 어떻게 표현할 수 있습니까? 지난 시간에 강한 믿음을 소유한다는 것은 내 삶에서 그리스도를 더 드러내는 것이라 했는데, 이제 이 말에 대한 의미를 좀더 확대해 보겠습니다. 4절 말씀을 공동번역성경은 다음과 같이 전하고 있습니다.

성서 말씀은 모두 우리에게 교훈을 주려고 기록된 것입니다. 그래서 우리는 성서에서 인내를 배우고 격려를 받아서 희망을 가지게 됩니다.

여기에서 세 단어가 나오는데 "인내", "격려", "희망"입니다. 우리가 강한 그리스도인이 된다는 것은 첫째, 인내를 알고 배우고 실천하는 사람이 되는 것입니다. 인내를 말할 때 우리는 두 가지 차원에서 생각하게 됩니다. 먼저, 감정적인 차원입니다. 내가 순간적으로 화가 나지만, 분노를 발할 수밖에 없지만, 내 감정이 끓어오르지만, 참는 것입니다. 이렇게 감정적인 차원에서의 인내는 순간적인 인내라고 할 수 있습니다. 그 순간만 견디면 됩니다. 다른 하나는, 시간적인 차원입니다. 누가복음 15장에서 자기 몫의 재산을 가지고 집을 나간 탕자 이야기가 나옵니다. 그 탕자가 돌아오지 않는데도 계속해서 기다리는 아버지의 인내가 바로 시간적 차원에서의 인내입니다.

사랑하는 아들이 재산을 들고 나가서 허랑방탕하게 살고 있는데, 왜 아들을 찾고 싶지 않겠습니까? 결국 모든 재산을 날리고 거지가 되다시피 한 아들을 왜 데려오고 싶지 않겠습니까? 그러나 아버지는 가지 않았습니다. 만약 찾아가 만났다면 아들은 더 망가지고 말 것이기 때문이었습니다. 탕자는 실패에 실패를 거듭하면서 자신의 무력함과 인간의 유한함을 처절하게 경험하고 확인하고서야 바로 세워질 수 있었습니다. 아버지는 이 사실을 알고 있었습니다. 그래서 아들이 보고 싶은데도 이를 악물고 계속 인내했습니다. 시간적인 인내는 곧 지속적인 인내라 할 수 있습니다.

순간적인 인내든 지속적인 인내든 강한 사람만 인내할 수 있습니다. 인내하는 것 자체가 힘입니다. 힘이 없이는 인내하지 못합니다. 우리는 오직 말씀 속에서 이 인내를 배우고 얻을 수 있습니다. 말씀 앞에 서면 내 모습이 보이게 됩니다. 하나님을 믿는다고 하면서도 형편없이 살아가는 내 모습이 비로소 보이게 됩니다. 그럼에도 지금까지 나를 인내해 주시는 하나님, 그 하나님의 인내를 배우게 됩니다. 바로 나 같은 죄인을 용서하고 살리려 십자가에서 죽음의 고난과 고통을 받으신 예수 그리스도의 인내를 보게 됩니다. 하나님의 인내, 예수 그리스도의 인내를 말씀을 통해 배우고 삶 가운데 실천함으로 우리는 강한 그리스도인이 될 수 있는 것입니다.

둘째, 하나님의 격려와 위로로 살아가는 사람이 되는 것입니다. 많은 사람들이 사람의 위로와 격려를 기대합니다. 그러다 보니 눈치를 살피고 비굴해지고 비열해집니다. 그러나 하나님의 격려를 받는 사람들, 하나님의 위로하심으로 살아가는 사람들은 때로 세상 사람들에게 비난받고 비판받는다 할지라도 당당하게 정도를 걸어갈 수 있습니다.

하나님께서 아브라함에게 아들을 바치라고 말씀하셨습니다. 그 명령을 받은 아브라함이 그저 흉내내기 위해서가 아니라, 100세에 얻은 독자를 정말 바치기 위해 아들을 모리아 산으로 데리고 가서 제사를 드리려 했습니다. 그 순간 여호와의 사자가 이르기를 "내가 이제야 네가 하나님을 경외하는 줄을 아노라"(창 22:12)고 했습니다. 그리고 하나님께서는 아브라함에게 큰 복을 주시겠다고 당신의 이름을 걸고 맹세하고 약속하셨습니다. 이보다 더 큰 격려가 어디 있겠습니까? 하나님으로부터 이런 격려를 받은 사람이 상황이 변한다고 해서 정도를 벗어나겠습니까?

가난한 과부가 자기의 전 재산인 두 렙돈을 부끄러운 마음으로 숨기듯이 헌금함에 넣었습니다. 그런데 이것을 보신 예수님께서 이 세상 그 누구보다 귀하고 큰 헌금을 했다고 칭찬하셨습니다. 예수님께 이런 격려를 받은 그 과부가 세상을 살아갈 때, 자신의 계산과 어긋나는 상황이 전개된다고 해서 정도를 포기하겠습니까?

우리도 말씀 속에서 하나님의 격려와 위로를 얻게 됩니다. 내가 정말 진리대로 실천했는데 세상 사람들로부터 비판받고 극심한 외로움과 두려움에 떨고 있다면, 그런 나를 최고라고, 당신의 것이라고, 나로 인해 기쁨을 이기지 못한다고 위로하고 격려하시는 하나님을 발견함으로 우리는 강한 그리스도인으로 정도를 걸어갈 수 있는 것입니다.

셋째, 하나님 안에서 소망을 갖는 사람이 되는 것입니다. 상황이 어떠하든지, 뜻하지 않은 여건이 펼쳐진다 할지라도 소망을 잃지 않는 것입니다. 그러한 상황 속에서도 하나님께서 나와 함께하심을 인식하고, 내가 생각하는 것보다 더 아름다운 것으로 예비하고 책임지시는 분이심을 믿으며 소망을 갖는 사람이 강한 그리스도인입니다.

하나님께서 나의 하나님 되심을 생각하면 가슴이 설레지 않습니까? 내 상황이 비참하다 할지라도 소망이 생기지 않습니까? 내가 지금 큰 물고기 배 속에 들어 있다면, 그것은 나를 니느웨로 보내기 위한 하나님의 계획이요, 내가 지금 육체의 질병 가운데 있다면 바울이 경험했던 족한 은총을, 내가 건강했을 때는 생각지도 못했던 신비로운 은총을 경험하게 해주시기 위함이요, 내가 지금 사망의 음침한 골짜기에 빠져 있다면 지팡이와 막대기로 나를 안위해 주시는 하나님의 역사하심을 확인하고 경험하게 해주시기 위함입니다. 이것을 믿을 때 우리의 삶 속에 소망이 넘치게 됩니다. 우리는 이 소망을 말씀을 통해 얻습니다. 말씀 속에서 그 소망을 우리의 것으로 삼는 사람이 강한 그리스도인의 삶을 살아갈 수 있습니다.

사람들은 흔히 인생을 시냇물에 비유합니다. 시냇물이 계속해서 흘러가는 것처럼 인생도 끊임없이 나아가기 때문입니다. 분명히 인생은 쉼 없이 나아갑니다. 그러나 나아가기간 해서는 참다운 인생이 될 수 없습니다. 낮과 밤이 한데 어우러져야 온전한 하루가 될 수 있듯이, 나아감과 멈춤이 짝을 이룰 때에만 바른 인생이 될 수 있습니다. 하나님 말씀 앞에 멈춰 서서 하나님의 말씀으로 나를 채우고, 하나님의 가르침과 훈계로 나를 바로 세우고, 그 생명의 단비 속에서 나를 살찌워 가는 것이 그리스도인으로서 날마다 새롭게 살아가는 비결입니다.

우리가 이처럼 함께 모여 하나님 앞에 예배드리고 경배드리는 시간, 하나님의 말씀을 묵상하고 읽고 공부하는 시간, 그 모든 시간들이 곧 하나님 앞에서의 멈춤의 시간들입니다. 이 멈춤의 시간들이 더욱더 깊어지고 폭이 넓어질수록, 우리는 바른 방향으로 더 강하고 힘차게 정진해 나갈 수 있습니다.

하나님 앞에서 더 자주 멈추는 사람들이 되십시다. 예수님께서 이 땅에 오셔서 당신에게 주어진 몫을 감당하기 위해 바쁜 시간들을 보내셨지만, 새벽에 한적한 곳 혹은 산 속에서 하나님께 기도하며 멈춤의 시간을 가지셨음을 기억하십시다. 그 멈춤 속에서 인내를 배우고 하나님의 격려를 얻고 하나님의 소망을 우리 것으로 삼아 매일을 걸어 나아간다면, 우리의 삶 속에 하나님의 위대하신 역사의 손길이 이미 시작되었다는 사실을 발견하게 될 것입니다.

17
서로 받으라

로마서 15장 4-7절

무엇이든지 전에 기록된 바는 우리의 교훈을 위하여 기록된 것이니 우리로 하여금 인내로 또는 성경의 위로로 소망을 가지게 함이니라 이제 인내와 위로의 하나님이 너희로 그리스도 예수를 본받아 서로 뜻이 같게 하여 주사 한마음과 한 입으로 하나님 곧 우리 주 예수 그리스도의 아버지께 영광을 돌리게 하려 하노라 그러므로 그리스도께서 우리를 받아 하나님께 영광을 돌리심과 같이 너희도 **서로 받으라**

모든 그리스도인은 강한 믿음의 소유자로 더 성장하고 성숙해야 합니다. 어떤 상황이나 경우에도 흔들리지 않는 믿음을 갖지 않고는 결정적인 순간에 믿지 않는 사람과 아무런 차이가 없게 됩니다. 반석 위에 세워진 집과 모래 위에 세워진 집은 평소에는 아무런 차이가 없습니다. 쾌청하고 비가 오지 않을 때는 그 차이가 전혀 드러나지 않습니다. 살아가는 데도 아무런 불편이 없습니다. 그러나 창수漲水가 나고 태풍이 몰아치면 반석 위에 세워진 집은 견고하여 버티지만, 모래 위에 세워진 집은 일순간 무너져 내리고 맙니다.

사람들이 돈을 들여 집을 짓는 이유는 여러 가지가 있지만, 그 가운데 중요한 이유가 안전한 곳을 마련하기 위함입니다. 만일 사람의 생명을 보호해 주지 못하고 무너져 오히려 사람을 해친다면, 그 집은 흉기와 다를 바 없습니다.

그리스도인과 비그리스도인, 강한 신앙인과 연약한 신앙인의 차이는 결정적인 순간에 드러납니다. 평소에는 드러나지 않습니다. 지금 내 앞에 막대한 이득이 도사리고 있을 때, 내 양심의 소리를 한 번만 모른 체하면 그 모든 것이 내 것이 될 수 있을 때, 상상치도 못한 환난과 고난이 나를 엄습할 때, 정의와 불의의 기로에 서서 그 중 하나를 당장 선택하지 않으면 안 될 때 믿음의 있고 없음, 믿음의 크고 작음이 판가름 나게 됩니다. 우리가 강한 믿음의 소유자로 성숙해 가야 하는 이유가 이처럼 결정적일 때 바른 신앙인으로 처신할 수 있기 위함입니다.

남의 짐이 더 가벼워 보인다는 말이 있습니다. 사람들은 언제나 자기가 지고 있는 짐이 가장 크고 무겁다고 생각합니다. 그래서 암에 걸린 이웃집 사람보다 감기에 걸린 내가, 위 절개수술을 받은 이웃집 사람보다 가시에 찔린 내 손가락이 더 아프게 여겨지는 것입니다. 그런 까닭에 우리는 다른 사람에게 문제가 생겼을 때, 왜 이렇게 혹은 저렇게 안 했냐거나 왜 하나님의 말씀대로 살지 않았느냐며 쉽게 이야기합니다.

그러나 막상 동일한 문제가 자신에게 닥쳐오면, 다른 사람에게 권면한 대로 살지 못하는 경우가 허다합니다. 그것이 내 문제로 대두되면, 우리는 감정과 이기심과 계산을 따라 말씀에서 벗어나곤 합니다. 참된 그리스도인은 남의 문제에 관해 잘 권면하는 것도 중요하지만, 자신에게 문제가 닥쳐왔을 때 그리스도인답게 대처하는 것이 더욱 중요합니다.

그러면 우리가 어떻게 강한 믿음의 소유자로 성숙해 갈 수 있습니까? 어린아이는 좋은 영양분을 계속 섭취해야 성인으로 성장하게 됩니다. 그리스도인도 믿음의 영양분을 지속적으로 섭취함으로 강한 믿음의 소유자가 될 수 있습니다. 다시 말해, 하나님의 말씀, 하나님의 교훈, 하나님의 가르침을 먹고 마심으로 가능합니다. 우리는 늘 이 일에 게을러서는 안 됩니다. 반드시 때를 맞추어 먹을 것을 먹어야 합니다. 그래야 힘을 얻고 달려갈 수 있습니다. 자동차가 그때그때 주유소에서 기름을 넣어야 계속 주행할 수 있는 것과 마찬가지입니다.

때로는 멈추는 것이 달리는 것보다 더 중요합니다. 우리가 계속 달려가기만 한다면 그 결과는 허망하게 끝날 수밖에 없습니다. 정말 지속적으로 달려가기를 원한다면, 우리는 하나님의 말씀 앞에서 멈추어 서야 합니다. 그리고 그 말씀을 우리 안에 채워야 합니다.

A라는 사람이 B라는 사람에 비해 식탁 앞에 앉은 횟수가 많다면, 그것은 A가 B보다 상대적으로 그만큼 더 인생을 살았음을 의미합니다. 60년을 산 사람이 식탁에 앉은 횟수와 80년을 산 사람이 식탁에 앉은 횟수가 같을 수 없습니다. 연비와 관계없이 어떤 자동차가 다른 자동차보다 상대적으로 주유소에 많이 멈추어 섰다면, 그 자동차가 그만큼 긴 거리를 달렸음을 의미합니다. 우리가 이 세상을 살아가는 동안 바른 삶으로 계속해서 나아가기 원한다면, 그만큼 하나님 앞에서 멈추는 횟수가 많아야 합니다. 즉, 하나님의 말씀으로 우리를 채우는 시간이 많아야 합니다. 하나님 앞에서 멈추는 것은 절대로 인생 낭비가 아닙니다. 오히려 그것은 전혀 새로운 인

생을 출발하기 위한 확실한 보장이 되어 줍니다.

강한 믿음의 소유자가 된다는 것은 그리스도 안에서 어떻게 변화되어 가는 것을 의미합니까? 첫째, 하나님의 말씀을 통해 인내를 배우고 행하는 사람이 되는 것이라고 했습니다. 사람들은 생활 현장에서 잘 인내하지 못합니다. 자신의 감정을 억누르고 참는다는 것은 곧 자신이 상처 받는 것을 의미하기 때문입니다. 나 자신이 원하는 때를 접어 두고 그것을 포기한다는 것은 나 자신이 썩는 것을 의미합니다. 이것은 분명 큰 아픔이고 고통입니다. 대개 사람들은 남에게 상처 주는 것을 오히려 시원하고 후련하게 생각합니다. 자신의 에고ego를 강화시킴으로써 희열을 느끼기 때문입니다. 이런 이유로 자신이 상처 받고 썩어야 하는 인내를 선뜻 행하지 못하는 것입니다. 그런데 우리가 잊지 말아야 할 사실은, 그처럼 내가 상처 받고 썩어서 아프고 괴로운 인내의 과정을 겪음으로써 비로소 사람다운 사람으로 변화될 수 있다는 점입니다.

예수님께서 누가복음 21장 19절에서 말씀하시기를 "너희의 인내로 너희 영혼을 얻으리라"고 하셨습니다. 우리가 정말 속이 터질지언정 참아 보지 않으면, 이를 악물고 죽을 듯한 고통을 감수하더라도 인내하지 않으면, 우리의 영혼을 얻지 못한다는 것입니다. 인내를 통해 우리의 영혼을 아름답게 가꾸어 갈 수 있는 것입니다. 따라서 삶 속에서 아픔과 고통이 수반되는 인내를 필요로 하는 상황이 벌어지고 있다면, 그것은 하나님의 은총입니다.

주님께서 "의를 위하여 박해를 받은 자는 복이 있나니 천국이 그들의 것임이라"(마 5:10)고 말씀하셨습니다. 이것이 어떻게 가능합니까? 의를 위하여 박해받는다는 것은, 얼핏 생각하면 화를 입고 저주받는 상황입니다. 억울해서 어떻게 견디겠습니까? 내가 의를 행하고도 모함을 받는다면 내 감정은 상대와 한판 붙어야 속이 시원할 것 같습니다. 그런데 그 고통스러운 과정을 통해 인내를 배움으로 정금 같은 영혼의 소유자로 성숙될 수 있기에 오히려 기뻐하고 감사해야 한다는 것입니다.

우리가 정말 바른 일을 하고도 사람들에게 모함을 받고 있습니까? 우리가 정말 정도를 걷고 있음에도 까닭 없이 우리를 욕하는 사람이 있습니까? 그래서 심한 괴로움에 잠 못 이루고 있습니까? 상대방이 행하는 불의한 방법으로 우리가 똑같이 대응하면, 끝이 없고 더욱 괴로워질 뿐입니다. 그리스도인은 오히려 그 상황을 감사할 수 있어야 합니다. 그 속에서 나를 인내하게 하여 참된 그리스도인으로 세워 가시는 하나님의 손길을 발견할 수 있기 때문입니다. 내가 맞닥뜨린 이 상황을 누구보다 하나님께서 잘 알고 계십니다. 따라서 하나님께서 반드시 나를 더 성숙하고 강하게 이끌어 주시리라 믿어야 하는 것입니다.

'인내하다'라는 뜻의 헬라어 '휘포메νύπομένω'는 '…의 아래'라는 뜻의 '휘포ύπο'와 '거하다'라는 뜻의 '메노μένω'가 합쳐진 단어입니다. 즉, 인내한다는 것은 누군가의 아래에 거하는 것입니다. 지금 내 속이 뒤집어지고 뒤틀리고 그 사람 때문에 분노가 끓어오르는데 어떻게 그의 아래에 거할 수 있습니까? 그러나 내가 단 한 번이라도 그의 아래에 거해 보면, 바로 그 자리에서 제자들의 발을 씻겨 주기 위해 제자들의 발아래 무릎 꿇으신 예수 그리스도를 만날 수 있게 됩니다. 나를 살리기 위해 이 세상에서 가장 비천한 모습으로 십자가에 못박혀 돌아가신, 그 낮고 낮은 곳에 거하신 그분을 비로소 인격적으로 만나게 되는 것입니다.

그분의 도우심과 이끌어 주심, 그리고 그분의 능력에 힘입어 우리도 휘포메노의 사람이 될 수 있습니다. 우리가 아래에 계신 예수 그리스도를 만나면, 그분이 나를 위해 참아 주신 그 인내를 알게 되면, 그분이 나를 살리려 십자가에 달려 견디신 그 인내를 내 것으로 삼으면, 못 참을 것이 없습니다.

저는 창세기에서 요한계시록까지 보면서 성경에 있는 어떤 죄인보다도 저 자신이 죄인임을 발견합니다. 롯이 비록 소돔에서 살면서 하나님의 말씀을 잊어버리고 믿는 사람으로서의 행실을 잃었을망정, 롯 자신이 방탕했다는 기록은 없습니다. 그런데 저는 롯보다 더 방탕하게 살았습니다.

바울은 자신을 가리켜 "죄인 중에 내가 괴수니라"(딤전 1:15)고 했습니다. 어떤 죄인보다도 더 큰 죄인이라는 것입니다. 그런데 바울의 죄가 무엇입니까? 그는 하나님을 믿지 않아서가 아니라 하나님을 믿었기 때문에 예수 믿는 사람들을 핍박했습니다. 하나님을 믿는 유대교인의 눈으로는 예수가 구원자가 될 수 없기 때문이었습니다. 분명 잘못된 믿음이었지만 하나님에 대한 믿음을 떠나 있었던 것은 아닙니다.

그런데 저는 모태에서부터 믿음의 사람으로 태어나고도 믿음을 버리고 믿음을 떠난 삶을 살았습니다. 사람들이 저를 재판한다면 저는 이미 끝난 인생이었습니다. 그럼에도 주님께서 제 아래 거하시면서 저를 오래도록 참으시고 십자가의 고난을 감수해 주심으로, 저를 세우고 살려 주셨습니다.

우리는 말씀을 통해 그분을 만날 수 있습니다. 말씀을 통해 그분의 인내를 배울 수 있습니다. 말씀을 통해 그분의 도우심을 얻을 수 있습니다.

둘째, 하나님의 말씀 속에서 하나님의 위로를 얻는 사람이 되는 것이라고 했습니다. 사람으로부터 위로를 받고 사람으로부터 격려를 받는 것은 분명 삶의 동력이 되어 줍니다. 그렇다면 하나님의 위로와 격려는 얼마나 더 큰 삶의 동력이 되겠습니까? 게다가 하나님의 위로와 격려는 우리를 참된 진리의 사람으로 만들어 줍니다. 깡패가 깡패를 위로하면, 더 나쁜 깡패가 될 뿐입니다. 사기꾼이 사기꾼을 위로하고 격려하면, 더 큰 사기꾼이 될 뿐입니다. 하나님께서 위로하고 격려해 주실 때만 우리는 정도를 걸어가는 진리의 사람이 될 수 있고, 진리로 다른 사람을 위로하는 그리스도인이 될 수 있습니다.

셋째, 하나님의 말씀을 통해 소망을 얻는 사람이 되는 것이라고 했습니다. 삶 가운데서 소망을 갖는다는 것은 정말 중요합니다. 소망이 없는 사람의 삶은 죽음과 같습니다. 어떤 교우와 상담을 하는데 그가 이런 말을 했습니다. '이제는 사는 것 자체에 지쳤다. 마치 긴 터널 속에 있는 것 같다. 아무리 보아도 터널의 끝이 보이지 않는다'는 것입니다. 맞습니다. 이 세상만 바라보고 가면, 소망이 있을 수 없습니다. 이 세상 삶은 무덤에서 끝납니다. 이 세상에서 아무리 부귀영화를 누리고 아무리 많은 것을 소유한 사람도 마찬가지입니다. 그러니 그 속에 무슨 소망이 있겠습니까? 오직 소망은 위로부터만 주어집니다. 오직 소망은 하나님께만 있습니다.

소망이라는 것은 지금은 눈에 보이지 않지만 장래에 반드시 내 앞에 실제로 존재할 것을 바라보는 믿음에서 비롯됩니다. 그래서 '소망'이라는 단어는 헬라어나 히브리어나 모두 '확신', '믿음'이라는 단어와 동의어를 이루고 있습니다. 소망이라는 단어 속에 믿음이라는 의미가 내포되어 있는 것입니다.

소망을 가리키는 히브리어 단어 중에 '카쌀 כסל'이 있습니다. 카쌀의 원뜻은 '내장'입니다. 사람 배 속에 있는 내장이 어떻게 소망일 수 있습니까? 내장은 겉으로는 보이지 않습니다. 이 내장이 어떻게 활동하는지 우리는 알지 못합니다. 그러나 내가 음식을 먹을 수 있는 이유는, 내장이 음식을 받아들이고 소화시켜 줄 것을 믿기 때문입니다. 이것이 소망이라는 것입니다. 소망을 가리키는 히브리어 중 '티크바תקוה'라는 단어도 있습니다. 이 단어의 원뜻은 '노끈'입니다. 겉으로 볼 때 노끈은 아무런 힘이 없어 보입니다. 그러나 노끈은 물체를 단단히 묶는 데 사용됩니다. 이처럼 소망은 믿는 바를 단단히 묶어 두는 것입니다. 지금 내 눈앞에 일어나는 모든 사건들 속에서 미래의 참실상을 바라보는 것이 바로 소망입니다.

그래서 소망을 가리키는 헬라어 '엘피조ἐλπίζω'는 '내다보다', '바라보다'라는 뜻입니다. 지금 눈앞에 보이는 것 속에서 전혀 다른 것을 내다보는 것입니다. 지금 내 삶이 아무리 절망스럽고 곤고하다 할지라도, 그 속에서 나와 함께하시는 하나님께서 이루어 가실 전혀 새로운 미래, 내 인생의 실상을 바라보는 것이 소망입니다.

바로 이 부분에서 소망과 망상의 차이가 있습니다. 망상은 막연한 생각입니다. 망상을 가진 사람은 실제 상황을 부인하고 현실에서 도피하게 됩니다. 그러나 소망은 믿음에서 비롯되기 때문에, 바른 소망을 가진 사람은 그 소망이 이루어질 때를 위해 지금 자신이 준비해야 할 것을 준비합니다. 그 미래를 위해 현실의 삶을 더 충일하게 합니다. 언제나 나와 동행하시고, 구름기둥과 불기둥으로 나를 인도하시고, 내가 상상치 못하는 것으로 내 삶을 예비하고 책임져 주시는 하나님을 매일 인식함으로, 우리는 소망을 얻는 사람이 될 수 있습니다.

이처럼 하나님의 인내와 위로와 소망 속에 거하는 진정한 믿음의 소유자가 되었을 때, 우리가 해야 할 일은 무엇입니까?

이제 인내와 위로의 하나님이 너희로 그리스도 예수를 본받아 서로 뜻이 같게 하여 주사 한마음과 한입으로 하나님 곧 우리 주 예수 그리스도의 아버지께 영광을 돌리게 하려 하노라(5-6절)

우리가 참된 믿음을 지니려는 목적은 바로 하나님께 영광을 돌리기 위함이라는 것입니다. 그러면 하나님께 영광을 돌린다는 것은 무엇을 의미합니까? 하나님께 영광을 돌린다는 말을 우리가 흔히 하는데, 바울은 로마서에서 이것을 어떻게 규정하고 있습니까?

그러므로 그리스도께서 우리를 받아 하나님께 영광을 돌리심과 같이 너희도 서로 받으라(7절)

하나님께 영광을 돌린다는 것은 서로를 받아들임으로 가능한 것입니다. 서로를 수용하고 포용하라는 것입니다. 마치 예수 그리스도께서 우리를 받아들임으로 하나님의 영광을 드러내셨듯이, 우리도 서로 받아들이는 것이 믿음을 소유한 그리스도인들이 행해야 할 바입니다.

여기에서 중요한 단어가 "서로"입니다. 어느 한쪽만 일방적으로 받아들이는 것이 아니라, 서로가 받아들이는 것입니다. 남편과 아내가, 부모와 자녀가, 형과 동생이, 교인과 교인이, 믿는 사람과 믿지 않는 사람이 서로 받아들이는 것입니다. 그런데 한 가지 문제가 있습니다. 나는 받아들이려고 하는데 상대가 전혀 받아들이지 않는다면 어떻게 해야 합니까?

그래서 하나님의 인내가 필요한 것입니다. 그래서 하나님의 위로 속에 있어야 합니다. 그래서 하나님의 소망 가운데 있어야 합니다. 그래야 하나님의 인내하심으로 상대를 참고 기다릴 수 있고, 하나님의 위로 속에서 상대를 위해 더 애쓸 수 있고, 하나님의 소망 가운데 그 상대의 변화될 모습을 바라보며 오늘도 걸어갈 수 있습니다.

이 지점에서 우리는 우리 자신을 돌아볼 필요가 있습니다. 하나님께 영광을 돌리기 위함이 아니라, 우리 일이 목적이 되어 하나님의 인내와 위로와 소망을 갖길 원하는 것은 아닌지 하는 점입니다. 우리가 하나님의 이름으로 여러 일을 하지만, 일이 목적이 되어 실상은 수많은 사람들에게 해를 끼치는 경우가 많습니다. 하나님께서는 우리의 일, 사업, 계획이 아니라, 사람과 관련해 우리가 소망의 사람이 되기를 원하십니다.

우리는 하나님께서 사랑하시는 사람을 위해 인내하고 하나님의 위로를 구해야 합니다. 우리는 하나님께서 아끼시는 사람에게서 하나님의 소망을 발견해야 합니다. 그때에만 우리가 일의 노예가 되지 않고, 일이 우리의 우상이 되지 않습니다. 그때에만 우리가 하는 일이 하나님께 영광을 돌리는 성업聖業이 될 수 있습니다. 천국은 결코 먼 곳에 있지 않습니다. 하나님의 인내와 위로와 소망 속에서 서로가 서로를 받아들이려는 삶 속에 천국은 아름답고 구체적으로 펼쳐지는 것입니다.

18
소망의 하나님

로마서 15장 4-13절

무엇이든지 전에 기록된 바는 우리의 교훈을 위하여 기록된 것이니 우리로 하여금 인내로 또는 성경의 위로로 소망을 가지게 함이니라 이제 인내와 위로의 하나님이 너희로 그리스도 예수를 본받아 서로 뜻이 같게 하여 주사 한 마음과 한 입으로 하나님 곧 우리 주 예수 그리스도의 아버지께 영광을 돌리게 하려 하노라 그러므로 그리스도께서 우리를 받아 하나님께 영광을 돌리심과 같이 너희도 서로 받으라 내가 말하노니 그리스도께서 하나님의 진실하심을 위하여 할례의 추종자가 되셨으니 이는 조상들에게 주신 약속들을 견고하게 하시고 이방인들도 그 긍휼하심으로 말미암아 하나님께 영광을 돌리게 하려 하심이라 기록된 바 그러므로 내가 열방 중에서 주께 감사하고 주의 이름을 찬송하리로다 함과 같으니라 또 이르되 열방들아 주의 백성과 함께 즐거워하라 하였으며 또 모든 열방들아 주를 찬양하며 모든 백성들아 그를 찬송하라 하였으며 또 이사야가 이르되 이새의 뿌리 곧 열방을 다스리기 위하여 일어나시는 이가 있으리니 열방이 그에게 소망을 두리라 하였느니라 **소망의 하나님**이 모든 기쁨과 평강을 믿음 안에서 너희에게 충만하게 하사 성령의 능력으로 소망이 넘치게 하시기를 원하노라 로마서 15장은 그리스도인이 강한 믿음의 소유자로 성숙해 가는 것이 무엇을 의미하는지, 또 강한 믿음의 소유자로서 추구해야 할 바가 무엇인지에 대해 이야기해 주고 있습니다.

5절을 함께 보시겠습니다.

이제 인내와 위로의 하나님이 너희로 그리스도 예수를 본받아 서로 뜻이 같게 하여 주사

예수 그리스도를 본받는 것이 우리가 추구해야 할 바라는 것입니다. 예수 그리스도께서는 이 세상의 어느 것도 목적으로 삼으신 적이 없습니다. 이 세상의 모든 것을 하나님의 뜻을 이루기 위한 도구로만 쓰셨습니다. 그분의 목적은 오직 하나님 한 분뿐이었습니다.

기도를 청산유수같이 잘하지 못해도 상관없습니다. 사정이 생겨 저녁 예배에 참석하지 못하거나 여러 일로 바빠서 성경을 가까이 하지 못하는 상황에 있어도 괜찮습니다. 삶의 전반에 걸쳐 예수 그리스도를 따르고자 끊임없이 노력한다면, 바로 그 사람이 성숙한 그리스도인입니다. 기도는 잘하는데 삶은 예수 그리스도가 아닌 세상을 본받고 있다면, 그것은 믿음일 수 없습니다. 교회 봉사는 열심인데 세상 권력이 인생의 목적이라면, 이미 믿음의 길을 이탈한 것입니다.

그렇게 예수 그리스도를 본받을 때 우리에게 어떤 변화가 일어납니까?

서로 뜻이 같게 하여 주사 한마음과 한입으로(5절 하반절-6절 상반절)

십자가 고난에 이르기까지 하나님의 뜻을 좇으신 예수 그리스도를 본받기로 작정하고 그분 안에 거하면, 어떠한 상황과 문제 속에서도 우리의 생각, 우리의 마음, 우리의 목적은 하나가 될 수 있다는 의미입니다. 한뜻을 갖게 되면, 한마음과 한입은 부수적인 결과로 수반됩니다. 한마음, 한입을 갖는다는 것이 획일주의에 빠지는 것을 의미하지는 않습니다. 만약 하나님께서 획일적인 것을 선호하시는 분이라면, 우리의 얼굴을 그토록 다양하게 지으실 리 없습니다. 획일주의는 기독교가 경계해야 할 관념으로, 이단들의 전유물입니다.

　　한뜻을 이룬다는 것은, 우리 각 사람이 서로 다른 뜻을 가지고 있지만 하나님께서 나에게 요구하시는 것이 무엇인지 찾으려는 겸손, 그리고 하나님의 뜻 앞에서 나의 뜻을 내려놓는 자발적인 순종을 행해 가는 것을 말합니다. 그와 같은 신앙 자세를 지닐 때, 우리 각자가 다른 말을 한다 할지라도 우리의 입은 하나님을 향한 한입이 되고 우리의 마음 또한 하나님을 향한 한마음이 되어, 다양성 속에서 일치된 모습을 이루어 갈 수 있는 것입니다.

　　한뜻, 한마음, 한입으로 궁극적으로 다다르고자 하는 것을 바울이 이야기합니다.

한마음과 한 입으로 하나님 곧 우리 주 예수 그리스도의 아버지께 영광을 돌리게 하려 하노라(6절)

　　믿는 이들이 함께 추구해야 할 궁극의 목적은 바로 하나님께 영광을 돌리는 것입니다. 어떻게 하나님께 영광을 돌릴 수 있을지 생각해 보면, 기도, 찬양, 그리고 내가 가진 것으로 하나님을 위해 선하게 사용하는 것 등을 떠올릴 수 있습니다. 그러나 다시 한 번 생각해 보십시다. 우리가 기도, 찬양, 헌금 등으로만 하나님께 영광을 돌려 드린다고 생각하기 때문에 그 영광이 온전한 영광이 되지 못할 수 있습니다.

하나님께 돌려 드릴 최상의 영광을 바울이 7절에서 이렇게 이야기합니다.

그러므로 그리스도께서 우리를 받아 하나님께 영광을 돌리심과 같이 너희도 서로 받으라

지금껏 이 땅에서 하나님께 가장 큰 영광을 돌렸던 분은 예수 그리스도이십니다. 그분이 어떻게 하나님께 최상의 영광을 돌리셨습니까? 우리같이 미련한 존재를 받아 주심으로, 우리를 전 인격적으로 수용해 주심으로 하나님께 영광을 돌리셨습니다. 우리가 그 예수 그리스도를 본받아 그분이 행하셨던 것처럼 서로를 전심으로 받아 주는 것이 바로 하나님께 돌려 드릴 수 있는 최상의 영광이라는 것입니다.

자녀들이 부모에게 돌려 드릴 수 있는 최상의 효도가 무엇입니까? 서로 사랑하고 화목하는 것입니다. 자녀들이 출세하고 성공했는데 서로 철천지원수로 지낸다면, 그 성공이 절대로 부모에게 영광이 될 수 없습니다. 유산을 놓고 처절하게 싸우는 재벌가 형제들을 우리는 자주 보게 됩니다. 유명한 사람들의 유언을 보면, 자녀들을 많이 둔 부모일 경우 그 자녀들에게 출세하라고 유언하는 부모는 없습니다. 꼭 화목하고 서로 사랑하라는 유언을 남깁니다. 우리는 모두 하나님의 자녀들입니다. 우리가 서로를 수용하지 못하고

배척하면, 우리 각 사람을 당신의 자녀 삼아 주신 하나님 아버지께서 얼마나 가슴 아파하시겠습니까? 이런 의미에서 예수 그리스도께서 우리를 받아 주신 것처럼 우리가 서로를 받아 주고 수용하는 것이야말로 하나님께 돌려 드릴 수 있는 최상의 영광이라고 설파한 바울의 통찰은 놀라운 것이 아닐 수 없습니다.

요한복음 17장을 보면 예수님께서 이 땅에서 최후로 행하신, 인간을 위한 중보기도가 나옵니다. 그 기도 내용 가운데 21-22절을 함께 보시겠습니다.

아버지여, 아버지께서 내 안에, 내가 아버지 안에 있는 것같이 그들도 다 하나가 되어 우리 안에 있게 하사 세상으로 아버지께서 나를 보내신 것을 믿게 하옵소서 내게 주신 영광을 내가 그들에게 주었사오니 이는 우리가 하나가 된 것같이 그들도 하나가 되게 하려 함이니이다

여기에도 사람들이 서로를 수용해 하나가 되게 해달라는 내용이 포함되어 있습니다. 그것이야말로 인간이 하나님께 돌려 드릴 수 있는 최상의 영광이라는 사실을 주님께서 잘 알고 계셨기 때문입니다.

그런데 내가 모든 사람을 받아들이고 수용하는 사람이 되겠다고 선포한다고 해서 실제로 그런 사람이 될 수 있는 것이 아닙니다. 다른 사람을 수용하기 위해서는 먼저 상대를 수용할 만한 그릇이 되어야 합니다. 내가 그런 그릇이 되지 않은 채 상대를 받아들이려 하면 할수록 오히려 상대를 배척하는 결과를 낳게 됩니다. 우리가 되어야 할 그릇은 반드시 하나님의 인내와 위로와 소망으로 엮어진 그릇입니다. 내가 상대를 수용할 준비와 자세가 되어 있다 할지라

도, 상대가 나를 수용하지 못할 때도 있기 때문입니다. 그럴 때 우리는 인내할 수 있어야 합니다. 그럴 때 우리는 하나님의 위로 속에 있어야 하고, 하나님의 소망을 움켜 쥐어야 합니다.

우리가 이웃 교회와 하나를 이루고 한 지체로서 주님을 위해 일해 나가고자 이웃 교회 목사님을 모시고 함께 예배드린 적이 있습니다. 그리고 그 목사님께 저희 교회 장로님들과 당회원들이 그 교회의 당회원들을 정식으로 초청한다는 의사를 밝혔습니다. 그런데 지난 8월 초에 그 교회로부터 거절의 통보가 왔습니다. 지금은 때가 아닌 듯하여 모임을 갖지 않는 것이 좋겠다고 당회에서 결의했다는 것이었습니다. 네 분의 장로님 가운데 한 분만 찬성하고 세 분은 반대하셨다고 합니다. 그 한 분은 우리 교회에 와서 간증을 하셨던 장로님입니다.

제가 그 연락을 받고 잠시 실망했습니다. 그런데 곧 마음이 바뀌었습니다. 그분들 입장에서는 충분히 그럴 수 있겠다고 생각했습니다. 이 지역에서 십수 년을 뿌리박고 있었는데 어느 날 갑자기 작은 교회가 곁에 오더니 몇 년 만에 자신들 교회보다 세 배 정도 커졌습니다. 그런데 어느 날 그 교회에서 함께 밥을 먹고 무언가를 하자고 하니, 경계하는 것은 당연하다는 생각이 들었습니다. 두 교회 모두 큰 그릇이 되기까지 인내하고 노력해야 할 것입니다. 그리고 여전히 소망을 품어야 할 것입니다. 우리가 정말 큰 그릇이 되지 않으면 다른 사람에게 수용의 손길을 뻗을 수도 없을뿐더러, 다른 사람이 뻗은 수용의 손길을 수용하지도 못하게 됩니다.

신경정신과 의사인 이시형 박사는 현대인 거의 모두가 정신분열증 증세를 갖고 있다고 말했습니다. 그런데 특별히 아이들이 다음과 같은 세 가지 증세를 보이면 꼭 치료를 받아 보라고 권합니다. 첫째, 혼자만 놀기를 즐겨하는 경우입니다. 친구와 만나기를 꺼리고 가족과 대화하려 하지도 않습니다. 둘째, 전혀 말썽을 부리지 않거나 사고를 저지르지 않는 경우입니다. 겉으로 볼 때는 대단히 모범생일 수 있습니다. 아이들은 보통 한데 어울려 다니며 사고를 칩니다. 그런데 혼자 있는 아이는 말썽 피울 일이 없습니다. 셋째, 낮과 밤이 뒤바뀐 경우입니다. 사람 만나는 것이 꺼려지니 자연히 모두가 잠든 밤중에 밥도 먹고, 음악도 듣고, 책도 봅니다. 사람이 이 세상을 살아간다는 것은 사람과의 관계 속에서 살아가는 것인데, 그 관계에서 떨어져 나와 단절된 아이는 돌봄이 필요하다는 것입니다.

우리의 신앙이 강해진다는 것은 신앙의 그릇이 커져 가는 것을 의미하고, 신앙의 그릇이 커져 간다는 것은 그만큼 더 많은 사람을 받아들일 수 있음을 의미합니다. 따라서 신앙 연륜이 더해질수록 그 사람 주위에는 더 많은 사람들이 함께하게 됩니다. 그런데 내가 믿음의 연수가 늘어감에도 늘 혼자라면, 나의 믿음을 점검해 볼 필요가 있습니다. 경우에 따라서는 바울과 바나바처럼 신앙관이 달라 서로 헤어질 수도 있습니다. 예수님의 열두 제자들처럼 역할과 사명의 몫이 달라 각각 흩어져 다른 곳에서 일할 수도 있습니다. 중요한 것은, 어떤 경우든지 상대의 뜻과 마음과 생각을 수용하고 존중해 주는 사람이 되어야 하는 것입니다. 그때 우리는 그리스도 안에서 시간과 공간을 초월해 하나를 이루어 가게 됩니다.

바울은 8절 상반절에서 다음과 같이 전하고 있습니다.

내가 말하노니 그리스도께서 하나님의 진실하심을 위하여 할례의 추종자가 되셨으니

"내가 말하노니"라는 표현은 말하려는 바를 다시금 강조하는 것입니다. 그리스도께서 "할례의 추종자"가 되셨다는 것은 주님께서 할례를 행하는 유대인들을 따르셨다는 의미입니다. 유대인들에게 과연 그럴 만한 자격이 있었습니까?

신명기 7장 7절이 증언하고 있듯이 이스라엘은 여러 민족들 중에서 가장 작고 볼품없는 민족이었습니다. 그렇다면 그들의 믿음이라도 출중했습니까? 이스라엘 백성의 역사를 살펴보면 신앙의 역사라기보다는 오히려 하나님을 향한 배신의 역사입니다. 그럼에도 주님께서는 그들을 친히 찾아가 그들의 추종자가 되셨습니다. 그 이유가 첫째, 8절 하반절에 나타나 있습니다.

이는 조상들에게 주신 약속들을 견고하게 하시고

하나님께서 조상들에게 맺으신 약속을 굳건하게 하시기 위함이었습니다. 그 약속의 내용이 무엇입니까? "나는 너희의 하나님이 되고, 너희는 나의 백성이 되리라"는 것입니다. 이 약속은 구약을 일관되게 관통하고 있습니다. 형편없는 이스라엘 백성, 끊임없이 하나님을 배신하는 유대인을 하나님께서 당신의 백성으로 삼아 주시겠다는 것은, 다른 말로 하면 그들을 받아 주고 수용하고 하나님의 마음에 담으시겠다는 것입니다.

둘째, 9절 상반절에 나타나 있습니다.

이방인들도 그 긍휼하심으로 말미암아 하나님께 영광을 돌리게 하려 하심이라 주님께서 작고 약한 유대인들의 추종자가 되어 주신 까닭은 그 긍휼하심으로 이방인들도 수용하여 그들도 하나님께 영광을 돌리게 하기 위함이었습니다. 하나님을 배신하는 유대인들도 받아 주시는 주님이라면, 그 긍휼하심으로 어찌 이방인을 받아주시지 못하겠습니까? 하나님 아버지께서는 이스라엘 백성뿐만 아니라 하나님을 알지 못하는 이방인들도 받아 주시기 위해 그리스도를 이 땅에 보내 주신 것입니다. 이것이 바로 "하나님의 진실하심"입니다. 이 하나님의 진실하심 때문에 예수 그리스도께서 죄인 된 우리도 받아 주셨습니다. 이것을 깨닫는다면 누군가와 생각이 다르다고 해서 어찌 그를 밀어낼 수 있겠습니까? 하나님을 믿는 우리가 서로의 연결고리가 되지 못할 이유가 무엇이겠습니까?

바울은 구약을 인용하여 이를 더 강조하고 있습니다.

기록된 바 그러므로 내가 열방 중에서 주께 감사하고 주의 이름을 찬송하리로다 함과 같으니라(9절 하반절)

시편 18편 내용으로, 열방 가운데서 주님께 감사드리고 주님의 이름을 기뻐 찬송하겠다는 것입니다. 늘 나에게 복 주시고 나를 지켜 주시고 이기게 하시며 나의 산성 되시는 하나님을 자랑하고 그분께 영광 돌리겠다는 것입니다.

또 이르되 열방들아 주의 백성과 함께 즐거워하라 하였으며(10절)

이것은 신명기 32장에 나오는 말씀으로, 주님의 이름을 즐거워하는 것을 넘어 열방들에게 하나님을 아는 기쁨에 동참하기를 초대하고 있습니다.

또 모든 열방들아 주를 찬양하며 모든 백성들아 그를 찬송하라 하였으며 (11절)

열방들에게 외치기를, 함께 하나 되어 주님을 찬양하고 경배하자는 것입니다.

또 이사야가 이르되 이새의 뿌리 곧 열방을 다스리기 위하여 일어나시는 이가 있으리니 열방이 그에게 소망을 두리라 하였느니라(12절)

이새의 뿌리에서 나와 열방을 다스리는 이가 누구입니까? 예수 그리스도이십니다. 그 예수 그리스도께 소망을 두겠다는 것입니다. 바울은 이 단락의 결론을 13절에서 다음과 같이 내리고 있습니다.

소망의 하나님이 모든 기쁨과 평강을 믿음 안에서 너희에게 충만하게 하사 성령의 능력으로 소망이 넘치게 하시기를 원하노라

이 구절은 신앙에서 없어서는 안 될 중요한 단어들로 엮어져 있습니다. 여기에서 바울이 말하고자 하는 바가 무엇입니까? 우리를 하나 되게 하신 하나님께서 소망의 하나님 되시기에, 지금 상종하기조차 괴로운 사람에 대한 소망을 버리지 말라는 것입니다. "소망의 하나님"에 담긴 의미는 하나님께서 어떤 경우에도 소망을 버리지 않으시는 분이라는 것입니다. 하나님께서 나에 대한 소망을 거두지 않으셨기에, 내가 그처럼 미련하게 하나님께 등 돌리

고 있을 때에도 나를 받아 주시고 오늘과 같은 모습으로 가꾸어 주신 것입니다. 우리는 이 같은 소망의 하나님 안에서 사람에 대한 소망을 버리지 말아야 합니다. 배우자든, 자녀든, 이웃이든, 친구든, 교우든, 누구든 간에 그 사람에 대한 소망을 버려서는 안 됩니다. 우리 교회가 비록 이웃 교회에 제의한 것이 거절되었지만, 언젠가 하나님의 때에 이웃 교회와 더불어 주님의 영광을 드러내게 될 것이라고 소망 가운데서 바라보면, 우리 마음에 기쁨과 평강이 차고 넘치게 될 것입니다.

미국의 찰스 스윈돌 목사는 그의 소련 친구와 관련해 다음과 같은 일을 소개해 주었습니다. 오늘날의 러시아가 소련으로 불렸을 당시, 예수 믿는 사람들을 탄압하고 잡아들이는 비밀경찰이 있었습니다. 스윈돌의 친구가 비밀 집회 장소에서 예배를 드리는데, 비밀경찰이 느닷없이 들이닥쳤습니다. 비밀경찰들은 여기에서 예수 믿지 않는 사람은 다 나가라고 위협했습니다. 나가지 않으면 예수를 믿는 것으로 간주하고 잡아들이겠다고 했습니다. 많은 사람들이 도망을 갔습니다. 잠시 후 비밀경찰들이 또 한 번 기회를 주었고, 얼마의 사람들이 또 나갔습니다. 이제 불과 몇 사람밖에 남지 않았습니다.

이제 그들에게 남은 일이라고는 곤봉에 맞고 끌려가는 일뿐이었기에, 올리고 있던 손을 내렸습니다. 그러자 비밀경찰이 말하기를 "손을 내리지 말고 함께 손을 높여 주님을 찬양합시다. 우리도 실은 예수 믿는 사람들입니다"라고 했습니다. 예수 믿는 사람과 핍박하는 비밀경찰이 함께 예배드리리라고 누가 상상이나 했겠습니까? 진짜와 가짜를 가려내고 성도를 하나로 엮으시는 분이 바로 소망의 하나님이십니다. 그분이 지금 우리와 함께하시고 우리의 보호자 되신다는 사실을 믿는다면, 지금 당장 화해하지는 못한다 할지라도 그 사람에 대한 소망 자체를 포기할 수는 없습니다.

내가 소망을 갖는다는 것은 비록 그 상대는 책임을 다하지 않는다 할지라도 나는 그에 대한 책임을 다하는 것을 의미합니다. 또한 내가 소망을 갖는다는 것은 소망의 하나님께서 나를 통해 역사하시게 하는 것입니다. 그러므로 내가 소망을 갖는 한, 소망의 하나님께서 나를 통로로 삼아 반드시 그와 서로 용납하는 때가 오도록 이루어 주실 것입니다.

19
소망이 넘치게 하시기를

로마서 15장 13절

소망의 하나님이 모든 기쁨과 평강을 믿음 안에서 너희에게 충만하게 하사 성령의 능력으로 **소망이 넘치게 하시기를** 원하노라

지난 시간 함께 살펴본 로마서 15장 1-13절의 핵심을 한마디로 말하면, 서로 수용하라는 것입니다. 믿음이 원숙해 간다는 것은 다른 사람을 수용할 수 있는 그릇으로 성장해 가는 것을 의미합니다.

지난 주일 예배 시간에 저는 30년 전에 제가 행한 부끄러운 잘못을 고백했습니다. 제가 통지표를 가짜로 만들어 어머니께 보여 드린 것입니다. 어머니께서 하나님을 믿는 믿음으로 아들에 대한 소망이 없었다면 속아 주실 수 있었겠습니까? 제 고백을 들은 조카가 그다음 날 제 어머께 그 말씀을 드렸더니, 어머니께서 눈시울을 붉히셨다고 합니다. 어머니도 그 일을 기억하고 계셨기 때문입니다.

사람에 대해 소망을 버리지 않는다는 것은, 그 사람을 창조하신

하나님에 대한 믿음을 갖는 것이고 하나님의 선한 계획에 대해 소망을 갖는 것입니다. 그러므로 겉으로 볼 때는 똑같이 손을 놓은 것처럼 볼 수 있지만, 불신자가 상대를 포기하고 방치하는 것과 믿는 사람이 상대에 대한 소망을 버리지 않고 인내하는 것은 절대 같지 않으며, 같은 결과 또한 나올 수 없습니다. 하나님께서는 소망을 버리지 않고 인내하는 사람을 도구로 삼아 소망의 역사를 이루어 가십니다.

로마서에서 기독교 윤리에 대한 바울의 가르침은 여기에서 끝납니다. 로마서는 구조상 두 부분으로 나뉘어 있음을 이미 배웠습니다. 로마서 1장부터 11장까지는 기독교 교리에 대한 가르침입니다. 우리가 예수를 믿는다는 것이 무엇인지, 믿음의 내용은 무엇인지 가르쳐 줍니다. 12장부터는 내가 예수 그리스도를 믿는다면 어떻게 살아갈 것인지, 곧 기독교 윤리에 대해 알려 줍니다.

그런데 기독교 윤리를 다루는 뒷부분을 엄밀하게 구분하면 그 내용이 로마서 15장 13절에서 끝납니다. 14절 이후는, 말하자면 부록입니다. 이 부록 부분은 바울과 복음의 개인적인 관계를 이야기하고 로마에 있는 그리스도인들에게 개인적인 문안 인사를 하는 내용입니다. 이 사실을 통해 우리가 그리스도인으로서 이루어야 할 윤리의 종착역은 다른 사람을 받아들이는 데 있음을 알게 됩니다.

왜 예수 그리스도께서 이 땅에 오셨습니까? 죄인인 인간을 수용해 주시기 위함입니다. 그렇다면 예수 그리스도를 믿는 우리가 궁극적으로 이 땅에서 추구해 나가야 할 삶이 무엇입니까? 예수 그리스도께서 수용하신 사람을 우리도 똑같이 수용하고 그들과 더불어 바른 관계를 확장시켜 나가는 삶입니다.

신앙의 삶 속에는 '홀로'의 면과 '더불어'의 면이 있습니다. 내가 하나님 앞에서 무릎 꿇고 기도하고 하나님의 말씀을 묵상하고 그 말씀을 내 삶에 적용하기 위해 애쓰는 것은 신앙의 홀로의 면입니다. 이 홀로의 면이 없으면 그리스도인으로서의 삶이 시작되지 않습니다. 바울이 기독교 윤리를 이야기하는 로마서 12장의 첫머리에서도 이 홀로의 면을 강조하고 있습니다.

그러므로 형제들아 내가 하나님의 모든 자비하심으로 너희를 권하노니 너희 몸을 하나님이 기뻐하시는 거룩한 산 제물로 드리라 이는 너희가 드릴 영적 예배니라 너희는 이 세대를 본받지 말고 오직 마음을 새롭게 함으로 변화를 받아 하나님의 선하시고 기뻐하시고 온전하신 뜻이 무엇인지 분별하도록 하라(롬 12:1-2)

그러나 만일 이 홀로의 면만 강조되어 신앙이 더불어의 면으로 나아가지 않으면, 홀로의 면이 강화될수록 그 사람은 유아독존唯我獨尊이 되어 갑니다. 그렇게 신앙의 연수가 쌓일수록 오히려 사람들을 분리시키고 해를 끼치게 됩니다. 따라서 홀로의 신앙은 반드시 더불어의 신앙으로 승화되어 가야 합니다. 즉, 하나님께서 더불어 살게 하신 모든 사람들과 바른 관계를 맺으면서 그 관계를 심화시켜 가야 합니다.

더불어의 신앙이 중요하다고 해서 홀로의 신앙을 소홀히 하거나 경원시하거나 게을리하면, 그때는 모두가 획일주의에 빠지게 되며 이것은 절대로 하나님의 뜻이 아닙니다. 하나님께서는 우리가 조화를 이루며 살도록 하기 위해 우리를 각각 다르게 창조해 주셨습니다. 획일주의나 유아독존이 되는 것은 이단으로 빠지는 첩경이 됩니다. 우리는 홀로의 면을 강화하되, 그것은 더불어의 면을 지향하기 위한 강화가 되어야 합니다. 또 더불어의 면을 추구하되, 그것은 홀로의 면 위에 세워져야 합니다. 이 두 가지가 교직되어 성숙하고 원숙한 그리스도인의 삶으로 드러나는 것입니다.

본문 13절이 기독교 윤리에 대한 마지막 구절이라고 했습니다. 14절부터가 부록에 해당하는 내용임을 감안한다면, 13절은 기독교 윤리의 마지막 구절일 뿐만 아니라, 로마서 1장부터 시작하는 로마서 본 내용의 마지막 구절이 됩니다. 만일 로마서의 본 내용이 13절이 아니라 12절로 끝나고 바로 14절로 연결되었다면, 우리는 참으로 피곤한 삶을 살았을지도 모릅니다. 기독교 교리를 추구하는 것도, 기독교 윤리를 삶 가운데 이루어 가는 것도 전부 우리 자신의 능력과 의지와 결단으로 행해야 했을 것이기 때문입니다. 그렇게 노력하다가 잘 안 되면 필경 자포자기해 버리고 말았을 것입니다. 그런데 로마서 본 내용이 13절로 끝남으로, 우리는 소망의 하나님을 바라볼 수 있습니다. 그리고 그분이 넘치도록 채워 주시는 소망 안에서, 성령님의 능력에 힘입어 바른 윤리의 삶을 살 수 있게 된 것입니다.

성경이 하나님을 가리켜 '사랑의 하나님', '자비의 하나님', '긍휼의 하나님'이라고 말하는 부분은 많습니다. 그러나 '소망의 하나님'이라고 표현된 곳은 이곳이 유일합니다. 하나님께서는 소망의 하나님 되시기에 우리가 한 사람에 대해 절망하지 않고 소망을 가질 수 있을뿐더러, 이 사회, 이 세상에 대해서도 절망하지 않을 수 있습니다. 이 사회를 보면 부패하지 않은 분야가 없다고 할 정도로 심각하게 부패해 있습니다. 자연 환경도 오염돼 가고 있습니다. 마시는 것도, 먹는 것도, 사는 곳도 불안합니다. 우리나라만 그렇습니까? 세계 각국이 대동소이합니다. 그럼에도 우리가 절망하지 않을 수 있는 것은 우리의 하나님께서 소망의 하나님이시기 때문입니다.

요한복음 3장 16절은 "하나님이 세상을 이처럼 사랑하사 독생자를 주셨으니"라고 말씀합니다. 당신의 독생자를 주신 하나님 아버지께서 이 세상과 세계와 우주에 대한 소망을 버리지 않고 계십니다. 여전히 인류에 대한 소망을 품으시며 당신의 구원의 역사를 이루어 가고 계십니다. 하나님께서 소망을 갖고 계시는 그 세상을 하나님의 관점으로 바라볼 때, 우리는 절망하지 않고 소망 가운데서 오늘 우리가 심어야 할 한 그루의 사과나무를 기꺼이 심을 수 있게 됩니다.

무엇보다 우리는 자기 자신에 대해 절망치 않을 수 있습니다. 절망 가운데서 가장 무서운 절망은 바로 자기 자신에 대한 절망입니다. 예를 들어, 내가 더 이상 사람을 만나지 않는다든지, 사람과의 관계를 끊고 산다든지 하면, 타인에 대한 절망이 심하다 할지라도 그런 대로 견딜 수 있습니다. 우리가 이 세상에 대한 절망이 크다 할지라도 스님들처럼 세상을 등지고 깊은 산속에 들어가 은둔하고 살면 나름대로 지탱해 갈 수 있습니다. 그러나 자기에 대한 절망은 이와 다릅니다. 자기에 대해 절망감이 들 때는 자기를 떠나야 하는데, 자기를 떠날 도리가 없습니다. 오직 자기를 떠날 수 있는 방법은 죽는 경우밖에 없습니다. 그래서 자기에 대해 절망한다는 것은 그 고통의 무게가 죽음과도 같습니다.

우리는 이 세상을 살아가다가 어떤 외적인 요인 혹은 자신의 내적인 요인 때문에 스스로에 대해 처절하게 절망할 때가 있습니다. 그러나 이런 경우라 할지라도 그 절망에서 빠져나와 자신에 대해 소망을 가질 수 있는 것은, 우리의 하나님 아버지께서 소망의 하나님 되시기 때문입니다. 우리가 비록 능력이 없고 허물이 많아도, 하나님께서는 우리에게 소망을 거두지 않으시며 우리를 바라보고 계십니다. 우리가 그런 하나님을 알진대 어찌 우리 자신에 대한 절망 속에 계속 머무를 수 있겠습니까?

'성숙자반'에서 믿음이 무엇인지 여러 측면으로 정의내려 보았는데(*《성숙자반》 제1강 '믿음' 참조), 그중 하나가 '믿음이란 자기 발견'이라는 것입니다. 믿음 속에서 우리는 우리 자신의 실체를 발견하게 됩니다. 우리가 어떤 존재입니까?

너는 두려워하지 말라 내가 너를 구속하였고 내가 너를 지명하여 불렀나니 너는 내 것이라(사 43:1 하)
너의 하나님 여호와가 너의 가운데에 계시니 그는 구원을 베푸실 전능자이시라 그가 너로 말미암아 기쁨을 이기지 못하시며 너를 잠잠히 사랑하시며 너로 말미암아 즐거이 부르며 기뻐하시리라(습 3:17)

하나님께서 이스라엘 백성에게 이 고백을 하실 때 이스라엘 백성이 아름다운 삶을 꾸려 가고 있었습니까? 그렇지 않습니다. 그들 자신이 스스로 봤을 때에도 한심할 정도로 형편없는 삶을 살았음에도 하나님께서 그들에 대한 소망을 거두지 않으셨습니다. 그렇게 소망 가운데 그들을 사랑하시고, 소망 가운데 그들을 기뻐하시고, 소망 가운데 그들에 대한 사랑을 고백하신 것입니다. 우리가 아무리 못나고 허물이 많아도 이스라엘을 향해 이처럼 고백하신 하나님께서 우리에게도 소망을 두시고 오늘도 그 사랑을 들려주고 계신 것입니다. 우리에 대한 하나님의 이 같은 소망을 깨닫고 발견할 때, 우리는 자신의 절망으로부터 벗어나고 일어설 수 있게 됩니다.

그리고 마침내는 어떤 상황 가운데서도 타인에 대해, 이 세상에 대해, 나 자신에 대해 절망하지 않고 소망 가운데서 그 소망이 주는 기쁨과 평강을 누리면서 나아갈 수 있게 됩니다. 하나님께서 주시는 소망 가운데서 교리와 윤리가 한데 포개져 아름다운 신앙의 삶으로 꽃피우게 되는 것입니다.

소망으로부터 비롯되는 기쁨과 평강을 어떻게 나의 것으로 삼을 수 있습니까? 13절에서 가르쳐 주듯이 "믿음 안에서" 가능합니다. 하나님께서 사랑의 하나님이요 긍휼의 하나님이실 뿐만 아니라 소망의 하나님이심을 깨달았다면, 그 소망의 하나님을 믿는 것이 중요합니다. 오직 믿음 안에서 기쁨과 평강이 삶 가운데 충만하게 열매 맺힐 수 있기 때문입니다.

성숙자반에서 우리는 믿음을 '시선'이라고도 정의했습니다. 보이지 않는 것을 볼 수 있는 시선이 믿음이라는 것입니다. 제가 2주 전에 아이들을 데리고 제주도에 갔습니다. 그리고 돌아오는 날 배를 타고 마라도에 들렀습니다. 마라도는 생각보다 큰 섬이었습니다. 섬 가운데는 전부 잔디로 뒤덮여 있었습니다. 막내가 목이 마르다고 해서 가게에서 콜라를 사서 테이블에 앉아 마시도록 했습니다. 그런데 갑자기 돌풍이 불더니 테이블 중간에 있던 파라솔이 날아가 버렸습니다. 하늘에서 폭우가 쏟아지기 시작하는데, 분명히 배에서 내릴 때는 하늘이 새파랬는데 온 하늘이 먹구름으로 뒤덮여 있었습니다. 그리고 순식간에 비바람이 몰아쳐 섬 전체가 물바다가 되었습니다. 이렇게 되면 제주도도 못 가고, 제주도로 못 가면 서울도 못 간다는 생각에 마음이 불안해졌습니다.

그러고서 바다 끝을 내다보는데 바다 끝과 구름이 맞닿은 곳에 파란 띠가 하나 보였습니다. 구름이 끝나는 지점이었습니다. 그 파란 띠를 보는 순간, 제 마음에 소망이 생기는 것이었습니다. 그 순간부터 마음에 불안함이 가시고 무더위 속에서 비와 함께 잠시나마 시원함을 즐길 수 있었습니다.

이스라엘에 3년 동안 비가 내리지 않자 엘리야가 갈멜산에서 비를 내려 달라고 기도했습니다. 몇 번 기도하다가 저 하늘 끝에 손바닥만 한 구름이 있는 것을 보았습니다. 그 순간 엘리야가 하인에게 이르기를, 아합에게 가서 비를 조심하라고 전하게 했습니다. 손바닥만 한 구름을 보고 엘리야가 소망을 발견한 장면입니다(왕상 18:44). 아무리 내 삶이 곤고하고 고통스러워도 나와 함께하시는 창조주 하나님을 보는 눈을 지닌 사람은 소망을 갖습니다. 온 우주를 지으신 창조주 하나님을 바라보고 있는데 무엇 때문에 절망하는 것입니까?

시편 34편은 다윗이 사울의 칼을 피해 도망 다니다가 이스라엘에서는 더 이상 숨을 데가 없어 적국의 왕에게 가서 자기 목숨을 의탁하며 지은 시입니다. 이스라엘의 위대한 명장이 나타났으니 그곳 사람들이 의심하는 것은 당연했습니다. 혹시라도 다윗이 거짓으로 위장해 자신들을 치면 어쩌나 싶었습니다. 그러자 다윗은 그 순간을 모면하기 위해 침을 흘리면서 미친 시늉을 했습니다. 다윗은 그 순간을 다음과 같이 표현했습니다.

이 곤고한 자가 부르짖으매 여호와께서 들으시고 그의 모든 환난에서 구원하셨도다(시 34:6)

다윗은 지금 침을 흘리고 있으면서도 하나님께서 이미 자신을 구원해 주셨다고 과거형으로 고백하고 있는 것입니다.

여호와의 천사가 주를 경외하는 자를 둘러 진 치고 그들을 건지시는도다
(시 34:7)

  그리고 다윗은 지금 하나님께서 보내신 사자가 자기 둘레에 진 치고 있는 모습을 보고 있습니다. 이 같은 다윗의 시각이 그로 하여금 소망을 갖게 하고, 그 절박한 상황 속에서도 하나님을 찬양할 수 있게 한 것입니다.

젊은 사자는 궁핍하여 주릴지라도 여호와를 찾는 자는 모든 좋은 것에 부족함이 없으리로다(시 34:10)

  절체절명의 상황 속에서 다윗은 하나님에 대한 시선을 거두지 않았습니다. 그러자 절망이 아니라 오히려 소망과 기쁨과 감사가 충만해짐을 경험하며 넉넉히 고난을 극복해 나갈 수 있었습니다.
  앞서 우리는 소망이라는 단어의 문자적 의미에 대해 생각해 보았습니다. 원뜻이 '내장', '노끈'이라고 했는데 그 기능과 역할을 살펴보면서, 보이지는 않지만 실재한다고 믿고 그것을 바라보는 것이 소망이라고 배웠습니다. 믿음과 소망은 불가분의 관계에 있습니다. 믿음은 무엇입니까? 하나님을 보는 것입니다. 하나님을 바라본 결과는 무엇입니까? 소망입니다. 그래서 믿음은 소망이고, 소망은 믿음입니다.

소망의 하나님이 모든 기쁨과 평강을 믿음 안에서 너희에게 충만하게 하사 성령의 능력으로 소망이 넘치게 하시기를 원하노라(13절)

우리가 소망의 하나님을 바라볼 때 하나님께서 우리에게 모든 기쁨과 평강을 충만하게 해주시는 것만으로도 감격스러운 일입니다. 충만하게 해주신다는 것은 가득 채워 주신다는 의미입니다. 그런데 더 나아가 소망을 넘치게 해주신다는 것입니다. 믿음에는 빈익빈부익부의 논리가 적용된다는 사실을 기억하시기 바랍니다. 아무리 의지가 강한 사람이라도 절망 중에 하나님을 바라보지 않으면, 처음 보았던 소망은 자꾸 사라집니다. 그러나 나와 함께하시는 소망의 하나님을 바라보고 그 하나님에 대한 믿음을 잃지 않으면, 하나님께서 소망을 충만케 해주실 뿐만 아니라 그 소망이 차고 넘치도록 해주시는 것입니다.

그렇다면 우리의 삶에서 때로 부족한 것들이 생긴다면, 그것이 하나님의 은총임을 깨닫게 됩니다. 내 건강에 부족함이 생길 때, 내 가정에 부족함이 생길 때, 내 일터에 부족함이 생길 때야말로 소망의 하나님을 더욱 바라볼 때입니다. 부족함이 없으면 우리는 소망의 하나님을 바라보지 않습니다. 부족함이 없을 때는 소망 자체를 갖지 않습니다. 일본 작가 미우라 아야코 여사는 태어나서 죽을 때까지 부족함을 느끼지 못하고 살아가는 사람이 있다면 그는 절대로 바른 사람이 될 수 없고, 쾌락주의에 빠져 자멸할 거라고 했습니다.

소망이라는 히브리 단어 '카쌀'에는 '어리석음'이라는 뜻도 있습니다. 하나님을 바라보지 않는 사람이 생각할 때 소망은 어리석기 짝이 없는 것입니다. 하나님을 모르는 사람들이 다윗이 침 흘리면서도 하나님을 찬양하는 모습을 봤을 때, 그것은 그야말로 어리석고 미친 모습과 다름없습니다. 그러나 하나님을 바라보는 사람에게는 고난 중에 기뻐하고 감사하고 찬양하는 것이 지극히 당연한 일입니다. 이처럼 하나님을 향한 시각의 차이는 천양지차의 결과를 가져옵니다. 우리의 삶 속에 어떤 면에서건 부족함이 있다면, 지금이야말로 소망의 하나님께서 넘치도록 채워 주시는 은혜의 때임을 깨닫는 것이 중요합니다.

시골에서 어느 독자분이 보낸 편지를 읽어 드리겠습니다.

평소에 늘 그렇게 생각하며 성령님의 위로와 음성을 들으면서 생활하고는 있지만, 특히 《새신자반》 141쪽에서 새로운 은혜를 경험했습니다. "지금 내 자식이 말썽을 피운다면, 그것은 성령님께서 내 자식을 통해 나의 실상을 보게 하심으로 나를 회개케 하심이다. 이런 과정을 거쳐 성령님께서 작정하신 때가 될 때, 성령님께서는 이 모든 것을 합력하여 아름다운 선으로 마무리 지어 주실 것이다. 이렇게 믿을 때 우리는 모든 상황 속에서, 그 어떤 것에도 속박됨이 없이 자유를 누릴 수 있다."
이 말씀 속에서 말할 수 없이 큰 위로와 소망을 얻었습니다. 제 큰아들이 계속 학교에 다녔다면 고3이 되었겠지만 지금 현재 천안에 있는 소년교도소에서 특수강간죄로 복역 중입니다. 막상 제가 가야 할 곳인데 자식이 대신 들어가 있다는 생각이 듭니다. 그래서 감방에 갇혀 있는 자식이 떠오를 때마다 제 가슴을 치면서 회개하고 있습니다. 아무튼 자식을 통하여 하나님의 더 깊은 음성을 듣게 하시는 주님께 큰 영광을 돌립니다.

이분이 겪고 있는 고통은 죽음과도 같은 그 고통입니다. 이 상황을 어떻게 수용할 수 있습니까? 그런데 이분은 이런 상황 속에서 소망을 갖는 것입니다. 이것이 어떻게 가능합니까? 소망의 하나님을 바라보기 때문입니다. 비록 내 자식이 아픔의 현장 속에 갇혀 있다 할지라도, 그 자식에 대해 소망을 버리지 않고 계시는 하나님 아버지께서 취할 것은 취하고 버릴 것은 버리게 하시며 모든 것을 합력해 선을 이루어 주시리라는 소망이 있기 때문입니다. 내가 믿는 소망의 하나님께서 은총의 끈으로 내 자식을 꽁꽁 묶어 주실 것을 소망 가운데서 믿기 때문에 이런 상황 속에서도 그분이 일어설 수 있는 것입니다.

죽음 같은 고통 가운데 있는 그분에게 소망을 넘치도록 채워 주시는 그 하나님께서 바로 우리의 하나님 되시고 오늘 우리와 함께 계십니다. 하나님을 향한 시선을 끝까지 고정시킴으로 날마다 채워 주시는 소망 속에서 여러분 모두의 삶이 아름답게 가꾸어지기를 주님의 이름으로 축원합니다.

20
다시 생각나게

로마서 15장 14-16절

내 형제들아 너희가 스스로 선함이 가득하고 모든 지식이 차서 능히 서로 권하는 자임을 나도 확신하노라 그러나 내가 너희로 **다시 생각나게** 하려고 하나님께서 내게 주신 은혜로 말미암아 더욱 담대히 대략 너희에게 썼노니 이 은혜는 곧 나로 이방인을 위하여 그리스도 예수의 일꾼이 되어 하나님의 복음의 제사장 직분을 하게 하사 이방인을 제물로 드리는 것이 성령 안에서 거룩하게 되어 받으실 만하게 하려 하심이라

그리스도인은 하나님께서 주시는 소망 안에서 바른 믿음을 지속할 수 있습니다. 절망과 고통의 순간에 소망의 하나님께서 우리에게 넘치도록 소망을 부어 주심으로, 삶 가운데 교리도 윤리도 열매로 결실될 수 있습니다. 이렇게 로마서의 본질적인 내용이 하나님께서 소망의 하나님 되시며 성숙한 그리스도인은 어떤 상황에서도 그러한 소망의 하나님께 마땅히 감사하고 찬양드릴 수 있음을 일깨워 줌으로 마감됩니다. 하나님께서 부어 주시는 넘치는 소망 가운데

우리의 삶은 한 편의 로마서로 완성되어 가게 됩니다.

오늘부터 상고할 14절부터 16장 마지막 절까지는 로마서의 부록이라 할 수 있습니다. 여기에는 사도 바울과 복음의 개인적인 관계, 그의 개인적인 사연, 로마 교회에 보내는 문안 인사 등이 담겨 있습니다. 그럼에도 로마서를 크게 구별할 때 교리, 윤리, 부록으로 나누지 않고 부록을 윤리 속에 포함시켜 크게 교리와 윤리 두 부분으로 나누는 이유는, 마지막으로 나오는 바울의 개인 사연 속에도 예수 그리스도를 믿는 이들이 배워야 할 마음가짐과 삶의 자세가 들어 있기 때문입니다.

14절은 바울이 "내 형제들아" 하고 부르며 시작됩니다. 바울은 로마서 1장 13절부터 로마 교회 교인들을 '형제들'이라 부르고 있습니다. 그런데 이 본문에서는 그냥 형제들이 아니라 '내 형제들'이라고 부르고 있습니다. 바울은 한 번도 로마 교회에 가본 적이 없습니다. 로마 교인들을 만나 본 적이 없습니다. 그렇기에 그곳의 어떤 얼굴도 아는 바가 없습니다. 만나 보지 않은 그 미지의 로마 교인들을 향해 로마서 1장 1절부터 계속해서 편지를 쓰고 있는 것입니다. 그런데 편지를 쓰면서 복음이 무엇이고 진리가 무엇인지 설명해 주는 가운데 로마 교인들을 향해 마음을 쏟다 보니, 한 번도 본 적이 없는 그들을 정말 '나의' 형제로 여기게 된 것입니다.

그리스도를 믿는 사람들이 서로 형제자매라고 부르는 것은 참으로 아름다운 일입니다. 그러나 그것이 친근감을 나타내는 의례적인 호칭에 불과하게 될 수도 있습니다. 따라서 지속적으로 마음을 쏟는 것이 중요합니다. 그럴 때 상대가 정말 나의 형제, 나의 자매 됨을 경험할 수 있는 것입니다.

구역예배에 잘 참석하시는 분들은 친형제보다 구역 식구가 더 가깝게 느껴지실 때가 있을 것입니다. 그 이유는 구역 식구들에게 더 마음을 쏟기 때문입니다. 친형제지간에 담을 맞대고 붙어 사는 것이 아니라면, 친형제라도 만나기가 어려운 시대입니다. 그만큼 세상이 바쁘게 돌아가고 있습니다. 그런데 구역 식구들은 한 주일에도 몇 번씩 봅니다. 그렇게 서로에게 마음을 쏟다 보니 안 지 6개월 혹은 1년밖에 안 되었는데도 형제지간보다 더 가까워집니다. 정말 나의 형제, 나의 자매가 되는 것입니다. 피를 나눈 형제에게도 감히 꺼낼 수 없는 이야기까지도 마음을 터놓고 하는 사이가 됩니다.

만일 우리가 더 많은 사람들에게 마음을 쏟는다면, 그리고 하나님의 나라는 사람과의 관계 속에 존재함을 우리가 인식한다면, 우리가 경험할 수 있는 천국은 더 확장되어 갈 것입니다. 더 많은 사람들에게 마음을 쏟음으로 더 많은 나의 형제, 나의 자매를 얻을 수 있기 때문입니다.

만일 누군가가 사랑할 수 없는 대상에게 어떻게 마음을 쏟을 수 있는지 묻는다면, 사랑할 만한 대상에게 사랑을 쏟는 것은 예수 그리스도를 구주로 알지 못하는 사람들도 다 할 수 있는 사랑이라고 주님께서 답변하실 것입니다. 누군가에게 내가 먼저 다가가 마음을 쏟음으로 나의 형제, 나의 자매 됨을 경험하는 것이 그리스도인답게 사랑을 실천하는 방법입니다.

바울은 어디를 가든 만나는 사람들에게 자신의 마음을 모두 쏟았습니다. 그래서 그에게는 세계 도처에 '나의 형제', '나의 자매'들이 있었고 늘 천국을 경험할 수 있었습니다. 우리가 사람들에게 마음을 쓰는 만큼 이 세상에서 경험할 수 있는 천국이 커진다는 사실을 아는 것이 지혜입니다.

이제부터 바울이 로마에 있는 그의 형제들에게 무엇을 말하려 하는지 함께 보시겠습니다.

내 형제들아 너희가 스스로 선함이 가득하고 모든 지식이 차서 능히 서로 권하는 자임을 나도 확신하노라(14절)

바울은 적어도 세 가지 사실을 확신하고 있습니다. 첫째, 로마 교인들의 마음속에 선함이 가득 차 있다는 것입니다. 둘째, 그들에게 모든 지식이 가득 차 있다는 것입니다. 여기에서 모든 지식이란 하나님에 대한 앎, 하나님의 말씀에 대한 앎을 의미합니다. 셋째, 그들 서로가 능력 있게 권면하고 있다는 것입니다. 이것을 보건대 그리스도인들이 정말 성숙한 관계를 맺어 간다는 것은, 가득한 선함과 하나님에 대한 충만한 앎으로 서로를 권면해 가는 것임을 알게 됩니다. 권면한다는 것은 다른 말로 하면, 훈계한다는 것입니다. 원뜻으로 보면 '권면'은 '마음'과 '놓다'라는 의미가 합쳐져 만들어진 단어입니다. 마음이 있어야 할 자리에 있지 않을 때, 마음이 어긋나 있을 때, 마음을 있어야 할 곳에 있게 해주고 바로 꿰어 맞추어 주는 것이 권면이고 훈계인 것입니다.

평소에 조금도 잘못하지 않는 사람이라면, 그래서 평생을 완전무결하게 지내는 사람이라면, 그 사람에게는 훈계도, 권면도 필요 없을 것입니다. 그러나 이런 사람이 세상에 존재할 수 있습니까? 우리는 모두 실수하고 잘못하며 살아가는 존재입니다. 그렇기 때문에 서로 권면하는 관계가 되어 주어야 합니다.

여기에서 두 가지 교훈을 얻을 수 있습니다. 첫째, 상대를 진정으로 사랑한다면 그가 잘못된 길을 걸어갈 때 그를 권면해 줄 수 있는 용기가 있어야 한다는 것입니다. 권면은 용기 없이는 안 됩니다. 내가 이것을 말했을 때 혹시 오해가 되어 돌아오지 않을까, 어떤 불이익이 돌아오지 않을까 하는 두려워하는 마음으로는 권면하지 못합니다. 그렇다고 용기만 갖고도 안 됩니다. 권면하되, 가득한 선함으로 해야 합니다. 가득한 선함 없이 권면하면, 권면이라는 이름으로 상대방을 정죄하게 됩니다. 그러나 선함만으로도 안 됩니다. 하나님에 대한 지식, 하나님의 말씀에 대한 충만한 앎이 덧붙여져야 합니다. 하나님의 말씀을 전혀 배제한 채 선함만으로 누군가를 권면한다면, 쓸데없는 잔소리요 부당한 간섭이 될 수 있습니다.

둘째, 서로 권면해 주는 것이 그리스도인들이 맺어 가야 할 성숙한 관계라면, 상대의 권면을 경청할 줄 아는 사람이 되어야 한다는 것입니다. 권면을 해주기만 좋아하고 남의 권면을 듣기는 싫어한다면, 이런 사람이 행하는 권면은 참된 권면이 될 수 없습니다. 참된 권면은 자기 자신에 대한 권면을 경청하는 것으로부터 시작됩니다. 다른 사람으로부터 권면과 훈계를 듣는다는 것은 마음이 찢어지는 고통과 아픔이 될 수 있습니다. 그러나 나의 잘못과 허물 때문에 주어지는 것이 권면과 훈계임을 인식한다면, 살이 찢어지는 고통 없이는 고름을 제거할 수 없듯이, 해산의 고통 없이는 새 생명이 태어날 수 없듯이, 찢어지는 아픔과 고통을 딛고 새 생명으로 나아갈 수 있습니다.

예수 그리스도께서 공생애 기간을 거의 마치고 예루살렘으로 향하시는 도중 제자들을 향해 "누구든지 나를 따라오려거든 자기를 부인하고 자기 십자가를 지고 나를 따를 것이니라"(마 16:24)고 말씀하셨습니다. 제자들은 이미 자기 집과 자기 직업을 버린 사람들입니다. 참으로 크고 위대한 결단을 한 사람들입니다. 지난 시간 동안 주님을 따랐던 사람들입니다. 속마음은 어떻든 간에 몸은 예수님을 따르고 있었습니다. 이것이 결코 쉬운 일은 아니었습니다. 그럼에도 주님께서 제자들에게 그같이 말씀하신 것입니다.

여기에서 우리는 자기 부인이란 어느 날 한순간에 완성되는 것이 아니라, 우리가 살아 있는 동안 매일 우리의 내면에서 거듭되고 계속되어야 하는 것임을 알게 됩니다. 오늘의 내가 찢어지는 아픔 없이는, 지금까지 존재하던 내가 으스러지는 고통 없이는, 새로운 존재를 기약하는 자기 부인은 절대 가능할 수 없습니다. 자기 부인이란 자기 아픔이요 자기 상처라고 할 수 있습니다. 이것을 감수혀야 우리는 새롭게 변화될 수 있습니다. 그러나 내 중심에 그리스도가 계시는 한, 내가 당하는 아픔은 아픔 자체로 끝나지 않습니다. 그것은 반드시 그리스도 안에서 새로운 생명을 잉태하는 모태가 됩니다. 그래서 우리는 찢어지는 아픔이 있어도 우리를 향한 권면에 귀를 기울이고 기꺼이 받아들일 수 있어야 합니다.

그리스도인은 서로 권면을 경청하는 관계를 맺어 가야 합니다. 그러지 않으면, 지금은 구역 식구들이 친형제자매보다 더 돈독한 사귐을 나누고 있다 할지라도 언젠가는 지극히 사소한 일 때문에 안 만난 것만도 못한 사이가 돼버리고 맙니다. 권면 없는 교제는 믿지 않는 이들의 교제와 다를 바 없음을 인식하는 것도 또 하나의 지혜입니다.

그러나 내가 너희로 다시 생각나게 하려고 하나님께서 내게 주신 은혜로 말미암아 더욱 담대히 대략 너희에게 썼노니(15절)

"대략 너희에게 썼노니"라는 말은 대충 썼다는 말이 아닙니다. 바울은 로마 교회 교인들이 가득한 선함과 하나님에 대한 충만한 앎으로 서로 권면할 정도로 성숙한 믿음에 있음을 확신했습니다. 그래서 따로 구태여 할 말이 없다는 것입니다. 그럼에도 바울이 로마서를 쓴 것은 "내가 너희로 다시 생각나게 하려고"입니다. 예수 그리스도께서 누구신지, 하나님께서 누구신지, 복음의 능력이 얼마나 위대한지, 진리가 무엇인지, 그리스도인으로서 어떻게 사는 것이 바른 삶인지를 다시 성찰하고 잊지 말도록 하기 위해 로마서를 쓴 것입니다.

안다고 해서 다가 아닙니다. 내가 무언가를 아무리 잘 알고 있어도, 결정적인 순간이 내 앞에 닥쳤을 때 그것이 생각나기란 쉽지 않습니다. 생각대로 행동해 나가기란 더욱 어렵습니다. 우리는 하나님께서 천지를 창조하신 전지전능하신 분이라는 사실을 압니다. 그분께서 못하시는 일이 없다는 사실을 알고 있습니다. 그런데 내 삶의 현장에서 이 사실을 떠올리지 못해 절망하고 탄식하는 것입니다. 적어도 하나님을 믿는 사람이라면, 하나님의 말씀 속에서만, 하나님의 말씀 위에서만 삶이 바로 세워짐을 알고 있습니다. 그런데 정작 삶의 현장에서 이것을 생각지 못하니까 불신자의 삶과 별반 구별되지 않는 것입니다.

본문에 나오는 "다시"라는 말은 '또', '거듭해서', '되풀이해서'라는 의미입니다. 알고는 있지만 막상 필요할 때 생각나지 않는 그것, 그 말씀, 하나님의 은총, 하나님의 능력을 다시 또 거듭해서 생각나게 해주기 위해 바울이 로마서를 쓴 것입니다. 우리가 타인을 사랑한다고 할 때 가장 아름다운 사랑은, 그로 하여금 하나님의 말씀을 거듭 생각하게 해주는 것입니다. 하나님의 말씀 속에서만 우리의 삶이 바로 세워질 수 있기 때문입니다.

성령님의 첫째 사역이 무엇입니까? 요한복음 14장 26절에서 예수님께서 말씀하셨습니다.

보혜사 곧 아버지께서 내 이름으로 보내실 성령 그가 너희에게 모든 것을 가르치고 내가 너희에게 말한 모든 것을 생각나게 하리라

성령님께서 행하시는 가장 큰 사역은 우리로 하여금 다시 생각나게 해주시는 것입니다. 내가 누군가에게 하나님의 말씀이 다시 생각나도록 돕는다면, 나는 성령님의 도구로 쓰임 받고 있는 것입니다. 목회가 무엇입니까? 성도들이 이미 알고 있는 하나님의 말씀을 다시 생각나게 도와주는 것입니다. 평생 예수님을 믿은 분들은 창세기부터 요한계시록까지 다 알고 있지만, 그렇다고 교회에 나올 필요가 없습니까? 그렇지 않습니다. 설교가 무엇입니까? 하나님의 능력을 다시 생각나게 해주는 것입니다. 성경공부를 왜 합니까? 하나님 아버지의 은총을 거듭 되풀이해서 생각하기 위함입니다. 왜 우리가 때로 간증을 하고 간증을 듣습니까? 왜 심방을 하고 상담을 합니까? 하나님의 지극한 은총을 다시 상기하기 위해서입니다.

그렇다면 권면 중에서 가장 성숙하고 아름다운 권면은 무엇입니까? 그에게 필요한 하나님의 말씀을 다시 생각나게 해주고 그 말씀 속에서 스스로 해답을 찾아가도록 도와주는 것입니다.

여기에서 우리는 믿음이란 곧 다시 생각하는 것이라고 정의 내릴 수 있습니다. 모든 신앙 훈련의 목적은 다시 생각하게 하는 것입니다. 알고 있지만 결정적인 순간에 생각할 수 있도록 하는 것입니다. 왜 집에 십자가와 예수님 성화를 걸어두고, 왜 십자가 목걸이를 하고 다닙니까? 필요할 때마다 예수 그리스도를 떠올리기 위해서입

니다. 그런데도 뜻하지 않은 상황이 닥치면 늘 잊어버리기 일쑤입니다. 다시 생각한다는 것이 쉬운 것 같지만 결코 쉽지 않습니다. 훈련해야 합니다. 생각하는 훈련을 거듭함으로, 우리는 하나님 아버지의 말씀을 현장에서 떠올리는 사람이 될 수 있습니다.

서산에 해가 떨어지면 그다음 날 그 해는 다시 솟아오릅니다. 한 날이 지나가면 어김없이 또 한 날이 돌아옵니다. 매일매일 우리에게 돌아오는 그날들을 정말 새날로 맞을 것인지 아니면 묵은 날의 연속선상으로 맞을 것인지는, 우리가 하나님의 말씀을 거듭 생각하면서 지내느냐 아니냐에 따라 결정되는 것입니다. 내가 익히 알고 있는 말씀이라 할지라도 그것을 다시 생각해 보면, 예전에 미처 알지 못했던 더 깊은 의미를 알게 되고, 그에 따라 우리 삶의 깊이도 더해 가는 것입니다. 말씀을 읽는 것도 중요하지만 말씀을 가르쳐 보면, 더 귀한 은혜를 체험하게도 됩니다.

우리가 매일을 말씀을 묵상하면서 맞이한다면, 우리에게 다가오는 그날들은 의미 없는 단순 반복이 아니라 나선형처럼 상승하는 반복임을 알게 됩니다. 2차원에 존재하는 원 위에서는 아무리 돌아도 맴돌 뿐입니다. 그러나 3차원에 존재하는 나선형은 한 바퀴 돌면 제자리에 온 것 같은데 처음보다 위에 존재하게 됩니다. 또 한 바퀴 돌면 더 위에 존재합니다. 돌면 돌수록 올라가게 됩니다. 이와 마찬가지로, 같은 말씀이지만 거듭 생각할수록 우리의 삶은 점점 더 아름답게 성숙되어 가는 것입니다.

매일 하나님의 말씀을 다시 생각하는 우리가 될 수 있도록 우리 자신을 가꾸어 가십시다. 그뿐만 아니라 내가 만나는 사람들도 하나님의 말씀을 매 순간 생각할 수 있도록 도와주십시다. 누구든지 나를 만나면 하나님의 말씀을 떠올릴 수 있도록, 말씀을 다시 생각하고 묵상하고 실천하는 삶을 살아가십시다. 분명 예수 그리스도와 더불어 감격적인 새날들을 맞이할 것입니다.

21
내가 자랑하는 것

로마서 15장 14-21절

내 형제들아 너희가 스스로 선함이 가득하고 모든 지식이 차서 능히 서로 권하는 자임을 나도 확신하노라 그러나 내가 너희로 다시 생각나게 하려고 하나님께서 내게 주신 은혜로 말미암아 더욱 담대히 대략 너희에게 썼노니 이 은혜는 곧 나로 이방인을 위하여 그리스도 예수의 일꾼이 되어 하나님의 복음의 제사장 직분을 하게 하사 이방인을 제물로 드리는 것이 성령 안에서 거룩하게 되어 받으실 만하게 하려 하심이라 그러므로 **내가** 그리스도 예수 안에서 하나님의 일에 대하여 **자랑하는 것**이 있거니와 그리스도께서 이방인들을 순종하게 하기 위하여 나를 통하여 역사하신 것 외에는 내가 감히 말하지 아니하노라 그 일은 말과 행위로 표적과 기사의 능력으로 성령의 능력으로 이루어졌으며 그리하여 내가 예루살렘으로부터 두루 행하여 일루리곤까지 그리스도의 복음을 편만하게 전하였노라 또 내가 그리스도의 이름을 부르는 곳에는 복음을 전하지 않기를 힘썼노니 이는 남의 터 위에 건축하지 아니하려 함이라 기록된 바 주의 소식을 받지 못한 자들이 볼 것이요 듣지 못한 자들이 깨달으리라 함과 같으니라 바울이 로마서를 쓴 목적은 로마에 있는 성도들로 하여금 하나님에 대한 지식을 다시 생각나게 해주기 위함이라고 밝혔습니다. 그런데 바울이 그 로마서를 자신의 능력으로 쓴 것이 아니었습니다. 만약 그랬다면, 2천 년이라는 시간을 뛰어넘어 로마서가 생명의 말씀으로 지금 우리에게까지 다가올 수 없었을 것입니다. 바울은 15절에서 "하나님께서 내게 주신 은혜로 말미암아" 썼다고 전하고 있습니다. 말하자면 로마서는 바울에 대한 하나님의 은혜의 결과였습니다. 하나님의 은혜는 그 은혜를 보려고 하는 사람의 눈에는 자꾸 보입니다. 그래서 그 은혜를 보는 사람은 더욱 은혜 안에 거하게 되고, 더욱 은혜의 열매를 거두게 됩니다. 그러나 보려 하지 않는 사람에게는 이 은혜가 결코 보이지 않습니다.

16절 시작 부분을 새번역으로 보면 "하나님께서 이 은혜를 내게 주신 것은"이라고 했습니다. 바울은 하나님께서 자기에게 로마서를 쓸 수 있는 은혜를 주시는 이유를 분명히 알고 있었습니다. 우리는 매일 하나님의 은혜 속에서 살아가고 있습니다. 그런데 은혜 속에 있다는 것 자체는 알고 있다 해도 하나님께서 왜 그 은혜를 주시는지는 잘 알지 못하거나 알려 하지 않습니다. 그렇게 되면 우리는 하나님께서 주신 은혜를 소멸시키거나 놓쳐 버리게 됩니다. 더 깊은 은혜를 발견하지도 못하게 됩니다.

요한복음 13장을 보면, 예수님께서 제자들과 마지막 만찬을 하시던 중 자리를 물리치고 일어나 제자들의 발을 씻겨 주셨습니다. 하나님의 아들 예수 그리스도께서 자신들의 발 앞에 무릎을 꿇고 그분의 손으로 직접 발을 씻겨 주실 때, 그 모습을 보는 것 자체가 얼마나 큰 은혜입니까? 창세 이래로 이 세상 종말 때까지 셀 수 없는 사람들이 태어났다가 사라지지만, 그 은혜를 체험한 사람은 열두 사람밖에 없습니다. 그런데 주님께서 그 은혜를 주신 이유가 무엇입니까?

내가 너희에게 행한 것같이 너희도 행하게 하려 하여 본을 보였노라
(요 13:15)

주님께서는 제자들이 낮은 자리에 거하며 사람들을 섬기고 사랑을 전하며 살아가도록 그 은혜를 베풀어 주신 것입니다. 만약 제자들이 그 은혜의 참뜻을 알려 하지 않거나 망각해 버렸다면 어떤 일이 생겼겠습니까? 그다음 날부터 예수님이 내 앞에 무릎을 꿇었다고 하면서 뽐내고 자랑하며 다닐 것입니다.

은혜의 의미를 알지 못하면 오히려 교만에 빠지게 됩니다. 왜 하나님께서 내게 돈을 허락해 주십니까? 아니, 왜 하나님께서 나를 가난하게 하셔서 내 주머니에 물질이 있을 대보다 더 깊은 은혜를 경험하게 하십니까? 왜 하나님께서 내게 건강을 주십니까? 아니, 왜 하나님께서 나를 병상에 누워 있게 하심으로 건강할 때 알지 못했던 더 깊은 영성의 은총을 허락하십니까? 하나님께서 은총을 주시는 이유를 기도하면서, 말씀을 접해 가면서 깨닫고 발견해 가면, 우리는 그분의 은총 속에서 진리의 씨앗을 뿌릴 수 있고 뿌린 씨앗의 열매 또한 거둘 수 있게 됩니다.

16절을 함께 보시겠습니다.

이 은혜는 곧 나로 이방인을 위하여 그리스도 예수의 일꾼이 되어 하나님의 복음의 제사장 직분을 하게 하사 이방인을 제물로 드리는 것이 성령 안에서 거룩하게 되어 받으실 만하게 하려 하심이라

바울은 주님께서 자기에게 은총을 베풀어 주신 이유를 분명히 알고 있었는데, 그 첫 번째 이유를 16절 상반절에서 밝히고 있습니다.

나로 이방인을 위하여 그리스도 예수의 일꾼이 되어

이방 사람들을 복음으로 이끄는 일꾼으로 삼기 위해 주님께서 은혜를 주셨다는 것입니다. 바울이 엄청난 은혜를 받고도 교만하지 않을 수 있었던 것은 그 은혜의 목적을 알고 있었기 때문입니다. 왜 주님께서 우리에게 은혜를 주셨습니까? 우리 각자에게 맡겨진 삶의 영역에서 주님의 일꾼으로 삼으시기 위함입니다.

그런데 이 본문에서 "일꾼"이라는 단어에 유의해야 합니다. 사도행전 26장을 보면 바울이 예루살렘에서 복음을 전하다가 체포당해 옥살이를 하게 됩니다. 그러다가 아그립바 왕 앞에서 재판을 받으면서 바울이 자기 자신에 대해 변론, 다시 말하면 신앙 간증을 하는 장면이 나옵니다. 그때 자신이 왜 예수를 믿게 되었는지 설명하면서, 다메섹으로 가다가 그리스도의 빛에 사로잡힌 바 되었고 그때 예수님께서 이렇게 말씀하셨다고 증거합니다.

일어나 너의 발로 서라 내가 네게 나타난 것은 곧 네가 나를 본 일과 장차 내가 네게 나타날 일에 너로 종과 증인을 삼으려 함이니(행 26:16)

바울은 예수 그리스도를 만나는 최초의 시점에 자신을 '주님의 종'이라 인식했습니다. 그런데 이 시점으로부터 약 20년이 지나 바울이 로마서를 기록하면서는 자신을 가리켜 '주님의 일꾼'이라 말하고 있습니다. 종이나 일꾼을 영어로는 다 'servant'라 할 수 있지만 그 의미는 큰 차이가 있습니다.

'종'으로 번역된 헬라어 '휘페레테스ὑπρέτης'는 배의 가장 밑창에서 노 젓는 사람을 말합니다. 이들은 절대 밖을 내다볼 수 없습니다. 노를 젓지만 배가 어느 방향으로 가는지 알지 못하며 알 필요도 없습니다. 그들이 하는 일은 그저 지휘관의 북소리에 맞추어 하루 종일 노만 저으면 됩니다. 말하자면, 사람이라기보다는 기계인 것입니다.

헬라어 '레이투르고스λειτουργός'를 번역한 '일꾼'은 단순한 기계적 차원을 넘어, 주인이 명령을 하면 왜 그 명령을 내렸는지 이유를 압니다. 그리고 자신의 이성과 지성과 인격과 의지를 다해 자발적이고 적극적으로 주인의 명령을 이루기 위한 방법을 모색하고 실천합니다. 종은 기계를 닮은 사람이지만, 일꾼은 하나님의 형상을 지닌 사람입니다. 그래서 이 일꾼을 영어로 'minister'라고도 합니다.

과거에 바울은 주님께서 왜 자신을 부르셨는지, 왜 자신이 주님을 따라야 하는지, 왜 복음을 믿어야 하는지 그 이유를 기계적으로 받아들였는데, 주님과 함께 동거하는 20년 동안 그 모든 것을 진실로 깨달아 삶을 자발적으로 드리면서 하나님을 위해 일하는 성숙한 그리스도인으로 변모되었음을 스스로 밝히고 있는 것입니다. 우리는 모두 주님의 일방적인 은총과 부르심에 의해 종으로서의 인생을 시작한 사람들입니다. 우리가 처음 주님을 만났을 때는 왜 주일에 예배당에 가서 예배를 드려야 하는지, 기도는 왜 해야 하는지 몰랐습니다. 그러나 삶이 거듭되면서 모든 일에서 주님의 뜻을 생각하며 우리의 인격과 지성을 다해 성숙한 신앙인으로 성장해 가게 됩니다. 그것이 바로 우리에게 인격과 지성을 주신 하나님을 사랑하는 것이며 인간 존엄성을 스스로 지키는 행위가 됩니다.

다음은 소설가 박완서 씨의 글입니다.

우리가 바라는 의로운 세상은 좋은 사람은 잘 되고 나쁜 사람은 안 되고, 부지런한 사람은 잘 살고 게으른 사람은 못 살고, 유능한 사람은 상석에, 무능한 사람은 말석에 앉는 세상입니다. 사람이 그렇게 살기를 하나님이 바라시리라고 믿기 때문에 그것과 정반대로 세상이 돌아가는 것을 보면 "에이, 하나님이 있기는 뭐가 있느냐"라는 소리가 저절로 나오게 되는 것입니다. 그러나 세상이 하나님의 뜻과 정반대로 돌아가는 것을 보고 하나님이 안 계시다고 하는 심보를 뒤집어 보면, 마치 정의를 실현할 책임이 인간에게 있지 않고 하나님이 그렇게 해주기를 바라고 있는 것 같은 인간의 또 다른 무책임과 맞닥뜨리게 됩니다. 만일 하나님이 척척 의인은 높여 주고 악인은 벌주어서 이 세상이 전혀 걱정이 없는 세상이 된다고 하면 그때도 인간이 존엄할 수 있을까요? 그렇게 되면 인간은 하나님이 천상에서 조작하시는 키보드대로 움직이는 커서일 뿐, 결코 인간이 아닐 것입니다. 인간이 존엄한 것은 뭐가 옳고 그른가 하는 하나님의 뜻을 알고 있기도 하지만, 그것을 실현할 책임이 있기 때문이며, 무엇보다도 하나님이 주신 인격과 이성과 자유의사가 있기 때문일 것입니다. 우리가 기도 중에 하늘의 뜻이 땅에서도 이루어지기를 비는 것은, 그것을 공짜로 내려 달라는 것이 아니라, 우리가 우리의 책임 안에서 그것을 실현시킬 수 있는 힘을 달라고 기도하는 것입니다.

그리스도인은 기계 같은 종의 자리에 머물러서는 안 된다는 것입니다. 우리가 자발적인 일꾼으로 우리 스스로 성숙해 갈 때, 이 사회는 정의로워지고 함께 진리의 삶을 살아가는 기쁨을 맛보게 되는 것입니다.

바울은 하나님께서 자신에게 은총을 베풀어 주신 두 번째 이유를

16절 중반절에서 밝히고 있습니다.

하나님의 복음의 제사장 직분을 하게 하사

구약시대에는 제사장이 될 수 있는 혈통과 가문이 따로 세워져 있었습니다. 그런데 예수 그리스도의 구속 사건 이후, 다시 말해서 인간의 속죄를 위한 짐승의 제사가 더 이상 효력을 갖지 못하게 된 이후, 하나님 아버지께서 모두에게 말씀을 주시고 그 말씀을 전하는 모든 사람을 제사장으로 삼아 주셨습니다. 이 은총은 바울에게만이 아니라 우리 모두에게 주어진 것입니다. 그 증거가 무엇입니까? 주님께서 우리를 구원해 주셨을 뿐만 아니라 말씀을 우리에게 맡겨 주셨다는 것입니다.

베드로전서 2장 9절은 다음과 같이 전하고 있습니다.

그러나 너희는 택하신 족속이요 왕 같은 제사장들이요 거룩한 나라요 그의 소유가 된 백성이니 이는 너희를 어두운 데서 불러내어 그의 기이한 빛에 들어가게 하신 이의 아름다운 덕을 선포하게 하려 하심이라

주님께서 우리 각자에게 말씀을 맡기고 제사장 삼으신 이유가, 우리를 죄에서 불러내어 구원을 얻게 하신 예수 그리스도의 복음을 선포하게 하기 위함이라는 것입니다. 복음을 전할 때, 그 복음이 비로소 나의 것으로 나의 심령에 새겨지게 됩니다. 그래서 복음을 전하라는 주님의 명령은 우리에 대한 사랑이요 은총이 아닐 수 없습니다.

바울은 하나님께서 자신에게 은총을 베풀어 주신 세 번째 이유를

16절 하반절에서 밝히고 있습니다.

이방인을 제물로 드리는 것이 성령 안에서 거룩하게 되어 받으실 만하게 하려 하심이라

내가 복음을 전한 사람들이 성령님 안에서 거룩하게 되어, 하나님께서 기쁘게 받으실 제물이 되게 하시려는 것입니다. 다시 말하면, 한 인간을 변화시키고 새롭게 하는 성령님의 도구로 삼기 위해 내게 은혜를 베풀어 주신 것입니다. 바울은 자신이 복음의 씨를 뿌리면 성령님께서 그 결과를 책임져 주시리란 것을 분명히 믿었습니다. 그러했기에 어디를 가서든지 소망 가운데 복음을 전할 수 있었던 것입니다.

어제저녁에 '사명자'를 위한 특별 세미나를 가졌습니다. 우리가 말씀을 배우는 것으로 그치지 말고 삶 속에서 실천하자는 취지에서 구역마다 각기 해야 할 일을 나누었는데, 말씀의 자리로 인도하는 역할을 하는 안드레, 말씀을 가르치는 역할을 하는 바울, 봉사의 역할을 하는 리브가, 중보기도의 역할을 하는 아브라함의 사명이 그것이었습니다. 이런 사명을 맡은 분들과 섬김을 받은 분들이 모여 자리를 함께했습니다.

우선 세 분이 자기에게 안드레 역할을 해주었던 분에 대해, 그리고 그렇게 안드레 역할을 해줌으로 자신이 어떻게 변화되었는지 간증해 주셨습니다. 그런데 공통적으로 이야기된 사실은, 안드레 역할을 하신 분들이 한번 와봐라, 예수 한번 믿어 보라고 했던 그때는 지금처럼 놀라운 역사가 일어나리라고 상상도 못했다는 것입니다. 술 담배에 절어 있는 내가 직장 후배에게 예수 한번 믿어 보라는

권유를 받았을 때, 자신이 어느 날 불현듯 술 담배를 끊고 새벽기도로 일과를 시작하는 사람으로 변화되리라고 상상이나 했겠느냐는 것입니다. 치료받으러 간 환자로부터 예배당에 나와서 예배 한번 드려보라는 말을 전해 들었을 때, 자신이 그 이후 매일 새벽 3시 반에 일어나 하나님의 말씀 앞에 무릎 꿇고 묵상함으로 일과를 시작할 뿐만 아니라 예배당에서 새벽기도를 마치고는 예배당을 청소하는 사람으로 변모되리라고 꿈엔들 생각이나 했겠느냐는 것입니다. 같은 학교에서 일하는 동료 교수에게 예수에 관해 전해 들었을 때, 수많은 사람들에게 소리 없이 안드레의 역할을 감당하는 신앙인으로 바뀌리라고 예견이나 했겠느냐는 것입니다.

어떻게 이런 역사가 가능합니까? 성령님께서 그들의 삶 속에 개입하시고 역사하시고 친히 그들을 거룩하게 만드셨기 때문입니다. 천 명의 사람이 붙어도 불가능한 일이 현실에서 생생하게 일어나는 것입니다.

하나님께서 이런 은혜를 바울만이 아니라 우리 모두에게 주신 것입니다. 그러면 주님께서 내게 이런 은혜를 주셨다는 사실을 어떻게 확인할 수 있습니까? 복음을 전해 보면 압니다. 내가 안드레 역할을 해보면 알 수 있습니다. 어제 간증한 세 분의 삶이 그렇게 아름답게 변화되었을 때, 누가 가장 놀랐겠습니까? 그분들에게 안드레 역할을 하신 분들입니다. 왜입니까? 성령님께서 자신을 통해 역사하신 구체적인 증거가 눈으로 보이기 때문입니다. 나는 성령님을 의식하지 않았는데 나도 모르는 가운데 성령님께서 나를 통로로 쓰셨음을 확인하게 되어 놀라는 것입니다. 주님께서 내게 주신 은혜를 확인하는 방법은, 복음을 전해 보는 것입니다. 그렇게 할 때 주님께서 크나큰 은총을 내게 주셨을 뿐만 아니라 날마다 나를 도구로 쓰시며 성령님의 역사를 이루어 가심을 확인할 수 있습니다. 그리고 이런 경험이 많아질수록 우리의 삶은 그 의미와 가치가 더욱 깊어지게 됩니다.

　신앙의 세계는 부익부빈익빈 논리가 적용된다고 했습니다. 주님의 말씀대로 해본 사람은 성령님의 은총을 확인하고서 또다시 주님의 말씀을 행하게 됩니다. 그래서 더 큰 은혜를 경험합니다. 할까 말까 고민하고 망설이다가 끝내 행하지 못하는 사람은 성령님의 은혜를 경험하지 못하고, 그래서 더 안 하게 됩니다. 그래서 성령님의 세계, 은총의 세계는 평등하지 않습니다. 창세기부터 요한계시록까지 '평등'이라는 단어는 한 번도 나오지 않습니다. 하나님께서는 평등하지 않고 '공평'하신 하나님이십니다. 믿고 행하는 사람에게는 더 큰 은혜를 주시고, 믿지 못하는 사람에게는 거두시는 분입니다.
　17절을 보십시오.

그러므로 내가 그리스도 예수 안에서 하나님의 일에 대하여 자랑하는 것이 있거니와

　하나님의 복음에 대한 바울의 자부심, 긍지가 잘 드러나 있습니다. 내가 하나님의 말씀을 전할 때, 쓰레기같이 쓸데없고 하찮은 인생에 지나지 않던 내가 다른 사람을 거룩하게 하는 성령님의 도구로 차원이 달라진 것인데, 어떻게 이 일이 자랑스럽지 않겠습니까? 또한 복음을 전해 들은 인생을 성령님께서 변화시키는 것을 내 눈으로 확인하는데, 어떻게 내가 주님을 섬기는 일, 복음을 전하는 일이 자랑스럽지 않을 수 있겠습니까?
　18절 상반절을 보십시오.

그리스도께서 이방인들을 순종하게 하기 위하여 나를 통하여 역사하신 것 외에는 내가 감히 말하지 아니하노라

여기에서도 우리는 바울의 긍지와 자신감을 확인할 수 있습니다. 바울이 무엇을 강조하고 있습니까? 하나님께서 나에게 이루신 것 외에는 아무것도 말하지 않겠다는 말을 뒤집으면, 하나님께서 나를 통해 이룩하신 것은 무슨 일이 있어도 말하겠다는 것입니다. 절대로 침묵하지 않겠으며, 말할 수 없는 상황이라 할지라도 입을 열어 말하겠다는 것입니다. 왜냐하면 그보다 기쁜 일, 그보다 더 영혼을 만족하게 하는 일이 없기 때문입니다.

주님께서 그 일을 어떻게 이루셨습니까?

그 일은 말과 행위로(18절 하반절)

말씀을 전함과 섬기는 봉사로 이루셨다는 것입니다.

표적과 기사의 능력으로(19절 상반절)

눈으로 확인할 수 있는 표징과 이적으로 이루셨다는 것입니다.

성령의 능력으로 이루어졌으며(19절 중반절)

눈으로 보이지 않지만 성령님의 능력으로 사람의 내부에서 내적으로 역사하셨다는 것입니다.

내가 말씀을 전하고 섬김을 행할 때 하나님 아버지께서 눈에 보

이는 여러 가지 표적과 기사로, 혹은 사람의 마음속에서 보이지 않는 권능으로 이루신 것을 내가 전하겠다는 것입니다.

어제 사명자를 위한 세미나에서 간증을 들으며 우리가 얼마나 큰 은혜를 받았습니까? 그 이유가 무엇입니까? 우리의 삶에서 역사하고 계시는 성령님의 은총을 우리가 분명하게 확인했기 때문입니다. 그 간증이 그분들만의 것이 아니라 실은 우리의 간증이었기 때문입니다. 잊었던 은총을 다시 떠올릴 수 있었고, 몰랐던 은총을 발견했기 때문입니다.

돌발적이지 않은 것, 바꾸어 말하면 일상적인 것에는 메시지가 없다는 말이 있습니다. 예를 들어, 남편이 아침에 일어나면 아내가 식탁을 차려 놓는데, 하루도 거르지 않고 1년 동안 변함없이 그렇게 차려 준다고 하십시다. 그런데 어느 날 아내가 몸이 아파 식탁이 차려져 있지 않습니다. 이것은 돌발적인 사건입니다. 그때 아내가 어떤 존재인지 다가온다는 것입니다. 어느 날 쌀이 떨어져 먹을 것이 없습니다. 그때 물질의 중요성이 전해져 옵니다. 어느 날 내가 암에 걸려 더 이상 먹을 수 없습니다. 그때 인생의 의미, 죽음의 의미가 피부로 다가옵니다.

그런데 정말 돌발적인 것에만 메시지가 있다면, 어제 열두 분이 나눠 준 간증에서 우리는 은혜를 받을 수 없었을 것입니다. 돌발적인 사건이 없었기 때문입니다. 모두가 일상생활에서 만난 하나님의 은총을 간증했고, 우리는 그 간증에 은혜를 받은 것이었습니다. 즉, 하나님의 은혜를 보는 사람들의 눈에는 일상생활에서의 모든 것이 하나님의 은혜인 것입니다. 내가 먹는 것도, 내가 숨 쉬는 것도, 내 손가락 열 개가 움직이는 것도, 모든 것이 기적입니다. 이것을 확인할 때마다 우리는 충만한 기쁨을 누리게 됩니다. 바울도 바로 이 충만한 기쁨 속에서 하나님의 역사하심을 전하고자 한 것입니다.

그리하여 내가 예루살렘으로부터 두루 행하여 일루리곤까지 그리스도의 복음을 편만하게 전하였노라(19절 하반절)

일루리곤은 마게도냐 위쪽, 그러니까 지금의 유고슬라비아입니다. 바울이 참으로 긴 거리를 이동해서 복음을 전한 것입니다. 그런데 이것으로 끝나지 않고 결국 로마까지 가서 하나님의 은총을 나누고 전했습니다. 바울의 삶이 날마다 감동과 감격 속에 있었음을 짐작할 수 있습니다. 하나님의 은총을 전할 때마다 자신이 날로 새로워짐을 경험할 수 있기 때문입니다. 하나님의 은총을 나누는 것은, 다른 사람을 살리는 길이기도 하지만 누구보다 우리의 삶을 기쁨으로 충만케 한다는 사실을 기억하시기 바랍니다.

또 내가 그리스도의 이름을 부르는 곳에는 복음을 전하지 않기를 힘썼노니 이는 남의 터 위에 건축하지 아니하려 함이라(20절)

복음을 전함에 있어 바울에게 하나의 원칙이 있었는데, 복음이 들어가 있는 곳에는 들어가지 않는다는 것이었습니다. 복음이 들어가 있지 않은 곳에 복음을 전하는 것을 자신의 사명으로 알았습니다. 남이 닦아 놓은 터 위에 집을 짓지 않으려 함이었습니다.

기록된 바 주의 소식을 받지 못한 자들이 볼 것이요 듣지 못한 자들이 깨달으리라 함과 같으니라(21절)

이 구절은 이사야 52장 15절을 인용한 말씀으로, 복음을 들어 보지 못한 사람들에게 복음을 전하겠다는 것입니다. 우리가 주의해야 할 것은, 이상의 바울의 말을 문자 그대로 받아들여 복음을 전해야 하는 대상을 복음이 전해진 곳과 전해지지 않은 곳으로 이분법적으로 나누어 생각해서는 안 된다는 것입니다. 그러한 이분법적 생각은 바울이 전한 말의 본질을 놓치는 것이며, 바울에 대해 오해를 불러일으킵니다. 복음이 전해지지 않은 곳에 복음을 전하겠다고 하면서 복음이 이미 전해져 있는 로마에 로마서를 쓰고 있기 때문입니다. 로마는 바울이 복음을 전한 곳도 아닙니다. "그러므로 또한 내가 너희에게 가려 하던 것이 여러 번 막혔더니"(22절)라는 바울의 말을 보면 그가 로마에 여러 번 가려 했음을 알 수 있는데, 그렇다면 다른 사람이 복음을 전해 놓은 곳에는 가지 않겠다는 말을 식언하는 것이 아닙니까?

"남의 터 위에 건축하지 아니하려 함이라"는 말은 세력 다툼, 머릿수 다툼을 하고 주도권 쟁탈을 하면서 복음을 전하지 않겠다는 의미입니다. 이것이 바울의 말의 본질적인 의미입니다. 다시 말해, 바울은 복음을 전하되 오직 영혼을 사랑하는 마음으로, 그들의 영혼 속에 부족한 부분을 채워 주기 위해 복음을 전할 뿐이지, 남이 닦아 놓은 터를 빼앗기 위해, 세력을 확보하고 확대하기 위해 복음을 도구로 삼는 일을 일체 하지 않겠다는 것입니다.

이미 다른 사람이 복음을 전한 로마에 바울이 이 편지를 쓰는 데에는 정말 큰 용기가 필요했습니다. 그래서 15절에서 "담대히 썼노니"라고 밝히고 있는 것입니다. 편지를 쓴 이유는 하나였습니다. 로마의 성도들로 하여금 은혜를 더욱 충만히 해주고 그들의 부족한 부분을 복음으로 채워 주기 위함이었습니다. 그래서 바울은 그들이 이미 복음을 알고 있었음에도 로마서를 썼으며, 죄인의 신분으로라도 로마에 가서 그들을 직접 만나 복음을 전했습니다. 그 이후 1500년 동안 로마 교회는 세계 교회의 중심이 될 수 있었습니다.

이 세상 어느 누구도 완전한 사람은 없습니다. 어제 간증한 분들은 믿은 지 얼마 되지 않은 분들입니다. 그런데 그분들의 간증을 듣고 오래 신앙생활을 한 분들이 모두 은혜를 받았습니다. 왜 그렇습니까? 우리 모두에게 부족한 부분이 있는데, 그 부분이 채워졌기 때문입니다.

우리가 삶을 살아가면서 어떤 상황에 처하든, 어느 곳에 가서든, 주님의 은혜를 자랑하십시다. 주님의 복음을 자랑하십시다. 그분이 우리 삶에서 행하신 일들과 그분의 권능을 자랑하는 사람들이 되십시오. 이 자랑이 우리를 떠나지 않을 때, 복음을 전해 듣는 사람들뿐 아니라 우리 자신들의 삶이 기쁨으로 충만케 되고, 바울 한 사람을 통해 이루어진 놀라운 역사가 우리를 통해서도 펼쳐지게 될 것입니다.

22
편만하게 전하였노라

로마서 15장 14-21절

내 형제들아 너희가 스스로 선함이 가득하고 모든 지식이 차서 능히 서로 권하는 자임을 나도 확신하노라 그러나 내가 너희로 다시 생각나게 하려고 하나님께서 내게 주신 은혜로 말미암아 더욱 담대히 대략 너희에게 썼노니 이 은혜는 곧 나로 이방인을 위하여 그리스도 예수의 일꾼이 되어 하나님의 복음의 제사장 직분을 하게 하사 이방인을 제물로 드리는 것이 성령 안에서 거룩하게 되어 받으실 만하게 하려 하심이라 그러므로 내가 그리스도 예수 안에서 하나님의 일에 대하여 자랑하는 것이 있거니와 그리스도께서 이방인들을 순종하게 하기 위하여 나를 통하여 역사하신 것 외에는 내가 감히 말하지 아니하노라 그 일은 말과 행위로 표적과 기사의 능력으로 성령의 능력으로 이루어졌으며 그리하여 내가 예루살렘으로부터 두루 행하여 일루리곤까지 그리스도의 복음을 **편만하게 전하였노라** 또 내가 그리스도의 이름을 부르는 곳에는 복음을 전하지 않기를 힘썼노니 이는 남의 터 위에 건축하지 아니하려 함이라 기록된 바 주의 소식을 받지 못한 자들이 볼 것이요 듣지 못한 자들이 깨달으리라 함과 같으니라 로마서 15장 14절부터 복음과 바울의 개인적 관계에 대해 설명해 오고 있습니다. 이름을 붙인다면, '바울의 선교관' 혹은 '신앙관'이나 '신앙 간증'이라 할 수 있습니다. 바울은 하나님께서 자기에게 로마서를 쓸 수 있는 은혜를 주신 까닭을 알고 있습니다. 그것은 하나님께서 자신을 당신의 일꾼 삼으시기 위함이었습니다. 만약 하나님께서 바울에게 은혜를 베풀지 않으셨더라면 바울이 어떻게 되었겠습니까? 그저 이성과 지성을 갖춘 하나님의 훼방꾼이 되었을 것입니다. 그런데 하나님 아버지께서 은혜를 베푸심으로 그 훼방꾼이 사도로 바뀌었습니다. 바울의 바울 됨은 철저하게 하나님의 은혜의 결과였습니다. 바울은 이 사실을 누구보다도 잘 알고 있었기에, 자기에게 그런 은혜를 특별히 베풀어 주신 하나님 아버지를 자랑치 않고는 견딜 수 없었습니다.

그러므로 내가 그리스도 예수 안에서 하나님의 일에 대하여 자랑하는 것이 있거니와(17절)

자신이 하나님을 섬기는 것을, 혹은 하나님을 위해 일하는 것을 크게 자랑한다는 것입니다. 우리가 무엇을 자랑한다고 할 때, 자랑하는 이유가 무엇입니까? 이유는 한 가지입니다. 내가 자랑하는 것이 나를 돋보이게 하기 때문입니다. 그렇지 않은 것은 절대 자랑의 대상이 되지 못합니다. 만일 여자들이 보석을 자랑한다면, 그 이유는 그 보석이 자신을 돋보이게 한다고 생각하기 때문입니다. 자기를 돋보이게 하지 않거나 수치스럽게 한다면, 누가 그 보석을 자랑하려 하겠습니까?

중세기 영국에서 여자들이 사치에 빠졌을 때, 외출 시 얼굴, 팔,

목에 보석을 주렁주렁 달고 다녔다고 합니다. 장신구를 착용하지 못하도록 왕명으로 금했음에도 이런 습관은 개선되지 않았습니다. 그런데 헨리 8세가 어떤 신하의 조언을 받아들여 다른 왕명을 발표했는데, 그 왕명이 발표되자마자 급속한 변화가 나타났습니다. 그 왕명의 내용이 다음과 같았습니다.

모든 여자는 외출 시 보석 착용을 금함. 단 창녀는 무방함.

바울은 하나님을 섬기는 것을 자랑했습니다. 하나님을 위해 일하는 것을 자랑했습니다. 이것은 곧 하나님을 자랑한 것과 같습니다. 바울은 본래 자랑거리가 많던 사람입니다. 가문, 학력, 경력 그리고 무엇보다도 당시 모든 이스라엘 사람들이 부러워하던 로마 시민권을 소유하고 있었던 점이 그러했습니다. 그런데 예수 그리스도를 만난 뒤 바울은 이 모든 것을 배설물처럼 버렸습니다. 더 이상 자랑하지 않았습니다. 그리고 오직 주님만 자랑하기 시작했습니다. 이유가 무엇입니까? 주님 한 분만이 진실로 자신을 돋보이게 해줌을 깨달았기 때문입니다. 오직 하나님만 당신의 진리로 나를 가꾸어 주시고, 당신의 생명으로 나를 채워 주시고, 당신의 말씀으로 날마다 나를 새롭게 빚어 주셔서, 영원토록 나를 돋보이게 해주신다는 사실을 알았기 때문입니다.

이 사실을 안 바울은 주님을 자랑치 않고는 견딜 수 없었습니다. 그래서 18절에서 이렇게 말했습니다.

그리스도께서 이방인들을 순종하게 하기 위하여 나를 통하여 역사하신 것 외에는 내가 감히 말하지 아니하노라 그 일은 말과 행위로 우리의 삶이 언제 가장 다이나믹해집니까? 내 삶 속에서 역사하시는 주님을 자랑할 때입니다. 내가 주님을 자랑한다는 것은 현재 내가 주님의 능력 속에 있음을 의미하기 때문입니다. 우리가 날마다 주님의 능력 속에 거하고 날마다 주님을 자랑하는 삶을 살기 위해서는, 지나온 삶 속에서 나에게 행하신 하나님의 능력의 손길을 바라보는 눈을 갖는 것이 중요합니다.

이스라엘 백성이 애굽에서 나와 홍해를 건너고 시내산을 거쳐, 40년의 광야생활을 끝낸 뒤 드디어 요단강 서편에 도착했습니다. 그런데 민수기 33장을 보면, 강을 건너기 전에 모세는 애굽을 출발해 요단강 서편에 이르기까지의 전 과정을 회상했습니다. 한 곳도 빠지지 않고 전부 되돌아보았습니다. 왜 앞으로 나아가지 않고 그와 같이 하는 것입니까? 다가올 삶을 준비하기 위해 지나온 삶 속에서 하나님께서 베풀어 주신 은혜를 확인하는 것입니다. 그들은 하나님의 능력 없이는 어느 한 곳도 지나올 수 없었고, 하나님의 권능 없이는 그곳에 서 있을 수조차 없었습니다.

모세오경을 한마디로 말하면, 모세의 하나님 자랑입니다. 하나님께서 이런 분이니 하나님을 믿으라는 것입니다. 어떻게 모세가 그렇게 하나님을 자랑할 수 있었습니까? 자신의 삶 속에서 역사하시는 하나님의 손길을 늘 보고 느꼈기 때문입니다.

여호수아가 이스라엘 백성을 이끌고 가나안 땅으로 들어갔습니다. 그리고 가나안 땅 전역을 정벌했습니다. 그런데 여호수아 12장에서 여호수아가 하나님께서 몇 왕이나 이기게 하셨는지 세어 보는 장면이 나옵니다. 세어 본 결과 하나님께서 정복하게 하신 왕이 총 서른세 명임을 확인했습니다. 여호수아도 앞으로 나아가기 전에, 자신과 함께하신 하나님의 손길과 능력을 살펴보는 시간을 가진 것입니다. 이 같은 여호수아의 삶은 하나님을 자랑하는 삶이었습니다. 여호수아서 전체도 하나님에 대한 자랑의 기록입니다.

우리 한 사람 한 사람도 인생을 돌아보며 하나님의 손길을 확인하는 것이 중요합니다. 내게는 하나님을 자랑할 만한 것이 하나도 없다는 사람이 어떻게 이곳에 앉아 있을 수 있겠습니까? 여기에 앉아 있다는 것은 이미 내 인생에 하나님을 자랑할 것을 갖고 있음을 의미합니다. 그분께서 우리를 이 자리에 앉혀 두셨기 때문입니다.

청량리에서 다일공동체를 이끄시는 최일도 목사님은 청량리 창녀촌에서 무의탁 노인들에게 무료 급식하고 창녀들에게 복음을 전하는 성자 같은 일을 하고 있습니다. 예수 믿지 않는 사람도 거의가 그분을 알 정도입니다. 한 달 전 그분이 전화를 하고 저를 찾아왔습니다. 찾아온 이유는, 〈동아일보〉에서 자기가 걸어온 인생을 글로 써달라는 청탁을 받아 글을 쓰다가 자기 인생을 되돌아보니, 다일공동체가 처음 일을 시작할 때 주님의교회에서 베풀어 주신 은혜가 너무 크다는 것을 새삼 느껴 감사드리고 싶어서였다고 했습니다. 자신이 받은 하나님의 은혜를 같이 나누지 않고는 견딜 수가 없어서 온 것이었습니다. 그는 청량리 창녀촌에서 하나님께서 역사하신 바를 세 시간 동안 이야기하면서 자랑했습니다.

이런 의미에서 우리는 각자 자서전을 써볼 필요가 있습니다. 원고지 열 장이든 스무 장이든 적은 분량으로나마 지나간 인생을 솔직하게 정리해 보는 것입니다. 이렇게 글로 인생을 정리하다 보면, 오늘이 있기까지 나를 이끌어 주신 하나님의 손길이 보이게 됩니다. 그분의 능력이 보이게 됩니다. 그리고 그 순간부터 그분을 자랑하는 삶을 시작할 수 있습니다. 그분을 자랑하기 시작하면서부터 나와 함께하는 그분의 능력을 매일 삶 가운데서 더욱 분명히 확인할 수 있습니다. 떨어지는 나뭇잎 하나에서도 나를 위한 하나님의 손길과 능력을 확인할 수 있게 됩니다.

표적과 기사의 능력으로 성령의 능력으로 이루어졌으며 그리하여 내가 예루살렘으로부터 두루 행하여 일루리곤까지 그리스도의 복음을 편만하게 전하였노라(19절)

    바울이 로마서를 쓸 때는 이미 1차, 2차 전도 여행을 마치고 3차 전도 여행도 끝낼 무렵입니다. 본문에서 일루리곤을 특별히 강조한 것은 세 번의 전도 여행 중에서 일루리곤이 예루살렘에서 가장 먼 지역이기 때문입니다. 바울은 일루리곤까지 바로 간 것이 아니라 "두루 행하여" 갔다고 했습니다. 정말 자랑할 것이 있는 사람은 가만히 앉아 있다가 지나가는 사람을 잡고서 자랑하지 않습니다. 사람들을 찾아다니면서 자랑합니다.

    제가 큰아이를 서른일곱 살에 얻었습니다. 의사에게서 아기가 태어났다는 소식을 듣고 얼마나 감격했는지 눈물이 돌았습니다. 그리고 병실로 가는데 복도 끝에 제가 아는 레지던트 분이 보였습니다. 그분을 보고는 다가가 손을 잡고서 제가 아들을 낳았다고 했습니다. 그런데 그분은 하나도 감격하지 않았습니다. 물론 저는 상관없었습니다. 제가 아는 사람을 더 못 만나 서운했을 뿐입니다.

    사람들을 찾아다니면서 미친 듯이 예수 그리스도를 자랑해 본 경험이 있으십니까? 그분의 사랑과 은총과 내 삶 속에서 보여 주신 표적과 기사를 미친 듯이 자랑해 보면, 그분과 내가 혼연일체가 되는 경험을 할 수 있습니다. 쉬운 예를 들어 보겠습니다. 국회의원 선거운동원을 보면 일당을 받고 자기 구역을 돌아다니며 자기 후보를

홍보합니다. 그러다가 그 후보가 낙마하게 되면 함께 눈물을 흘립니다. 자기도 모르게 일체가 된 것입니다. 사람들을 찾아다니며 주님을 자랑하고 전하는 것은 주님만 위하는 것으로 그치는 게 아니라, 실은 주님의 인격으로 자기를 가꾸는 것입니다. 바울이 본문에서 그처럼 이야기한 것은 우리도 주님을 자랑하고 주님의 의해 다듬어지도록 하기 위함입니다.

바울은 그리스도의 복음을 "편만하게" 전했다고 했습니다. '편만하다'에 해당하는 헬라어 '플레로오πληρόω'는 '가득 채우다'라는 뜻입니다. 바울은 가는 곳마다 주님을 자랑하면서 주님의 복음을 가득 채워 준 것입니다. 바울이 이렇게 할 수 있었던 이유는, 누구를 만나든지 그들의 심령이 공허함을 알고 있었기 때문입니다. 내가 아무리 동서남북을 돌아다니며 사람들을 만난다 해도, 사람들 속에 무언가가 꽉 차 있어 복음이 들어갈 공간이 없다고 여겨지면 절대 상대방에게 복음을 채워 줄 수 없습니다.

시골에서 목회하던 어떤 목사님이 서울에 오셔서 이런 말을 하는 것을 들은 적이 있습니다. 시골에서는 가난한 사람들과 함께 울면서 정말 할 일이 많았는데 서울에 와보니 다 잘사는 것 같아 할 일이 없어 보인다는 것입니다. 과연 그렇습니까? 아무리 잘 먹고 잘 살아도 돈으로 채울 수 없는 인간의 공허함이 있습니다. 오히려 도시에서 살기 때문에, 많은 재산을 갖고 있기 때문에, 더 큰 공허함과 외로움과 좌절감이 있을 수 있습니다. 그 공간이 보이는 사람만이 그 공간에 복음을 채워 줄 수 있습니다. 상대가 어떤 상황 속에 있든지 지혜 가운데서 복음을 전하는 것이 중요합니다.

사람들의 공허한 마음에 뿌려진 복음의 씨앗은 언젠가는 싹을 틔우기 마련입니다. 따라서 내가 누구를 만나든지 말씀의 씨앗을 뿌리는 삶이 아름다운 삶입니다.

그런데 복음을 전함에 있어 우리는 믿는 사람이든 믿지 않는 사람이든 모두와 복음을 함께 나눌 수 있어야 합니다. 이랜드의 사장이신 박성수 집사님(*현재 이랜드그룹 회장)의 간증을 보면, 어머니가 권사님이고 아버지는 장로님이셨다고 합니다. 그런데 어릴 때부터 신앙의 울타리 안에서 자랐음에도 그분은 청년이 되어서야 복음을 바로 깨달았습니다. 그래서 그분은 말하기를, 장로님 아들에게도, 권사님 딸에게도 복음은 전해져야 한다고 했습니다. 저도 권사님 아들로 태어나 어릴 때부터 교회 중심으로 살았습니다. 그럼에도 서른다섯에 제 아내를 통해 복음을 눈으로 보기 전까지 저는 그리스도인이 아니었습니다. 형식적으로는 그리스도인이었는지 모르지만, 복음을 바로 아는 그리스도인은 아니었다는 것입니다.

따라서 우리는 모두와 복음을 나눌 수 있어야 합니다. 그래서 서로가 부족한 부분을 채움 받을 수 있어야 합니다. 우리 교회에서 새신자반이 여러 해 진행되어 오고 있는데, 그 내용을 테이프로 만든 지는 3년 정도 되었습니다. 그런데 그 3년 동안 새신자반 테이프가 우리 교회 밖으로 나간 것이 5천 세트가 넘습니다. 그러면 그 5천 세트를 예수님을 모르는 사람들이 들었습니까? 그렇지 않습니다. 물론 전도용으로 활용하기도 했겠지만 대부분은 주님을 아는 사람들이 들었습니다. 그 테이프를 들은 사람들은 그동안 알지 못했던 것, 그래서 부족했던 부분들이 채움을 받았다며 연락해 왔습니다.

우리가 믿지 않는 사람들에게 복음을 전하는 것도 중요하지만, 믿는 사람들끼리 복음을 나누는 것은 더 중요합니다. 왜 그렇습니까? 전도를 하면서 결국 주님을 위해 주님의 계획을 이루어 가는 사람들은 믿음의 성숙자들이기 때문입니다. 그런 의미에서 교회 차원에서도 이웃 교회끼리 서로 교제하며 더욱 복음을 나누어 가는 것이 중요하다 하겠습니다.

바울은 이 단락에서 결론적으로 다음과 같이 전합니다.

기록된 바 주의 소식을 받지 못한 자들이 볼 것이요 듣지 못한 자들이 깨달으리라 함과 같으니라(21절)

이 구절은 아래의 이사야 52장 15절을 인용한 말씀이라고 했습니다.

그가 나라들을 놀라게 할 것이며 왕들은 그로 말미암아 그들의 입을 봉하리니 이는 그들이 아직 그들에게 전파되지 아니한 것을 볼 것이요 아직 듣지 못한 것을 깨달을 것임이라

이사야 말씀에서는 전파되지 않은 '것', 듣지 못한 '것'을 깨달을 거라고 했는데, 바울이 인용한 말씀에서는 받지 못한 '자들', 듣지 못한 '자들'이 깨달을 것이라고 바뀌어 있습니다. 왜 바뀐 것입니까? 바울이 인용한 성경이 70인역이라는 번역 성경이기 때문입니다. 주전 586년에 예루살렘이 멸망하면서 이스라엘 백성들이 뿔뿔이 흩어졌습니다. 주전 250년경 당시 세계는 헬라제국이 지배하고 있었는데, 세계 도처에 흩어져 있던 이스라엘 백성들이 헬라어를 사용하면서 히브리어를 잊어버리게 되었습니다. 그래서 히브리어를 모르는 유대인들을 위해 구약성경을 번역할 필요가 생겼고, 알렉산드리아에서 히브리어로 된 구약성경을 헬라어로 번역하는 최초의 작업이 있었습니다. 그 작업을 위해 70명의 사람들이 모여 70

일 동안 번역을 끝냈다고 해서 그 성경의 이름을 '70인역'이라고 불렀습니다.

그런데 그때 이사야 52장 15절이 이처럼 바뀌어 번역된 것입니다. 이사야가 그 말을 할 당시에는 이스라엘 사람들이 다 하나님을 알았습니다. 그런 그들에게 아직까지 모르고 있는 하나님의 오묘한 말씀을 깨닫게 해주려고 한 말이었습니다. 그런데 70인역이 만들어질 당시는 하나님을 모르는 사람이 대다수였습니다. 더 깊은 진리를 전해 주는 것보다 사람들에게 복음을 한 번이라도 들어보게 하는 것이 더 중요했습니다. 그래서 '것'을 '사람'으로 바꾸어 번역한 것입니다. 말하자면 번역가들이 이사야 52장 15절 말씀을 그 시대에 맞게 재해석한 것입니다.

바울이 어떤 사람이었습니까? 히브리인 중의 히브리인이요, 바리새인 중의 바리새인이요, 가말리엘의 문하생이라고 했습니다. 바울은 히브리어에 통달한 사람이었습니다. 그럼에도 로마서를 쓸 때 히브리 원전을 인용하지 않고 70인역 헬라어 성경을 인용했습니다. 이것은 바울도 새로운 해석에 시각을 같이했다는 의미입니다. 과거에는 유대인만 복음을 들을 수 있다는 선민의식에 젖어 있었지만, 진정한 복음은 그런 것이 아니라는 것입니다. 세계 만민이 다 들을 수 있는 것이 바로 복음입니다. 따라서 주님의 말씀을 한 번도 접해 보지 못한 사람들에게 복음이 전하여져야 한다고 적극적으로 해석한 것입니다.

여기에서 얻을 수 있는 교훈은, 우리가 하나님의 말씀을 받아들이되 그 말씀에 깃든 정신을 언제든지 새롭게 해석해 나갈 수 있어야 한다는 것입니다. 일부다처제 시대에 적용되던 질서를 일부일처제 시대에 적용해서는 안 됩니다. 노예를 부리던 시대의 규율을 노예가 폐지된 오늘날 적용해서는 안 됩니다. 장애가 있는 사람은 하나님을 믿을 수 없다고 규정하던 법을 오늘날 그대로 적용할 수 있습니까? 안 됩니다. 새롭게 해석해야 합니다. 성경은 원칙을 고수하되, 더 많은 사람에게 주님을 자랑하기 위해, 더 많은 곳에 복음을 편만하게 전하기 위해 끊임없이 해석되어야 합니다.

히브리서 11장 26절은 전합니다.

그리스도를 위하여 받는 수모를 애굽의 모든 보화보다 더 큰 재물로 여겼으니 이는 상 주심을 바라봄이라

그리스도를 위해 수모를 받은 모세는 그리스도이신 주님보다 1500여 년 전에 태어나 활동하던 사람입니다. 그럼에도 히브리서 기자는 모세가 그리스도를 위해 핍박받았다고 적극적으로 해석한 것입니다. 이 땅에 오실 예수 그리스도 그분을 위해 이미 모세가 그때부터 핍박받았으므로, 우리도 예수 그리스도를 위해 어떤 고난도 기꺼이 감수하며 살아야 하는 것입니다. 결론적으로 우리는 주님을 믿고 신앙생활을 하는 최종 목표를 잊어서는 안 됩니다. 그것은 바로 주님을 자랑하는 삶으로, 타인은 물론 우리 자신을 위해 이보다 복된 길은 없습니다.

23
바라고 있었으니

로마서 15장 22-24절

그러므로 또한 내가 너희에게 가려 하던 것이 여러 번 막혔더니 이제는 이 지방에 일할 곳이 없고 또 여러 해 전부터 언제든지 서바나로 갈 때에 너희에게 가기를 **바라고 있었으니** 이는 지나가는 길에 너희를 보고 먼저 너희와 사귐으로 얼마간 기쁨을 가진 후에 너희가 그리로 보내주기를 바람이라

지난 달 셋째 주일 찬양예배 시간에 방글라데시에서 선교 활동을 하시는 장성희 선교사님(*현재 인도 캘커타에서 사역)이 오셔서 은혜로운 간증을 해주셨습니다. 한 개인의 삶에 의해 다수의 삶이, 그것도 민족과 문화와 피부색이 전혀 다른 사람들의 생각과 마음과 뜻이 바뀐다는 것은 정말 감격적인 일이 아닐 수 없습니다. 그날 장 선교사님의 부군 되시는 권병희 선교사님(*《나귀의 순종》 저자, 2014년 소천)도 오셨습니다. 간증이 끝난 뒤 함께 다과를 나누는 동안 권 선교사님으로부터도 감동적인 이야기를 듣게 되었습니다.

그분은 본래 신학을 한 적도 없고, 선교사가 되려는 꿈도 가진 적

이 없던 분입니다. 오히려 집회에 참석했을 때, 선교사가 되려는 사람들은 일어서라는 말을 듣고도 일어서지 않았을 정도로 다른 뚜렷한 계획을 가지고 있었습니다. 집회 때 이런 상황에서는 분위기에 휩쓸려 자리에서 일어나기 마련입니다.

방글라데시에서는 먹을 것이 없다는 이유만으로 사람이 굶어 죽는다는 충격적인 사실을 알게 된 그분은, 자기 한 몸 바쳐서 녹색 혁명을 일으켜 세계 식량난에 기여해 보자는 뜻으로 농과대학에 진학하고 대학원까지 졸업했습니다. 그리고 방글라데시 사람들에게 영농 기술을 가르쳐 주기 위해 그곳으로 1차 답사를 갔습니다. 이모작도 가능한 따뜻한 기후와 광활한 대지, 자연적인 조건은 그만이었습니다. 그런데 그분을 깜짝 놀라게 한 것은 그 속에서 살아가는 사람들이었습니다. 그 좋은 자연 조건에서 사람들이 도대체 일하려 하지 않는다는 것이었습니다. 땅만 일구면 얼마든지 먹을 것을 얻을 수 있는데, 차라리 가만히 앉아서 굶어 죽을지언정 땀 흘려 개간하려고 하지 않더라는 것입니다.

그분은 답사를 끝내고 한국으로 돌아왔습니다. 비행기가 한국 영공으로 접어들었을 때 하늘 위에서 우리나라 땅을 내려다보았습니다. 추운 겨울날 하얀 눈이 온 땅을 덮고 있었습니다. 내려다보면 볼수록 평지는 극히 좁고 보이는 것은 전부 산이었습니다. 방글라데시에 비해 형편없는 자연 조건이었습니다. 그런데 이런 땅에서 사는 사람들은 자급자족은 물론이고 식량이 남아 걱정인데, 우리보다 훨씬 자연 조건이 좋은 방글라데시 사람들은 먹을 것이 없어 굶어 죽어가고 있었습니다.

비행기 안에서 그분의 생각이 바뀌게 되었습니다. '내가 방글라데시에서 선교사 역할을 먼저 해야겠구나. 영농 기술을 가르치는 것은 두 번째이고, 사람들을 먼저 바꿔야 하는 거구나' 하고 생각했습니다. 사람이 바뀌지 않으면 아무리 자연 조건이 좋아도 소용없기 때문이었습니다.

여건이나 환경은 사실 우리에게 문제 되지 않습니다. 언제나 문제는 사람입니다. 사람이 정말 사람답게 바로 세워지면, 여건이나 조건은 얼마든지 극복됩니다. 그러나 사람이 사람답게 바로 세워지지 않으면, 좋은 조건과 여건이 무익해지고 맙니다. 우리가 이 점을 인정한다면, 오늘을 사는 우리에게 가장 시급하고 중요한 일은 우리 자신을 사람답게 바로 세우는 것입니다. 내가 바로 서면, 어떤 조건과 환경도 뛰어넘고 극복하며 마땅히 해야 할 바를 행할 수 있기 때문입니다.

나 자신을 바로 세우는 것은 내 가족을 사랑하는 일과 같습니다. 내가 나 자신을 바로 세움으로 내 가족이 무한한 긍지를 갖고 명예를 얻는다면, 그것만큼 내 가족을 위하고 사랑하는 길은 없습니다. 반면에 나로 인해 내 가족이 수모와 수치를 당한다면, 내가 입으로는 사랑한다고 고백할지라도 실은 가족을 말할 수 없이 해하는 것입니다.

신문에서 불미스러운 사건으로 기사에 오른 사람들을 보면 가끔 그들의 가족을 생각해 봅니다. 그들은 사회를 향해서도 죄를 짓고 가족을 향해서도 죄를 지은 것입니다. 진정 자기를 바로 세우는 것은 사랑하는 자기 가족에 대한 최고의 예우이자 봉사입니다. 자기를 사람답게 바로 세우는 것은 곧 이 사회를 사랑하는 것이고, 나아가 나라와 민족을 사랑하는 것입니다.

사람이 자기를 바로 세우지 못하면, 태어나서 죽을 때까지 이 세상을 오염시키다가 인생이 끝납니다. 사람은 깨끗한 모든 것을 취해 그것을 더럽혀서 내보내는 존재입니다. 깨끗한 물을 마시고 깨끗한 음식을 먹은 뒤에는 더러운 오물로 배설합니다. 몸에서 나오는 땀이나 콧물, 눈곱 등 깨끗한 것이 무엇이 있습니까? 깨끗한 옷을 사서 입다가 누더기가 되어서 버립니다. 사람의 손에 들어가서 사람에게 걸쳐진 것 중에 정결케 되어 나오는 것이 어디 있습니까? 모두가 더럽게 되어 나옵니다.

정말 사람이 사람으로 바로 세워지지 않으면 자연만 오염시키는 것이 아닙니다. 더불어 살아가는 사람을 오염시키고 사회를 오염시키고 나라를 더럽힙니다. 자기를 바로 세우지 못할 때 인간은 그야말로 걸어 다니는 변기요, 걸어 다니는 쓰레기장입니다. 이 세상에 태어나 평생 자연을 더럽히고 사람을 더럽히고 나라를 더럽히고 인생을 마무리 짓는다면, 그보다 더 비극적인 인생이 어디 있겠습니까? 그와 같은 인생은 어떤 의미에서는 쓰레기보다 못합니다. 재활용조차 안 되기 때문입니다.

제가 고등학교를 졸업한 지 28년, 대학교를 졸업한 지 25년이 되었는데, 짧지 않은 세월이 흐르는 동안 한 번도 만나 보지 못한 친구들이 있습니다. 더 정확하게 말하면, 만나려 해보았지만 만나러 나올 수 없는 처지에 있는 친구들입니다. 또 경우에 따라 만날 수는 있는데 지금 무슨 일을 하는지 떳떳하게 공개하지 못하는 친구들이 있습니다. 다 자기를 바로 세우지 못한 까닭입니다.

청년들이 30대, 40대를 거치면서 어느 순간엔가 다른 사람 앞에 떳떳하게 나설 수 없게 된다면, 그것은 누군가에게 의존하거나 피해를 끼치며 살아가고 있다는 것입니다. 자기를 바로 세운다는 것은 누구 앞에서도 당당하고 떳떳하게 설 수 있도록 삶을 가꾸는 길입니다. 자기가 자기를 소중히 여기지 않으면, 누구도 자신의 삶을 아껴 주고 지켜 주지 않습니다.

영국의 역사가 토마스 칼라일Thomas Carlyle은 사람이 학교를 다녀야 할 세 가지 이유를 이렇게 말했습니다. 첫째, 평생 살아갈 지혜를 얻기 위해서입니다. 그러나 우리가 평생 살아갈 지혜는 꼭 학생이 되지 않아도 얻을 수 있습니다. 무학인 분들이 오히려 더 지혜로울 수 있습니다. 칼라일의 이 말은 학교에서는 단기간에 더 효율적으로 지혜를 습득할 수 있다는 의미로 이해할 수 있겠습니다.

둘째, 평생 사귈 친구를 얻기 위해입니다. 친구는 참 중요한 존재입니다. 인생을 살아가면서 고통과 기쁨을 나누는 친구를 갖는다는 것은 중요한 일입니다. 따라서 길거리를 가다가 아무하고나 친구하자고 할 수 없으므로, 배움의 장에서 한 곳을 바라보며 동행할 수 있는 친구를 얻기에 좋다는 의미입니다.

셋째, 평생을 살아가는 데 필요한 책을 선택하고 책 읽는 능력을 배양하기 위해서입니다. 이것이 가장 중요한 이유입니다. 우리는 모든 것을 다 경험할 수 없고, 모든 것을 다 실험해 볼 수 없고, 모든 곳을 다 가볼 수 없습니다. 결국 책을 통해 간접 경험을 하는 수밖에 없습니다. 그러나 책을 보고 싶다고 해서 좋은 책을 선택할 수 있는 것은 아닙니다.

서점에 가면 수많은 책들이 있습니다. 그 책들 중에서 어떤 책이 정말 좋은 책입니까? 밤에 잠을 못 이루게 하는 재밌는 책이 있습니다. 그러나 다 읽고 책을 덮으면, 나에게 남는 것이 하나도 없음을 발견하곤 합니다. 내 시간만 죽이는 책들, 아무 의미 없는 책들, 보면 볼수록 내 인생만 축내는 책들이 참으로 많습니다. 내 인격이나 정서를 고갈시키고 황폐화시키는 나쁜 책들도 있습니다. 그런데 학교를 다님으로써 좋은 책을 잘 선택할 수 있는 능력을 기른다는 것입니다. 물론 책을 선택하는 것으로 끝나서는 안 됩니다. 선택하고도 읽지 않으면 아무런 소용이 없습니다. 책 읽는 습관 역시 학생 때 기르는 것입니다. 그래서 평생 살아가면서 책을 통해 스스로 삶의 질을 높여 가는 것입니다.

이런 의미에서 우리나라 학교 교육은 문제투성이입니다. 학교에서 정말 삶의 지혜를 배울 수 있습니까? 지식도 제대로 배우기 어려운 현실입니다. 학교에서 아이들이 친구를 사귈 시간이나 제대로 있습니까? 참고서 외에 정말 좋은 책을 선택할 수 있는 능력을 학생들이 지니고 있습니까? 토마스 칼라일이 말한 대로 학생들이 학교에 가서 그런 교육을 받는다면, 학교 교육은 분명 사람을 사람답게 바로 세워 주며 이 사회에서 맡겨진 몫들을 잘 감당해 나가게 할 것입니다. 학교 교육도 이처럼 바르게 시행된다면 사람을 일정 수준까지 사람답게 바로 세워 줄 수 있는데, 하나님에 의한 신앙교육은 얼마나 사람을 온전히 세워 그 맡은 몫을 잘 감당해 나가게 하겠습니까?

따라서 우리는 교회에서 신앙 교육을 받아야 할 세 가지 이유를 갖게 됩니다. 첫째, 하나님의 지혜를 얻기 위해서입니다. 학교에서 얻는 지혜는 인간의 지혜로 한계가 있지만, 하나님의 지혜는 다함이 없는 영원한 생명의 지혜입니다. 둘째, 한평생 진리의 힘으로 밀어주고 끌어 주는 신앙 친구를 사귀기 위해서입니다. 믿음 안에서 평생을 함께할 수 있는 친구는 천군만마보다 더 크게 힘과 위안이 되어 줍니다. 셋째, 하나님의 말씀인 성경을 신앙의 길잡이이자 인생의 교본으로 삼고, 성경 읽는 습관을 생활화하기 위해서입니다.

이와 같이 하나님 앞에서, 진리 안에서 나를 바로 세워 갈 때, 이 세상을 온전한 사람으로 살아갈 수 있습니다. 그 대표적인 예가 사도 바울입니다. 바울은 다메섹에서 예수님을 만났습니다. 그때는 청년 사울이었습니다. 사울이 예수님을 만난 뒤 무엇을 했습니까? 이전의 사울은 세상을 사는 지혜를 구하던 사람이었습니다. 그러나 예수님을 만나고는 아라비아로 가서 하나님의 지혜를 구했습니다. 이후 바나바, 실라, 디모데 같은 신실한 믿음의 형제들과 깊은 사귐을 가졌습니다. 그리고 구약성경을 자신의 신앙 교본으로 삼고 말씀과 늘 함께하는 삶을 살았습니다. 바울은 이 같은 삶을 통해 결국 신약성경의 4분의 1을 기록하는 위대한 하나님의 사람, 진리의 사람이 될 수 있었습니다.

자신을 하나님의 사람으로 바로 세워 갈 때 바울의 삶 속에 어떤 변화가 일어났는지 살펴보시겠습니다.
첫째, 바울에게 거룩한 소원이 생겼습니다.

이제는 이 지방에 일할 곳이 없고 또 여러 해 전부터 언제든지 서바나로 갈 때에 너희에게 가기를 바라고 있었으니(23절)

서바나는 오늘날 스페인을 가리킵니다. 바울은 최종적으로는 서바나에 가고자 하지만, 로마에 있는 성도들과도 함께하며 복음을 나누고픈 소원이 있다는 것입니다. 바울은 본래 주님을 만나기 전에도 자기 소원이 있던 사람입니다. 그런데 그때의 소원은 예수 믿는 사람을 소탕하는 것이었습니다. 바울이 가졌던 이 그릇된 목표는 타인과 자기 자신을 동시에 죽음으로 몰아갔습니다. 그러나 그가 하나님 안에서 진리의 말씀으로 자신을 바로 세워 나가자, 로마 복음화라는 거룩한 소원이 생기게 되었습니다.

생각해 보십시다. 바울은 다소 출신입니다. 다소는 당시 변방의 외진 곳이었습니다. 로마 시민권을 가지고 있었다고는 하지만 유대인에 불과한 그가 세계 중심인 로마를 향한 소원을 가지고 있었다는 것은 굉장히 큰 소원을 품고 있었던 것을 의미합니다. 바로 이 소원이 바울의 삶을 진리로 더욱 이끌어 주고 아름답게 가꾸어 나가게 하는 촉진제가 되어 주었습니다.

흔히들 젊은이에게 꿈과 비전을 가지라고 합니다. 그런데 잊지 말아야 할 것이, 하나님 안에서 진리로 나를 바로 세우기 전까지는 내가 갖는 모든 꿈과 비전이 오히려 나를 망치는 야망이 되기 쉽다는 사실입니다. 그 꿈과 비전으로 인해 다른 사람을 소모품으로 여기고 이 세상의 한 부분을 오염시키게 될 것이기 때문입니다. 우리가 먼저 하나님의 말씀 안에서 진리의 사람으로 바로 세워질 때에만 거룩한 소원을 품을 수 있습니다. 그리고 그때 비로소, 소원을 향해 매진하는 우리의 삶이 세상을 정결케 하는 정화제가 될 수 있습니다.

둘째, 바울은 세상을 향해, 사람을 향해 당당하게 요구했습니다.

이는 지나가는 길에 너희를 보고 먼저 너희와 사귐으로 얼마간 기쁨을 가진 후에 너희가 그리로 보내주기를 바람이라(24절)

여기에서 하반절에 담긴 의미는, 얼마 동안이라 할지라도 서로 기쁨을 나눈 뒤 그들이 바울로 하여금 서바나로 갈 수 있도록 경비를 대주기를 바울이 원한다는 것입니다. 바울이 실제로 서바나에 갔는지에 대해서는 성경에 나타나 있지 않습니다. 신학자들 가운데는 실제로 갔다고 하는 학자도 있고, 가지 않았다고 주장하는 학자들도 있습니다. 양쪽 다 일리가 있습니다. 그런데 여기에서 중요한 것은 바울이 생면부지의 로마 교인들에게 자신의 경비를 부담해 달라고 당당하게 요구하고 있다는 점입니다.

바울이 사람들에게 요구한 것은 절대로 자신의 유익이나 욕망을 위한 것이 아니었습니다. 그가 요구한 것은 하나님을 위한 것이었고 궁극적으로는 로마 사람들을 위한 것이었습니다. 로마 교인들이 낸 헌금으로 로마의 한 지역을 복음화시킨다면, 그것은 분명 로마 교인을 향한 하나님의 축복입니다. 바울은 하나님 안에서 든든히 선 뒤 자기가 행하는 모든 것이 상대를 바로 세우고 상대에게 유익으로 돌아간다는 확신 속에서 필요한 것을 당당하게 요구했습니다.

우리가 세상을 살아가면서 필요한 것이 참 많을 수 있습니다. 그런데 부모 슬하에서 부모의 도움을 받는 것은 문제가 없겠으나 성인이 되어 이 세상을 살아가면서 내가 진리 안에 바로 서기 전에 다른 사람들에게 나의 필요한 것을 요구하면, 그 사람에게 매이게 됩니다. 그 사람 앞에서 비굴해지고 자유를 상실하게 됩니다. 그래서 내가 마땅히 행해야 할 바를 하지 못하게 되는 경우가 많습니다. 그러나 진리 안에서 나를 바로 세우면, 나의 계획이 실은 하나님의 것이요 타인을 위한 것이므로 당당하고 떳떳하게 요구할 수 있습니다. 필요한 것을 얻고도 세상 그 무엇에 구속됨 없이 진리의 사람으로 바르게 진리를 전해 나갈 수 있는 것입니다.

셋째, 바울에게 모든 장애물이 도약을 위한 발판이 되었습니다. 작년에 일본 작가 오에 겐자부로가 노벨문학상을 받았습니다. 그분에게는 뇌성마비 심신장애를 지닌 아들이 있습니다. 그런데 그분이 이런 아들로 인해 극적으로 인생이 변화되었습니다. 자기 아들의 고통과 아픔을 보면서 그때까지 생각지 못했던 인류의 고통과 아픔을 본 것입니다. 그 후 인류의 고통을 밝히고 치유하는 문학 세계를 넓혀 감으로 그는 세계적인 작가가 되었습니다.

하나님을 믿지 않더라도 많은 이들이 인생의 장애물을 새로운 도약의 발판으로 삼아 자신을 세워 갑니다. 하물며 하나님 안에서 자기를 바로 세운 사람에게 그 무엇이 장애물이 되겠습니까? 하나님께서 주신 것이 어찌 장애물일 수 있겠습니까?

그러므로 또한 내가 너희에게 가려 하던 것이 여러 번 막혔더니(22절)

바울이 선교지를 돌아다니다가 로마에 가겠다는 거룩한 소원을 갖게 된 이후 수년 동안 몇 번이나 로마에 가려는 계획을 세웠지만, 그때마다 번번이 실패했습니다. 그래서 주저앉고 모든 것을 포기했습니까? 그렇지 않습니다. 오히려 갈 수 없었기 때문에 에베소, 밀레도, 두로, 예루살렘, 가이사랴에서 전혀 자신의 계획에 없던 하나님의 역사하심을 경험할 수 있었습니다. 그뿐만이 아니라 그가 결국 로마에 도착했을 때는 정말 원숙한 사도가 되어 있을 수 있었습니다. 그런 바울에 의해 뿌려진 씨가 바로 로마 복음화를 위한 발판이 되었던 것입니다.

우리가 진정 그리스도 안에서 하나님의 사람으로 자신을 가꾸어 가는 한, 남아 있는 인생을 살아가면서 어떤 장애물을 만난다 할지라도 두려워할 것이 없습니다. 그 장애물이야말로 하나님께서 우리를 도약시켜 주시기 위한 발판이자, 우리 앞에 예비하신 은총인 까닭입니다.

넷째, 하나님께서 바울을 하나님의 일꾼으로 삼으셨습니다. 바울이 세계 도처를 다니면서 복음의 씨앗을 뿌리고 열매를 거두었는데, 물론 바울의 의지와 결단 도 있었지만 이것만으로 열매 맺힐 수 있었던 것이 결코 아닙니다. 하나님께서 그를 하나님의 도구로, 일꾼으로 사용하셨기에 가능했던 것입니다.

바울은 예수님을 영접한 뒤 아라비아에 가서 하나님의 말씀으로 자신을 채운 뒤, 자기 고향 다소로 향해 그곳에서 자기를 세우는 일에 전력했습니다. 그런데 이렇게 변방에 있는 바울을 누가 알아주었겠습니까? 하나님이셨습니다. 하나님께서 그를 집어 불러내셨습니다. 그리고 당신의 도구로 쓰셨습니다. 그 결과 바울이 위대한 사도 바울이 될 수 있었습니다. 이처럼 우리가 아무리 보이지 않는 곳에 있다 할지라도 진리로 자신을 가꾸어 나가면, 하나님께서는 반드시 우리를 불러내시고 우리를 통해 당신의 역사를 이루십니다. 하나님께서는 사람을 통해서 일하시는 분이시기 때문입니다. 하나님보다 더 사람을 필요로 하는 분은 없습니다.

뉴질랜드에 있는 우리 동포 교회에서 목회자를 보내 달라는 연락이 있어, 지난 주 화요일에 그 교우들을 만나 뵙고 금요일에 돌아왔습니다. 그곳에 계신 분들의 말씀을 요약하면, 주님의교회에서 같이 신앙생활하는 목사님이면 어떤 분이든 상관없다는 것입니다. 코스타리카에 있는 한인 교회에서도 같은 이야기를 해오셨습니다. 우리 교회가 하나님 앞에서 바로 선 교회입니까? 목사나 교우들이 다 온전한 사람들입니까? 그렇지 않습니다. 그저 바로 서기 위해 애쓰고 노력하는 교회입니다. 대한민국에 수많은 교회들이 있는데 그 가운데서 이처럼 우리를 불러 내시는 것입니다.

'청년靑年'은 문자 그대로 푸르른 젊음의 시기에 있는 사람입니다. 이 땅의 청년들이 푸르른 젊음을 쓰레기로 오염시키지 않기를 바랍니다. 젊은 시절을 하나님의 지혜로 채우는 사람들이 되기를 바랍니다. 평생을 그리스도 안에서 함께 손잡고 걸어갈 신앙의 친구를 사귀기를 바랍니다. 학문하는 사람은 학문하는 사람으로서, 기업에서 일하는 사람은 일하는 사람으로서 배워야 할 것이 많지만, 그보다 중요하게 하나님의 말씀을 인생 독본으로 삼아 날마다 말씀을 읽고 배우는 습관을 기르기 바랍니다. 이것은 청년들에게만 해당하는 당부가 아닙니다.

그때 하나님께서 우리를 위해 이루시려는 거룩한 소원을 주실 것입니다. 우리 앞에 어떤 장애물이 나타나도 그것을 뛰어넘게 해주실 것입니다. 이 세상 가운데서 우리가 필요로 하는 것은 무엇에도, 누구에게도 구속됨 없이 채움 받게 해주실 것입니다. 그리고 무엇보다도 우리가 어느 곳에 있다 할지라도, 하나님께서는 우리가 하는 일을 통해 이 세상을 푸르고 아름답게 정화시켜 나가실 것입니다.

24
충만한 복을 가지고

로마서 15장 22-29절

그러므로 또한 내가 너희에게 가려 하던 것이 여러 번 막혔더니 이제는 이 지방에 일할 곳이 없고 또 여러 해 전부터 언제든지 서바나로 갈 때에 너희에게 가기를 바라고 있었으니 이는 지나가는 길에 너희를 보고 먼저 너희와 사귐으로 얼마간 기쁨을 가진 후에 너희가 그리로 보내주기를 바람이라 그러나 이제는 내가 성도를 섬기는 일로 예루살렘에 가노니 이는 마게도냐와 아가야 사람들이 예루살렘 성도 중 가난한 자들을 위하여 기쁘게 얼마를 연보하였음이라 저희가 기뻐서 하였거니와 또한 저희는 그들에게 빚진 자니 만일 이방인들이 그들의 영적인 것을 나눠 가졌으면 육적인 것으로 그들을 섬기는 것이 마땅하니라 그러므로 내가 이 일을 마치고 이 열매를 그들에게 확증한 후에 너희에게 들렀다가 서바나로 가리라 내가 너희에게 나아갈 때에 그리스도의 **충만한 복을 가지고** 갈 줄을 아노라

바울은 예수님을 만나기 전, 자신만의 신념이 가득했던 청년입니다. 당시 사울이 볼 때는 예수라는 사람이 스스로 하나님의 아들

이라고 하는 것을 용납할 수 없었습니다. 그래서 예수님이 죽으신 뒤 그를 하나님의 아들이라 믿는 사람들을 핍박하는 일에 앞장섰습니다. 사명감을 가지고 동서남북 어디든지 뛰어다니며 그 일을 했습니다.

그런데 어느 날 그가 다메섹으로 예수 믿는 자들을 잡으러 가다가 예수님을 만나게 되었습니다. 예수님의 음성을 들었습니다. 그 시각이 대낮이었는데 해보다 밝은 빛도 보았습니다. 대단한 체험이었습니다. 그 사건을 계기로 그의 인생이 사울에서 바울로 극적인 전환을 맞이했습니다.

그런데 막상 예수님을 만나고 난 뒤의 바울이 어떠했는지에 대해 사도행전 9장 8절이 다음과 같이 증거합니다.

사울이 땅에서 일어나 눈은 떴으나 아무것도 보지 못하고 사람의 손에 끌려 다메섹으로 들어가서

예수님을 만났는데 오히려 앞을 보지 못했습니다. 예수님을 만나기 전에는 자기 발로 걸어 다녔는데 이제는 사람이 끌어 주지 않으면 걷지 못하게 되었습니다. 그뿐만 아니라 사도행전 9장 9절은 "사흘 동안 보지 못하고 먹지도 마시지도 아니하니라"고 전하고 있습니다. 과거에는 확실한 신념을 가지고 자기 인생을 꾸려 나갔는데 이제는 아무것도 못하는 존재가 된 것입니다. 그 인생은 오리무중에 빠져 버리고 말았습니다.

아무것도 할 수 없던 그 사흘 동안 바울의 고통과 고민이 상당했을 것입니다. 사흘이 지나 아나니아라는 사람이 바울이 묵고 있는 집으로 찾아왔습니다. 그리고 안수해 주었습니다. 그랬더니 바울

의 눈에서 비늘 같은 것이 떨어졌습니다. 그리고 비로소 세상을 다시 볼 수 있게 되었습니다. 그러면 이제 바울이 해야 할 일이 분명해진 것입니까? 그렇지 않습니다. 여전히 그는 자신이 무엇을 해야 할지 몰랐습니다.

바울이 가만히 생각해 보니 지난 사흘 동안의 일이 참으로 신비스러웠습니다. 그래서 다메섹에 있는 유대인 회당을 찾아가 자신이 겪은 경험과 더불어, 예수님께서 바로 하나님의 아들이 되심을 간증했습니다. 그런데 그 이야기를 듣고 예수님을 믿는 유대인이건 예수님을 부정하는 유대인이건 모두가 바울을 배척했습니다. 예수님을 믿는 유대인들은 바울이 자신들을 체포할 구실을 찾기 위해 거짓으로 회심했다고 여겼습니다. 예수님을 부정하는 유대인들은 어제까지만 해도 바울이 자기들 편이었는데 이제는 입장이 바뀌었으므로 배신자라 여겼습니다. 그래서 어제까지 동료였던 유대인들이 바울을 죽이려 했습니다.

생명의 위협을 느낀 바울은 얼마나 다급했던지, 밤중에 광주리를 타고 성벽을 내려가 다메섹을 탈출했습니다. 그러고서 아라비아 광야에 들어가 3년간 지냈습니다. 주님을 만난 바울이 자신의 영성을 훈련하기 위함이었습니다. 3년이 지나 다시 다메섹을 거쳐 예루살렘으로 갔습니다. 그곳에서 바울이 가장 먼저 하기를 원했던 것이 주님을 믿는 제자들과 사귐을 갖는 것이었습니다. 자신은 예수님께서 이 땅에 오셨을 때 그분을 만난 적이 없었기 때문입니다.

그런데 예루살렘에 있던 사람들도 다메섹에 있던 사람들과 똑같은 반응을 보였습니다. 예수님을 믿는 사람들은 믿는 사람들대로 바울의 회심을 거짓이라 했고, 믿지 않는 사람들은 바울을 배신자라며 죽이려 합니다. 기대와 희망을 잃어버린 바울은 예루살렘에서 북쪽으로 올라가 자기 고향인 다소로 갔습니다. 그곳에 파묻혀 지내며 개인적인 신앙생활에만 정진했습니다. 그리고 10여 년 세월이 흘렀습니다. 즉, 청년 사울이 예수님을 만난 이후 13년이라는 시간이 특별한 일 없이 기도와 말씀 묵상만 하며 흐른 것입니다.

그러던 어느 날 뜻하지 않게 안디옥이라는 곳에서 바나바라는 사람이 찾아왔습니다. 바나바는 안디옥 교회를 목회하고 있었는데 바울을 찾아와 하는 말이, 자신의 교회에서 함께 목회를 하자는 것이었습니다. 바울은 한 번도 목회하려는 계획을 가진 적이 없었습니다. 그런데 바나바의 청을 듣고 그 속에 하나님의 뜻이 있으려니 생각하고 길을 따라나섰습니다. 안디옥에 도착한 바울은 그 후 바나바와 함께 열심히 동역했습니다.

그런데 또 뜻하지 않게 안디옥 교회 교인들이 바나바와 바울을 선교사로 파송했습니다. 말하자면 목사 바울이 이제 선교사 바울이 된 것입니다. 바나바와 바울은 교회의 결정에 순종하여 마가라 하는 요한을 수행원 삼아 전도 여행을 떠났습니다. 안디옥을 출발하여 구브로, 버가, 더베 등을 지나면서 가는 곳마다 표적과 기사를 보이고 다시 지중해를 건너 안디옥 교회로 돌아왔습니다. 1차 전도 여행을 하면서도 바울에게는 세계 전도 여행을 해야겠다는 비전이 없었습니다. 그저 주어진 상황마다 충실히 최선을 다했습니다.

안디옥 교회로 돌아온 바나바와 바울은 얼마 지나지 않아 자기들이 갔던 지역을 돌아보기로 하고 2차 전도 여행을 나섰습니다. 그때는 통신 시설이 전무했기 때문에 그들이 복음을 전한 곳에서 성도들이 예수님을 잘 믿는지, 교회에 문제가 없는지 알아보기 위해서는 직접 가보는 방법밖에 없었습니다. 그런데 출발하기 전에 바나바와 바울이 크게 싸우게 되었습니다. 바나바는 1차 전도 여행 때

동행했던 마가를 데리고 가자고 주장했습니다. 마가는 당시 버가에서 이런 고생스러운 여행은 못하겠다며 돌아가 버린 일이 있습니다. 바울이 볼 때 그것은 무책임한 행동이었습니다. 그리고 바울의 신앙 양심으로는 마가와 다시 동행하는 것이 용납되지 않았습니다.

나중에 마가복음을 쓴 이 마가는 혈연상으로 바나바의 조카였습니다. 2차 전도 여행을 위해 계획이 다 잡혀 있었는데, 결국 바나바는 마가를 데리고 구브로 섬으로 출발했습니다. 할 수 없이 바울은 실라를 수행원으로 대동하고 바나바가 내려간 곳과 반대로 위쪽으로 올라갔습니다. 그러니까 이 계획도 바울에게는 전혀 없던 것입니다.

고향인 다소에 도착한 바울은 소아시아 북쪽으로 가고자 했으나 길이 열리지 않았습니다. 그래서 갈라디아 땅을 거쳐 비두니아로 가려 했는데 역시 여의치 않았습니다. 그래서 길이 열리는 대로 가다 보니 드로아에 도착하게 되었습니다. 도착한 날 밤 바울에게 어떤 환상이 보였습니다. 드로아에서 배만 타고 건너면 마게도냐 곧 오늘날의 그리스인데, 마게도냐 사람이 환상 중에 나타나 도와 달라고 했습니다. 바울은 이것이 주님께서 자신을 마게도냐로 인도하시는 것으로 받아들여, 배를 타고 마게도냐로 갔습니다. 마게도냐에 도착해 가장 처음 도착한 곳이 빌립보 성입니다. 이곳에서 바울은 대단히 중요한 세 가지 사실을 확인하게 됩니다.

빌립보에 도착하여 안식일이 되었습니다. 그런데 기도드릴 곳이 어디에 있는지 알 도리가 없었습니다. 그래서 고민하던 중, 강가에 모여 있는 여자들을 보고는 바울이 가서 복음을 전했습니다. 그리고 그들 가운데 루디아라는 여자가 예수님을 믿고 세례를 받았습니다. 다시 말해, 2천 년 기독교 역사상 첫 번째 유럽인이 기독교인이 된 것입니다. 이것을 보면서 바울은 예수 그리스도의 복음이 국경과 인종을 초월한다는 사실을 확인했습니다. 이전까지는 바울의 행동반경이 아시아 반도에 국한되어 있었습니다. 자기와 피부 색깔이 같고 모습도 비슷한 사람들에게만 복음을 전해 보았는데, 바다를 건너 만나게 된 다른 인종에게도 복음의 능력이 통함을 알게 되었습니다.

루디아는 바울과 실라에게 자신의 집에 묵으라고 청했습니다. 사양하는 일행을 강권하다시피 해서 자기 집에 모셨습니다. 바울은 다음 날 그 집을 나서서 길을 가다가 귀신 들린 여자아이를 보게 되었습니다. 만약 루디아의 집에서 묵지 않았다면 그 아이를 만나지 못했을 것입니다. 장사하는 사람들은 그 귀신 들린 아이로 하여금 점을 치게 하며 자신들의 돈벌이로 삼았습니다. 바울은 그 아이에게서 귀신을 쫓아 주었으나 장사꾼들이 노발대발해서 바울과 실라를 끌어다가 고발했습니다. 그랬더니 치안관들이 재판도 하지 않고 바울과 실라를 심하게 매질했습니다.

그날 밤 바울과 실라는 다리에 차꼬까지 채워져 빌립보 감옥에 수감되었습니다. 그리고 그런 와중에서도 함께 기도드리며 하나님을 찬양했습니다. 그 순간 갑자기 땅이 흔들리더니 지진이 일어났습니다. 그리고 옥문이 다 열렸습니다. 그러나 두 사람은 도망가지 않고 그대로 감옥에 남아 있었습니다. 간수는 그들의 의연한 모습에 압도당해 그들 앞에서 예를 갖춘 뒤, 자신이 어떻게 해야 구원받을 수 있는지 물었습니다. 바울은 그에게 복음을 전하고 그의 집에 도착해 그와 그의 가족 모두에게 세례를 주었습니다. 이 경험을 통해 바울은 힘과 무력의 상징인 감옥도 복음의 능력을 가둘 수 없다는 사실을 확인했습니다.

다음 날 아침이 되었습니다. 바울을 매질하고 감옥에 수감하라고 했던 그곳의 치안관들이 부하를 보내, 이제 바울이 어느 정도 혼이 났으니 석방시켜 주라고 명했습니다. 그런데 그 순간 바울의 머리에 자신이 로마 시민권을 지니고 있음이 떠올랐습니다. 매를 맞고 감옥에 갇히기 전에는 미처 그 생각이 나지 않았습니다. 바울은 경비들에게 다음과 같이 항의했습니다.

로마 사람인 우리를 죄도 정하지 아니하고 공중 앞에서 때리고 옥에 가두었다가 이제는 가만히 내보내고자 하느냐 아니라 그들이 친히 와서 우리를 데리고 나가야 하리라(행 16:37)

이 말을 들은 경비병은 놀라서 치안관들에게 보고했고, 치안관들 역시 두려움에 떨며 바울에게 와서 백배사죄하고 그곳에서 떠나 주기를 간청했습니다. 바울은 예수님을 믿은 이후, 과거 자신의 세상적 자랑거리들을 배설물처럼 여겨 평소 자신이 로마 시민권자라는 사실을 잊고 지냈습니다. 그런데 그 로마 시민권이 예수 그리스도의 복음을 전하는 데 유용한 도움이 될 수 있다는 것을 확인했습니다.

이후 바울은 빌립보에서 마게도냐를 거쳐 아덴과 고린도, 겐그레아를 들러 배를 타고 에베소로 갔다가 예루살렘을 거쳐 안디옥으로 돌아왔습니다. 바울이 안디옥을 출발해 3차 전도 여행을 시작하면서는 에베소로 향했는데, 에베소에서 바다만 건너면 마게도냐 땅이었습니다. 바울은 에베소에서 마게도냐 땅을 바라보며 자신이 과거에 확인한 중요한 사실들을 상기하지 않을 수 없었습니다. 그리고 바로 그 순간 바울의 일생일대에 가장 중요한 비전이 확립되었습니다. 유럽 대륙의 중심이자 로마제국의 수도인 로마에 복음을 전하리라는 것이었습니다.

이때는 예수 그리스도를 만나고 주님의 부르심을 받은 이후 20년이 훨씬 지난 뒤였습니다. 그 20여 년 동안 그는 분명한 비전이라는 것이 없었습니다. 매일 주어진 삶에 충실했을 뿐입니다. 바울의 비전은 이 같은 과정을 거쳐 생겨난 것이었습니다.

이 비전이 왜 중요합니까? 이 비전으로 세계의 역사가 바뀌었기 때문입니다. 사람들은 예수 그리스도를 만나는 순간부터, 예수 그리스도를 믿는 순간부터 아무런 준비도 없이 위대한 비전을 가지려고 합니다. 위대한 업적에만 초점이 맞춰져 있기 때문입니다. 그러다 보면 결국 하나님께서 주시는 거룩한 비전이 아니라 인간의 한계를 벗어날 수 없는 야망의 포로가 되고 맙니다. 자신은 하나님께서 주시는 비전이라 확신하며 그것을 위해 동분서주 열심히 뛰었는데, 세월이 지나고 보니 하나님의 비전은커녕 자신의 야망에 지나지 않아 세상 사람들로부터 멸시와 조롱거리가 되는 경우가 얼마나 많습니까?

바울에게 주어진 비전은 절대 바울의 머릿속에서 나오지 않았습니다. 바울의 삶에서 나왔습니다. 예수 그리스도를 믿고 그분께 내 삶을 맡겼다고 해서, 책상 앞에 앉아 골똘히 연구한다고 해서 비전이 절로 주어지는 것이 아닙니다. 매일 주어진 삶에 충실히 임하는 가운데 발견하게 되는 것이 하나님의 비전인 것입니다. 바울은 이 비전을 얻기까지 20여 년 동안 스스로를 훈련시켰을 뿐만 아니라 수십 개의 도시에 수천 킬로미터를 전도하며 돌아다닌 경험을 쌓았습니다. 그렇게 그리스까지 간 사람에게 로마까지 가는 것은 문제가 되지 않습니다. 삶에서 나온 비전은 결코 뜬 구름 잡는 이야기가 아닌 것입니다. 우리가 삶의 결과로 하나님께서 주시는 비전을 포착하고 그 비전을 위해 작은 일에도 소홀함 없이 나아가면, 하나님께서는 반드시 그 비전이 실현 가능함을 확인시켜 주십니다.

본문 23절을 함께 보십시다.

이제는 이 지방에 일할 곳이 없고 또 여러 해 전부터 언제든지 서바나로 갈 때에 너희에게 가기를 바라고 있었으니

여기에서 "바라고 있었으니"라는 표현이 바로 비전을 나타냅니다. 어떤 비전입니까? 로마에 가는 것은 물론, 로마를 거쳐 서바나, 즉 스페인까지 가고자 한 것입니다. 바울이 살아온 20여 년간의 여정을 놓고 볼 때 서바나까지 충분히 가고도 남을 능력을 축적하고 있었던 것입니다.

바울은 분명히 에베소에서 로마로 가야 한다는 비전을 받았습니다. 그러고는 위쪽으로 올라가 마게도냐를 돌았습니다. 이곳에서 배만 타면 로마로 금방 갈 수 있었습니다. 그런데 25절이 말합니다.

그러나 이제는 내가 성도를 섬기는 일로 예루살렘에 가노니

로마로 가지 않고 예루살렘으로 가겠다는 것입니다. 마게도냐에서 전도하는 과정에서 마게도냐와 아가야에 있는 성도들이 예루살렘 모교회를 위해 구제헌금을 했습니다. 모교회가 지교회를 위해 헌금하는 것은 당연하게 여겨지지만, 지교회가 모교회를 위해 헌금하는 경우는 처음 있는 일이었습니다. 그곳의 성도들이 자신들의

사랑을 예루살렘에 있는 성도들에게 전해 달라고 바울에게 간곡히 부탁했습니다. 이에 바울은 하나님께서 자신에게 비전을 주신 이상 반드시 이루어 주시리라 믿고 자신이 해야 할 일에 다시금 충실히 순종했습니다. 그리고 고린도를 떠나기 전 로마서를 써서 로마 사람들에게 보낸 것입니다.

삶에 뿌리를 둔 비전만이 하나님의 뜻을 온전히 이루는 도구가 됩니다. 이런 비전만이 다른 사람과 자신 모두에게 해가 아닌 유익을 가져다줍니다. 만약 바울이 이상과 같은 삶의 경험 없이 아라비아 광야에서 3년 동안 속된 말로 도를 닦은 뒤, 처음부터 자신은 토마로 가야 한다며 자기 계획을 실행에 옮겼다면, 사람들을 자기 욕망을 위한 도구로 전락시키며 가는 곳마다 커다란 부작용을 일으켰을 것입니다. 바울 자신도 결국 파멸의 길을 걸었을 것입니다. 이 순간에도 수많은 사람들이 소중한 생명을 자기 야망의 도구로 여기고 있습니다. 우리는 하나님께서 주시는 비전은 바로 사람을 위한 것임을 잊지 말아야 합니다.

내가 너희에게 나아갈 때에 그리스도의 충만한 복을 가지고 갈 줄을 아노라 (29절)

하나님께로부터 비롯되는 비전은 그리스도의 충만한 복을 동반합니다. 하나님께서 우리 한 사람 한 사람을 구원해 택하셨다는 것은 50억 인구 중 다른 누구를 통해서도 이룰 수 없는, 나만을 통해서만 이루실 일이 있다는 의미입니다. 이보다 복된 일은 없습니다. 이러한 하나님의 계획을 마음에 품고 하루하루 스스로를 훈련하며 준비된 삶을 살아가다 보면, 어느 날 삶 가운데서 불현듯 하나님의 비전을 발견하고 확신하게 됩니다.

우리 교회가 세워진 지 7년 4개월이 되었는데(*1988년 6월 26일 창립), 처음부터 헌금의 50퍼센트를 구제에 썼습니다. 그리고 같은 취지로 우리 이름으로 예배당을 소유하지 않고 있습니다. 이렇게 하루하루 하나님께서 인도하시는 길을 걸어왔는데, 이제 하나님께서 우리 교회를 통해 그리시려는 그림이 어렴풋이 보이는 것 같습니다.

예수님을 믿기 시작할 때 우리의 인생은 하얀 백지와 같습니다. 그리고 주님 앞에서 살아가는 하루하루의 삶은 백지 위에 붙이는 모자이크 색종이 한 조각과 같습니다. 그것을 붙여 나가는 동안에는 어떤 그림이 될지 잘 모릅니다. 그러나 포기하지 않고 계속 붙여 나가다 보면, 어느 날 불현듯 그림이 선뜻하게 보이게 됩니다.

주님을 믿고서 우리의 삶이 오히려 오리무중에 빠질 수도 있습니다. 예전에는 해야 할 바가 분명했는데 지금은 좀체 무엇을 해야 할지 모를 수 있습니다. 그러나 우리에게 주어지는 오늘이라는 시간이 있습니다. 이 삶을 충실히 살아가다 보면, 분명 하나님께서 주시는 비전을 발견하게 될 것입니다. 그리고 그 비전을 위해 우리의 삶을 하나님께 바칠 때, 하나님께서는 이 사회를 기필코 새롭게 하실 것입니다.

25
빚진 자니

로마서 15장 22-29절

그러므로 또한 내가 너희에게 가려 하던 것이 여러 번 막혔더니 이제는 이 지방에 일할 곳이 없고 또 여러 해 전부터 언제든지 서바나로 갈 때에 너희에게 가기를 바라고 있었으니 이는 지나가는 길에 너희를 보고 먼저 너희와 사귐으로 얼마간 기쁨을 가진 후에 너희가 그리로 보내주기를 바람이라 그러나 이제는 내가 성도를 섬기는 일로 예루살렘에 가노니 이는 마게도냐와 아가야 사람들이 예루살렘 성도 중 가난한 자들을 위하여 기쁘게 얼마를 연보하였음이라 저희가 기뻐서 하였거니와 또한 저희는 그들에게 **빚진 자니** 만일 이방인들이 그들의 영적인 것을 나눠 가졌으면 육적인 것으로 그들을 섬기는 것이 마땅하니라 그러므로 내가 이 일을 마치고 이 열매를 그들에게 확증한 후에 너희에게 들렀다가 서바나로 가리라 내가 너희에게 나아갈 때에 그리스도의 충만한 복을 가지고 갈 줄을 아노라

23절을 보면 "서바나"라는 지명이 나옵니다. 그런데 이곳이 보통 스페인을 가리키지만 로마 내에 유대인들이 많이 살고 있던 지역이

라는 주장도 있습니다. 어느 쪽이 정확히 맞는지는 아직까지 밝혀지지 않았으나 중요한 것은, 바울에게 로마를 가려는 비전이 있었는데 이 로마가 최후 종착지가 아니라 로마를 거쳐 한 곳이라도 더 가서 복음의 씨앗을 뿌리려는 열정이 있었다는 것입니다.

여기에서 우리가 눈여겨보아야 할 구절이 23절 상반절입니다.

이제는 이 지방에 일할 곳이 없고

"이 지방"은 지금 바울이 로마서를 쓰고 있는 고린도를 말합니다. 바울은 2차 전도 여행 당시 고린도에 가서 1년 6개월 동안 교회를 세우고 교인들에게 말씀으로 가르쳤습니다. 그리고 다시 안디옥으로 돌아왔다가 3차 전도 여행을 떠났습니다. 3차 전도 여행 때는 3개월 동안 고린도에 거하면서 그곳에 있는 사람들에게 말씀으로 양육하고 로마서를 썼습니다. 그러니까 바울이 고린도에 머문 총 기간을 따지면 1년 9개월입니다. 여러 도시를 가봐야 할 바울의 입장에서 볼 때 한 도시에서 1년 9개월을 머물렀다는 것은 상대적으로 긴 기간을 보낸 것이라 할 수 있습니다.

그리고 이제 이곳에서 더 일할 것이 없다고 했습니다. 자칫 잘못 생각하면 '바울은 교만한 사람이구나. 얼마나 많이 일했기에 더 이상 일할 것이 없다고 하는가' 하고 생각하기 쉽습니다. 하지만 이 구절은 바울의 교만이 아니라 오히려 바울의 겸손을 보여 주고 있습니다. 바울은 하나님 아버지께서 자기를 통해 이루시려는 뜻과 섭리가 무엇인지 분명하게 알고 있었습니다. 그것은 바로 교회를 세우고 교회의 기초를 든든하게 하는 일이었습니다. 1년 9개월 동안 그 일이 끝난 것입니다. 그다음 일은 하나님께서 다른 사람을 통해 이루어 가시리라고 바울은 생각했습니다. 그래서 주님에 대한 믿음과 순종으로 그곳을 떠나고자 했던 것입니다.

평생을 나 아니면 안 된다는 착각에 쉽게 빠지고 마는 우리와 바울이 얼마나 다릅니까? 우리는 바울의 이 겸손함을 배우는 그리스도인이 되어야 합니다. 이 땅에 있는 모든 목회자들은 하나님 아버지께서 자기를 통해 한 교회를 이루고자 하시는 것을 발견하고 실천한 후에 미련 없이 떠날 수 있는 용기가 있어야 합니다. 성경을 놓고 하나님의 뜻을 살펴보면, 하나님께서는 한 사람에게 수십 년 혹은 평생 동안 교회 전체를 맡기시는 일이 없습니다. 교인들은 평생 한 교회를 섬길 수 있다 할지라도, 자신이 행하는 봉사와 섬김이 교회 전체를 놓고 볼 때 지극히 작은 부분이라는 것을 겸손히 인정할 수 있어야 합니다.

손은 우리의 신체에서 무척이나 중요한 역할을 합니다. 그렇다고 해서 손이 온몸의 일을 다 합니까? 그렇지 않습니다. 손은 물 한 방울도 소화시키지 못합니다. 발도 마찬가지입니다. 신체의 각 기관은 그저 자기에게 주어진 부분적인 일을 감당할 뿐입니다. 부분적인 일이라고 해서 덜 중요합니까? 그렇지 않습니다. 각 지체가 대단히 중요하며, 부분적인 일들을 잘 감당함으로 몸 전체가 유기적으로 연관성을 맺고 온몸으로서의 기능을 다하게 되는 것입니다.

그리스도인 한 사람 한 사람이 교회를 위해 행하는 봉사도 이와 마찬가지인 것입니다. 바울이 고린도전서 12장 29-30절에서 다음과 같이 말했습니다.

다 사도이겠느냐 다 선지자이겠느냐 다 교사이겠느냐 다 능력을 행하는 자이겠느냐 다 병 고치는 은사를 가진 자이겠느냐 다 방언을 말하는 자이겠느

냐 다 통역하는 자이겠느냐

바울이 지금 강조하는 것은 하나님께서 한 사람에게 교회 전체를 담당할 은사를 결코 주시지 않는다는 것입니다. 통계적으로 보면, 한 교회를 이끌어 나가는 데 봉사하는 인원이 그 교회 교인 수의 10퍼센트 정도면 대단히 좋은 교회라고 합니다. 교인이라고 해서 모두가 봉사하는 것은 아닙니다. 봉사하는 사람은 여러 가지 봉사를 겹쳐서 하기도 합니다. 우리가 시간이 있고 건강이 주어질 때 열심히 봉사하는 것은 참으로 아름다운 일입니다. 그러나 그 같은 봉사가 교회 전체에서 이뤄지는 일들을 놓고 볼 때는 작은 부분인 것입니다. 이것을 잊지 않을 때 우리는 봉사를 하면 할수록 더 겸손해질 수 있고, 그 수고가 향기로운 열매로 맺어질 수 있습니다.

만약 이 사실을 망각하면 봉사를 하면 할수록, 신앙 연수가 길어지면 길어질수록, 교만에 빠지고 다른 사람들에게 상처만 남기게 됩니다. 바울이 그처럼 여러 곳을 다니며 행한 봉사와 섬김이 타인과 자신에게 유익하게 귀결될 수 있었던 것은, 자신이 하나님의 역사의 한 부분을 담당할 뿐 전체를 담당하는 것이 아니라는 사실을 늘 기억하고 있었기 때문입니다.

바울은 24절에서 이렇게 말합니다.

이는 지나가는 길에 너희를 보고 먼저 너희와 사귐으로 얼마간 기쁨을 가진 후에 너희가 그리로 보내주기를 바람이라

"얼마간 기쁨을 가진 후에"라는 구절은 새번역 성경에 "잠시 동안만이라도 여러분과 먼저 기쁨을 나누려고 합니다. 그다음에"라고

번역되어 있습니다. 이 문장을 원어의 문자 그대로 번역하면 "너희에 의하여 부분적으로 만족을 얻은 후에"라는 의미입니다.

바울은 한 가지 사실을 분명히 알고 있었습니다. 사람으로부터는 결코 완전한 만족을 얻을 수 없다는 사실입니다. 사람으로부터 주어지는 만족은 완전한 만족이 아니라 그저 부분적인 만족일 뿐입니다. 바울은 이 사실을 알고 있었기에 사람으로부터 상처 받지도 않았고, 사람을 원망하지도 않았습니다.

평소 친하게 지내다가도 어느 날 그 사람으로부터 상처를 받는 경우가 있습니다. 친하게 지냈기 때문에 더 크게 실망하는 경우가 많습니다. 왜 이런 일이 일어납니까? 상대로부터 완전한 만족을 기대하기 때문입니다. 완전한 만족은 절대로 사람으로부터 오지 않습니다. 헛된 망상을 깨지 못하고 내가 사귀거나 알고 지내는 사람으로부터 완전한 만족을 기대한다면, 남은 평생 배우자로부터도 매일 상처 받으며 지내야 하고, 자식 때문에 하루에도 몇 번씩 죽었다 깨어나는 절망을 경험해야 합니다. 더 가깝고 친하기 때문에 더 큰 아픔과 고통을 삼키지 않으면 안 됩니다.

절대적인 만족은 반드시 위로부터, 하나님으로부터 주어진다는 사실을 아는 사람은 사람들 사이에서 절대적인 만족을 구하지 않습니다. 양지가 있으면 음지가 있듯이, 장점만 있는 사람은 없습니다. 장점이 있으면 결점이 있게 마련입니다. 또 이 사람에게는 결점이 되는 것이 저 사람에게는 장점이 되기도 합니다. 우리는 그 사람이 가지고 있는 장점으로부터 부분적인 만족을 얻는 것으로 만족할 줄 알아야 합니다. 상대가 지닌 결점에 대해서는 만족 얻기를 내려놓을 뿐만 아니라, 내가 볼 때 결점이라 생각되는 부분이 나로 인해 보완될 수 있도록 도움을 주는 관계를 만들어 가야 합니다.

그러나 이제는 내가 성도를 섬기는 일로 예루살렘에 가노니(25절)

바울은 로마를 거쳐 서바나까지 가고자 하는 비전을 가지고 있었으나, 일단 그것을 제쳐놓고 예루살렘으로 가려 합니다. 예루살렘에 있는 성도들을 섬기는 일 때문이었습니다. 우리에게 만 가지 일이 있다 할지라도 지금 우리가 섬겨야 할 사람을 섬기는 일이 더 중요합니다. 이것을 깨닫는 것이 바른 믿음입니다. 바꾸어 말하면, 나에게 만 가지 중요한 일이 있다면, 그 일이 바로 사람을 섬기는 일이 되어야 하기 때문에 중요하다는 것입니다.

많은 그리스도인들이 삶의 목적을 하나님을 섬기는 데 둡니다. 그런데 눈에 보이지 않는 하나님을 섬긴다는 것은 곧 눈에 보이는 사람을 섬기는 것을 의미하는데, 이 점을 소홀히 여깁니다. 이것은 예수님께서 우리에게 가르쳐 주신 바입니다. 한 율법사가 어떤 계명이 제일 큰지 물었을 때 예수님께서 말씀하셨습니다.

네 마음을 다하고 목숨을 다하고 뜻을 다하여 주 너의 하나님을 사랑하라 하셨으니 이것이 크고 첫째 되는 계명이요 둘째도 그와 같으니 네 이웃을 네 자신같이 사랑하라(마 22:37-39)

하나님을 사랑하는 것이 첫째고, 둘째도 그와 같다고 하셨습니다. '그와 같다'는 것이 무엇을 뜻합니까? 첫째는 크고 둘째는 작은 것이 아니라, 첫째와 둘째의 무게가 똑같다는 말입니다. 그 둘째는 이웃을 나 자신처럼 사랑하는 것입니다. 이처럼 하나님을 사랑하는 것과 사람을 사랑하는 것은 같습니다. 그러니까 하나님을 섬기는 것과 사람을 섬기는 것을 분리하여 생각해서는 안 되는 것입니다. 우리가 이것을 깊이 인식할 때 우리가 행하는 모든 일을 통해 사람을 바르게 섬기는 참된 그리스도인으로 살아갈 수 있습니다.

어제 교역자 회의 때 어느 분이 유인물을 만들어 돌렸는데, 스테이플을 모서리에서 더 들어간 곳에 찍어 페이지를 넘기면 부분적으로 글자가 보이지 않았습니다. 지극히 사소한 일 같아도 사람에 대한 애정으로 하게 되면, 이것을 받아보는 사람이 페이지를 넘길 때 글자를 볼 수 있을지 없을지 생각하면서 하게 될 것입니다. 목회든 봉사든, 가정에서든 사회에서든, 그리스도인은 그와 같은 마음으로 모든 일을 행해야 하는 것입니다.

사람을 섬긴다는 것은 그 상대를 눈앞에 둔 상태에서만 이루어지는 것이 아닙니다. 상대가 보이지 않는다 해도 무슨 일을 하든지 그 사람을 생각하며 행해 나가면, 그것이 바로 참된 섬김이고 그 사랑이 더욱 확장되어 나갈 수 있게 됩니다.

선진국이라 하는 구미 사회를 다녀 보면 모든 것이 기독교적 전통 위에 세워져 있음을 발견하게 됩니다. 우리와 근본적인 차이가 그들이 잘산다는 데 있는 것이 아닙니다. 예전에는 뉴질랜드가 우리보다 잘살았지만 지금은 경제적으로 우리보다 아래입니다. 그런데도 그들은 선진국의 정신과 틀을 지니고 있습니다. 그 차이가 무엇입니까? 사람에 대한 배려입니다. 보이지 않는 곳에까지 사람에 대한 애정과 배려와 섬김의 정신이 배어 있는가 그렇지 않은가를 보면, 우리나라는 부족한 점이 대단히 많음을 인정할 수밖에 없습니다.

저희 집은 욕실과 화장실이 겸하여 있습니다. 처음에 이사를 왔을 때 세면기 앞 거울에 비누 놓는 받침대가 달려 있었습니다. 그런데 세수할 때 간혹 그 받침대에 이마가 닿았습니다. 수건걸이 위치도 적절치 못해 수건을 걸어놓으면 세수하는 데 방해가 될 정도였습니다. 그리고 샤워를 하면 변기에 물이 다 뛸 수밖에 없었습니다. 결국 제가 이런 불편한 점들을 다 개선했습니다. 만일 설치하는 사람이 처음부터 사용하는 사람에 대한 애정을 가지고 작업했다면, 사용자의 입장이 되어 작업했다면, 욕실을 사용하는 사람에게 늘 기분 좋은 느낌을 주게 될뿐더러 만든 사람도 보람을 느끼는 정반대의 결과를 낳았을 것입니다.

우리가 횡성수련원을 수리하고 증축할 때, 건축하는 분에게 신신당부한 말이 있습니다. 이곳은 어린이부터 어른까지 많은 사람들이 방문하는데 특히 여름에는 어린이들이 스런회를 오니, 화장실을 비롯한 모든 시설을 어린이들의 편의에 맞게 건축해 달라는 것이었습니다. 그런데 남자 화장실 소변기가 초등학교 1, 2학년 학생도 사용하기 힘든 소변기였습니다. 이것도 사람에 대한 애정이 없음을 나타내는 것입니다.

비근한 예로, 외국에 가서 껌이나 과자를 사면 뜯는 곳이 분명합니다. 그곳을 잡으면 잘 뜯어지게 되어 있습니다. 그런데 우리나라 상품은 잘 뜯어지지 않는 것이 많습니다. 무엇을 하든지 사람에 대한 배려와 섬김으로 하면 그 일은 성업聖業이 되고, 내 직업은 성직聖職이 되고, 그 일을 하는 나는 성직자가 되는 것입니다. 사람을 섬기는 일이 바로 하나님을 섬기는 일이기 때문입니다.

이는 마게도냐와 아가야 사람들이 예루살렘 성도 중 가난한 자들을 위하여 기쁘게 얼마를 연보하였음이라 (26절)

'연보하였다'는 말은 헌금을 했다는 것입니다. 마게도냐에 있는 작은 지교회가 예루살렘에 있는 모교회를 위해 헌금을 했다는 것은 상식을 뒤엎는 일입니다. 예를 들어 주님의교회가 많은 교회들에게 구제를 행했다고 해서, 그 도움을 받은 교회들이 헌금을 해서 보내오는 것이 쉽겠습니까? 결코 쉬운 일이 아닙니다. 그런데 마게도냐와 아가야 사람들은 그렇게 했다는 것입니다. 그것도 누가 시켜서 억지로 한 것이 아니라 기쁘게 행했다고 했습니다. 이것이 어떻게 가능했습니까?

저희가 기뻐서 하였거니와 또한 저희는 그들에게 빚진 자니 만일 이방인들이 그들의 영적인 것을 나눠 가졌으면 육적인 것으로 그들을 섬기는 것이 마땅하니라(27절)

마게도냐 교인들은 비록 지교회이고 작은 교회지만 예루살렘 모교회를 향해 채무 의식을 가지고 있었다는 것입니다. 그런데 예루살렘 교회가 마게도냐 지방에 나가 복음을 전했습니까? 아닙니다. 전한 사람은 바울이었습니다. 바울이 예루살렘 교회 출신입니까? 아닙니다. 안디옥 교회 출신입니다. 바울이 예루살렘 출신입니까? 다소 사람입니다. 빚을 갚으려고 하면 어떤 의미에서 바울에게 갚아야 맞습니다. 그런데 그들이 예루살렘에 있는 모교회에 대해 빚진 의식을 가지고서, 자신들이 영적인 것을 받았으니 그것으로 갚지는 못하되 물질로 갚은 것입니다. 그 이유는 하나님께 빚진 마음을 최초로 복음이 나온 예루살렘 교회에 갚고자 했기 때문입니다. 예루살렘 교회가 복음을 전하지 않았다면 안디옥 교회도 없었을 것이고, 안디옥 교회가 바울을 선교사로 파송할 리도 없었을 것입니다.

그러므로 내가 이 일을 마치고 이 열매를 그들에게 확증한 후에 너희에게 들렀다가 서바나로 가리라(28절)

여기에서 '확증하다'라는 단어는 헬라어 '습흐라기조σφραγίζω'로 '봉인하다'라는 뜻입니다. 따라서 이 열매를 그들에게 확증하겠다는 것은, 이 구제헌금이 마게도냐 사람들의 뒷진 채무감을 덜기 위한 헌금이라는 사실을 예루살렘 사람들의 마음속에 봉인시켜 주겠다는 의미입니다. 바꾸어 말하면, 예루살렘 교회가 이 구제헌금을 받고 기뻐하고 만족하는 것으로 그치지 말고 똑같이 채무감을 가지도록 하겠다는 것입니다. 애초에 하나님께로부터 거저 복음을 받았기에, 그들이 이렇게 채무를 갚듯 예루살렘 교회도 누군가에게 계속 채무를 갚아 나가야 한다는 것입니다.

그리스도인은 하나님에 대한 채무감을 가지고 사람들에게 빚을 갚아 나가야 합니다. 혹시 빚진 사람의 마음이 어떤지 아십니까? 빚을 지면 어떻게 하든지 그 빚을 갚아야 하기에, 자나 깨나 빚 갚을 생각밖에 없습니다. 내 주머니에 빚 갚을 돈이 없을 때는 채권자를 만나면 무엇이든지 다른 것을 주어야 합니다. 하다못해 웃기라도 해야 합니다. 또 빚을 조금이라도 갚게 되면 말할 수 없는 기쁨을 느낍니다. 이것이 바로 채무자의 마음입니다. 마게도냐 사람들이 이런 마음으로 섬긴 것이니, 예루살렘 사람들도 그렇게 계속해서 섬겨 나갈 수 있도록 바울이 전하겠다는 것입니다.

우리가 이 채무 의식을 분명하게 가지고 있으면, 사람들에게 봉사하고 나의 것을 나누면서도 교만해지지 않습니다. 왜입니까? 그저 빚을 갚은 것이기 때문입니다. 세상에 빚을 갚아 나가면서 교만해지는 사람은 없습니다.

내가 너희에게 나아갈 때에 그리스도의 충만한 복을 가지고 갈 줄을 아노라
(29절)

"아노라"라는 단어는 '에이도εἴδω'로서, 대충 아는 것이 아니라 눈으로 보듯 확실히 아는 것을 뜻합니다. 즉, 로마 교회 교인들에게 자신이 무엇을 가지고 가는지 분명하게 알고 있다는 것입니다. 살아가다 보면, 자신이 사람들에게 무엇을 주고 있는지 모를 때가 참 많습니다. 사람들이 나에게 상처를 받고 있음에도 나는 상처를 주지 않았다고 생각합니다. 상대는 나 때문에 해를 받고 있는데 나는 해를 안 주었다고 믿습니다. 그만큼 자신이 무엇을 주고 있는지에 대해 둔감한 것입니다.

바울은 "충만한 복"을 가지고 가리라고 했습니다. '복'에 해당하는 헬라어 '율로기아εὐλογία'는 '찬양', '축복', '칭찬'이라는 뜻입니다. 그런데 단순한 율로기아가 아니라 '충만한' 율로기아라고 했습니다. 어떻게 바울이 그들에게 충만한 복을 주고 그럼으로써 그들이 하나님을 찬양하고 하나님께 칭찬받으리라 확신할 수 있습니까? 바울은 그들을 섬길 마음의 자세가 되어 있었기 때문입니다. 자신이 저들을 섬기는 한, 저들을 위해 자신을 희생하는 한, 하나님의 율로기아가 저들에게 반드시 임하리라는 것을 지나간 삶 속에서 경험으로 알았던 것입니다.

그러면 바울은 어떻게 자신을 희생시키고 상대를 섬김으로 율로기아를 나누어 주는 삶을 살 수 있었습니까? 그 이유를 바울은 로마서 1장에서 이미 밝혀 놓았습니다.

형제들아 내가 여러 번 너희에게 가고자 한 것을 너희가 모르기를 원하지 아

니하노니 이는 너희 중에서도 다른 이방인 중에서와 같이 열매를 맺게 하려 함이로되 지금까지 길이 막혔도다 헬라인이나 야만인이나 지혜 있는 자나 어리석은 자에게 다 내가 빚진 자라(롬 1:13-14)

바울은 채무자 의식을 가지고 살았습니다. 하나님께 구원의 큰 빚을 졌기에 한 번도 채권자처럼 인식하지 않았고, 그 빚은 사람에게 갚아야 함을 알았습니다. 그 빚을 목숨이 다하기까지 다 갚기 위해, 그처럼 수많은 곳을 뛰어다니고 수많은 사람을 섬겼음에도 한 번도 교만에 빠지지 않고 끝까지 겸손할 수 있었습니다.

우리는 다 빚진 사람입니다. 하나님께서 우리를 대한민국 땅에 태어나게 하시고 지금의 자리에서 살아가게 하시는 것은, 하나님께 진 빚을 이 사회 속에서 갚으라는 의미입니다. 수많은 교회 가운데 우리를 주님의교회로 불러 주시고 이 가운데서 교우들과 함께 신앙생활하게 하신 의미 역시 마찬가지입니다. 수많은 사람들 가운데 내가 지금의 아내를 만난 것도, 남편을 만난 것도, 바로 그 사람 앞에서 사랑에 빚진 채무자로서 사랑의 빚을 갚으라는 의미입니다. 그때 우리의 가정과 사회와 교회의 의미와 우리 각자의 삶의 가치는 180도 달라질 것입니다.

26
너희 기도에

로마서 15장 30-33절

형제들아 내가 우리 주 예수 그리스도와 성령의 사랑으로 말미암아 너희를 권하노니 **너희 기도에** 나와 힘을 같이하여 나를 위하여 하나님께 빌어 나로 유대에서 순종하지 아니하는 자들로부터 건짐을 받게 하고 또 예루살렘에 대하여 내가 섬기는 일을 성도들이 받을 만하게 하고 나로 하나님의 뜻을 따라 기쁨으로 너희에게 나아가 너희와 함께 편히 쉬게 하라 평강의 하나님께서 너희 모든 사람과 함께 계실지어다 아멘

로마서 12-16장을 살펴보면 기독교 윤리에 관한 내용은 15장 13절에서 끝난다고 했습니다. 그리고 15장 14절부터 마지막 절까지는 바울 개인의 신앙관, 선교관, 복음과 자신의 관계 등 이를테면 그의 신앙 간증 같은 내용입니다. 그런데 그 속에도 기독교 윤리에 관한 내용이 포함되어 있기에, 통틀어서 보면 로마서의 본 내용은 15장에서 끝납니다. 16장은 바울이 사람을 천거하는 내용 그리고 문안 인사가 담겨 있습니다.

따라서 로마서 본 내용의 마지막 단락이 오늘 본문입니다. 말하자면 로마서의 결론이기에 그만큼 중요하다 할 수 있습니다.

30절 상반절을 함께 보십시다.

형제들아 내가 우리 주 예수 그리스도와 성령의 사랑으로 말미암아 너희를 권하노니

여기에서 "권하노니"에 해당하는 헬라어 '파라칼레오παρακαλέω'는 '위로하다', '청하다', '권면하다'라는 뜻입니다. 그리스도인은 서로 위로하고 권면하는 관계입니다. 로마서 12장에서 그리스도인이 받는 은사들에 관해 공부할 때, 그중 하나인 '위로'가 바로 이 파라칼레오라고 했습니다. 세상 사람들은 자기 이익을 위해 서로를 서슴없이 이용하곤 합니다. 내게 필요하면 관계를 맺고 필요가 없어지면 그 관계는 끊어지고 맙니다. 그런데 그리스도인의 관계는 지속적입니다. 서로 위로하고 권면하는 관계이기 때문입니다.

그런데 문제가 생길 가능성이 있습니다. 위로도 종종 그렇기는 하지만, 특히 권면의 경우 그 권면이 전혀 엉뚱한 결과를 초래할 수 있기 때문입니다. 이런 경우는 살아가면서 비일비재합니다. 그 상황을 파악해 보면 권면하는 사람의 권면이 잘못되었을 수도 있고, 권면받는 사람의 마음가짐이 잘못되었을 수도 있고, 쌍방이 잘못되었을 수도 있습니다. 그렇다면 어떤 권견이 유익을 주는 권면입니까?

바울이 로마서의 본 내용을 권면으로 끝나고 있는데, 어떻게 권면하고 있는지 살펴보면 그 답을 알 수 있습니다. 우선 "우리 주 예수 그리스도로 말미암아" 권한다고 했습니다. '말미암아'라는 단어

'디아$\delta\iota\alpha$'는 '통하다'라는 의미입니다. 예수님께서 "나로 말미암지 않고는 아버지께로 올 자가 없느니라"(요 14:6하)고 하셨는데, 여기에서 예수님으로 말미암는다는 것은 예수님을 통한다는 의미입니다. 예수님을 통한다는 것은 내가 그분 속으로 들어가고 그분의 길을 걷는 것입니다. 바울이 예수 그리스도로 말미암아 권면한다는 것은 자기를 드러내기 위해서가 아니라 오직 예수 그리스도를 드러내기 위해 권면한다는 것입니다. 예수 그리스도로 인해서, 예수 그리스도에 의해서, 예수 그리스도를 보여 주고 자신은 감추어지는 것입니다. 사람들을 예수 그리스도께로 인도하기 위함입니다.

그런데 여기에 또 문제가 있을 수 있습니다. 흔히 그리스도인들이 자기 이름으로가 아니라 그리스도의 이름으로 권면하는데도, 그 권면이 비신앙적인 열매를 맺는 경우입니다. 참된 권면이라면 한 가지가 더 수반되어야 합니다. 바울은 "성령의 사랑으로 말미암아" 권한다고 했습니다. 사랑이 배제된 말은 사람을 찌르는 칼이 되기 쉽습니다. 그래서 권면은 사랑의 바탕 위에서 이루어져야 합니다. 그런데 대부분의 그리스도인이 다 사랑을 이야기하고 사랑이라는 이름으로 권면함에도 그 결과는 전혀 사랑과 무관한 열매가 맺히는 경우가 많습니다. 그들이 말하는 사랑은 실은 참사랑이 아닌 까닭입니다. 그래서 바울이 단순한 사랑이 아니라 '성령의 사랑'이라고 언급한 것입니다.

그러면 성령의 사랑이란 무엇입니까? 자기중심적인 사랑이 아니라 성령을 중심으로 하는 사랑을 말합니다. 성령의 사랑, 참사랑이 무엇인지에 대해 디모데전서 1장 5절이 이렇게 답을 주고 있습니다.

청결한 마음과 선한 양심과 거짓이 없는 믿음에서 나오는 사랑이거늘

내가 누군가를 사랑한다고 할 때 그 사랑이 청결한 마음, 선한 양심, 거짓 없는 믿음으로부터 비롯되지 않은 사랑이라면, 그 사랑은 성령의 사랑, 참사랑일 수 없고, 내가 아무리 사랑이라는 이름으로 행한다 해도 사랑의 열매가 거두어지지 않는다는 것입니다. 내가 누군가를 사랑한다고 할 때, 그 사랑이 내 만족만을 위한 이기심의 산물인지, 아니면 나 자신을 상대에게 송두리째 주고자 하는 깨끗한 마음의 산물인지 되짚어 봐야 합니다. 내가 누군가를 사랑하고자 한다면, 그가 힘이 세고 강하기 때문에 그 앞에서 잘보이기 위함인지, 아니면 그릇된 부분을 바로 잡아주려는 선한 양심의 발로인지 성찰해 보아야 합니다. 내가 누군가와 서로 사랑하기로 했다면, 실은 그것이 나의 거짓과 그의 거짓을 함께 파묻기 위한 결탁은 아닌지, 정말 서로를 진리로 이끌어 주기 위해 거짓 없는 믿음에서 나온 하나 됨인지 깊이 생각해 보아야 합니다.

예수 그리스도와 성령의 사랑으로 말미암은 권면은 일시적으로 오해를 받을 수 있지만, 세월이 흐르면 반드시 참된 열매를 거두게 됩니다. 그 권면 속에는 성령께서 역사하시기 때문입니다. 그러나 예수 그리스도와 성령의 사랑이 배제된 권면은 사람들에게 일시적인 수긍을 받을 수 있을지 몰라도 시간이 흐르면 사람들 사이에 분리와 분열을 초래합니다. 이 같은 권면은 고린도전서 13장 1절에서 말하듯 "소리 나는 구리와 울리는 꽹과리"와 다를 바 없기 때문입니다.

바울이 예수 그리스도와 성령의 사랑으로 말미암아 로마 교인들

에게 무엇을 권면하고 있는지 알아보십시다. 30절 하반절입니다.

너희 기도에 나와 힘을 같이하여 나를 위하여 하나님께 빌어

지금 로마 교인들과 바울은 한 번도 만난 적이 없는 상태입니다. 그런데 바울은 그들에게 힘써 자신을 위해 기도해 달라고 하는 것입니다. 이것이 무엇을 의미합니까? 로마 교인들의 기도가 나 자신, 내 가정, 내 식구, 내 일터에만 국한되어 있었음을 나타냅니다. 그래서 바울은 그들이 기도를 하되 자기 자신을 벗어나 타인을 위해 더욱 확장되고 승화된 기도를 할 수 있도록 권면하고 있는 것입니다.

신앙의 성숙도는 기도의 성숙도와 절대적으로 비례합니다. 내 기도가 성숙해지지 않는데 내 신앙이 성숙해지는 것은 있을 수 없는 일입니다. 내 기도가 먼저 성숙해질 때 신앙의 성숙뿐만 아니라 삶의 성숙도 뒤따르는 것입니다. 기도는 성숙한 삶의 길잡이가 되는 것입니다. 성숙한 기도보다 성숙한 삶이 앞설 수 없습니다. 기도보다 앞서는 삶이 있다면, 그것은 그릇된 삶입니다. 내가 나 자신, 내 가정, 내 자식, 내 일터만을 위해 기도하는데, 내 삶이 이타적인 삶이 될 수는 없습니다.

먼저 내 기도가 나를 뛰어넘어 타인을 위한 영역으로 넓어지면서, 그 기도와 더불어 내 삶이 타인을 위한 삶으로 확장되고 나누어질 수 있는 것입니다. 우리의 기도 속에 타인을 위한 기도가 있습니까? 타인을 위한 기도의 경우도, 나와는 생각과 뜻이 크게 다른 사람들을 위한 기도로 얼마나 확장되느냐에 따라 이웃 사랑의 경지와 폭이 달라지게 됩니다.

내가 사랑할 수 없는 사람이 있다면, 매일 만나기는 해야 하지만 미워할 수밖에 없는 사람이 있다면, 그를 위해 정말 힘써 기도해야 합니다. '기도하지 않아도 언젠가는 그 사람을 사랑하게 되겠지'라고 생각한다면, 평생 그를 사랑할 수 없게 됩니다.

이제 바울이 타인을 위해 어떻게 기도하기를 권면하고 있는지 살펴보십시다.

나로 유대에서 순종하지 아니하는 자들로부터 건짐을 받게 하고(31절 상반절)

"유대에서 순종하지 아니하는 자들"이란 예수 그리스도를 믿는 성도들을 핍박하는 예루살렘의 유대인들을 말합니다. 바울은 이 편지를 쓰고 나서, 마게도냐와 아가야 지방에서 모금한 구제헌금을 가지고 예루살렘 교회로 갈 예정입니다. 바울은 예루살렘에서 자신이 유대인들에게 받게 될 핍박과 수모를 예상하고 있습니다. 그래서 그들로부터 건짐 받도록 기도해 달라고 한 것입니다. 여기에서 "건짐"은 육체의 구원을 의미하지 않습니다. 바울은 사도행전 20장 23-24절에서 이렇게 말했습니다.

오직 성령이 각 성에서 내게 증언하여 결박과 환난이 나를 기다린다 하시나 내가 달려갈 길과 주 예수께 받은 사명 곧 하나님의 은혜의 복음을 증언하는 일을 마치려 함에는 나의 생명조차 조금도 귀한 것으로 여기지 아니하노라

이 말은 로마서를 쓰고 있는 고린도를 떠나 밀레도에 도착했을 때 한 말입니다. 바울은 예루살렘에 가면 환난과 핍박이 기다리고

있을 것을 알고 있었습니다. 목숨이 위태로울 것도 알았습니다. 그럼에도 자신의 생명을 귀한 것으로 여기지 않고 그곳으로 가겠다는 것입니다. '건짐'에 해당하는 헬라어 '뤼오마이ρύομαι'는 끌려가는 것이 아니라 오히려 끌어당겨 매는 것을 의미합니다. 즉, 그리스도인을 죽이려 하는 유대인들이 온갖 악한 방법으로 자신을 탄압하려 할지라도, 그들의 악한 방법에 자신도 동화되지 않도록, 끌려가지 않도록 기도해 달라는 것입니다. 다시 말해, 그와 같은 최악의 상황 속에서도 자신이 그리스도인으로 남아 있도록 기도해 달라는 것입니다.

바울의 이런 기도 제목은 우리의 마음속에 새겨야 할 기도 제목이 아닐 수 없습니다. 악한 사람과 만나 계속 이야기하다 보면, 어느새 악한 것을 생각하고 악한 말을 하는 우리 자신을 발견하곤 합니다. 그러다가 악한 삶을 살게 될 수도 있습니다. 불의한 사람과 계속 거래하다 보면, 불의한 방법으로 돈을 벌어도 양심의 가책을 느끼지 않게 됩니다. 이런 상황에서 참된 그리스도인으로 남을 수 있도록 기도하는 사람이 되어야 하는 것입니다. 나만을 위해 기도하는 것이 아니라 이 땅에 있는 모든 그리스도인이 가장 결정적인 순간에 그리스도인으로 남아 있을 수 있도록 서로를 위해 힘써 기도할 때, 그리스도인이 이 땅에서 소금과 빛의 역할을 감당할 수 있습니다.

예수 그리스도께서 겟세마네 동산에서 피땀 흘리며 새벽까지 행하신 기도가 결국 무엇입니까? 로마 군인들과 대제사장들이 악한 방법으로 펼쳐놓은 십자가 고난 속에서도 끝까지 그리스도로 남게 해달라는 것이 아닙니까? 예수님께서는 그 기도 후 십자가에서 죽임을 당하면서도 마침내 그리스도로 남으셨습니다. 하나님의 아들이신 예수님께서도 마지막 순간까지 그리스도로 남기 위해 기도하셨는데, 하물며 우리야 두말할 필요가 있겠습니까?

또 예루살렘에 대하여 내가 섬기는 일을 성도들이 받을 만하게 하고
(31절 하반절)

또 바울은 자신의 섬김이 예루살렘 성도들에게 받음직하게 되도록 기도해 달라고 했습니다. 마게도냐와 아가야 사람들을 대신해 자신이 가지고 가는 구제헌금을 예루살렘 성도들이 기쁨으로 받을 수 있도록, 이 물질의 나눔이 어떤 화근이 되거나 바람직하지 않은 열매로 맺어지는 일이 없도록 기도해 달라는 것입니다.

이것 역시 그리스도인이 꼭 기억해야 할 기도입니다. 신앙이란 물질을 초월하는 것입니다. 그러나 물질을 사용함으로 신앙이 드러납니다. 우리가 교회에 바치는 헌금이 물질입니다. 교회는 그 물질을 사용해 선교나 구제 등을 이루어 나갑니다. 이웃을 사랑할 때도 물질을 사용하게 됩니다. 따라서 그 물질이 모두에게 은혜의 도구, 은혜의 열매가 될 수 있도록 기도하라는 것입니다.

내가 지금 나누고자 하는 물질이 타인의 인격을 속박하는 사슬이 되지 않도록, 내가 이 물질로 인해 타인을 지배하려 하지 않도록, 내가 가지고 있는 모든 물질이 정말 타인을 살리는 생명의 도구가 될 수 있도록 늘 기도해야 합니다. 내 물질뿐만 아니라 교회가 쓰는 물질, 이 땅의 모든 그리스도인들이 쓰는 물질이 사회에서 선한 유익을 끼치도록 기도해야 합니다. 그때 그리스도인이 물신주의에서 벗어날 수 있고, 물질 때문에 사람을 해치는 것이 아니라 물질이 사람을 살리는 모습을 우리 모두가 볼 수 있게 됩니다.

나로 하나님의 뜻을 따라 기쁨으로 너희에게 나아가 너희와 함께 편히 쉬게 하라(32절)

바울은 "편히 쉬게 하라"고 했는데, 이것이 육체의 안일을 뜻하는 것입니까? 아닙니다. 나중에 바울이 로마에 도착했을 때 그는 토굴 속에 갇히고 그의 육체는 곤고했으며 결국 순교당했습니다. 바울은 자신이 로마에 가면 이런 일을 당하리라 알고 있었습니다. 그러므로 편히 쉬게 하라는 것이 육체의 안일이 아니라는 것이 분명합니다.

그렇다면 이 말의 의미는 무엇입니까? 이에 해당하는 헬라어 '쉬나파우오마이|συναναπαύομαι'는 '힘을 주다', '원기를 회복시키다'라는 뜻입니다. 즉, 로마 교인들과의 만남이 서로가 서로에게 힘과 격려를 주는 만남이 되도록 기도해 달라는 것입니다. 성도의 사귐과 교제는 참으로 중요합니다. 그런데 성도의 교제가 언제나 힘을 주는 것이 아니라 때로 서로를 절망케 하고 시험에 들게 하기도 합니다. 그러면 어떻게 해야 성도의 교제가 그리스도 안에서 참된 교제가 될 수 있습니까? 본문에서 바울이 말한 바와 같이 "하나님의 뜻을 따라" 교제할 때, 그리고 하나님의 뜻을 따르는 교제가 되도록 기도할 때 가능합니다. 우리가 인간의 관심에 의해, 이해득실에 의해 만나는 사귐이 아니라, 성령님의 인도하심 가운데 하나님의 뜻을 따라 언제 만나든지 얼굴만 보아도 서로에게 힘과 격려가 되고 소망을 주는 사귐이 되도록 기도해야 합니다. 이상이 바로 바울이 로마 교회 성도들뿐 아니라 오늘을 살아가는 우리 모두에게 권면하는 바입니다.

평강의 하나님께서 너희 모든 사람과 함께 계실지어다 아멘(33절)

성숙한 기도의 삶을 살아갈 때 그의 삶에 평강의 하나님께서 함께하시리라는 것입니다. 그러므로 숱한 고난과 결정적인 상황 가운데서도 그리스도인으로 남기 위해 힘써 햋하는 기도, 가지고 있는 모든 물질이 사람들에게 은혜와 생명의 도구가 되도록 하기 위해 땀 흘려 하는 기도, 서로가 서로에게 하나님의 뜻을 따라 힘과 격려를 주는 사귐이 되도록 하기 위해 전심을 다하는 기도의 삶을 살아가는 그리스도인에게 하나님께서 주시는 평강이 차고 넘치는 것은 지극히 당연한 일입니다. 기도의 삶 없이는 하나님의 평강이 나의 것이 될 수 없습니다. 기도 없는 삶은 엎어진 그릇과 같아서 아무리 평강이 쏟아져도 담길 수 없고 순식간에 소멸되고 맙니다.

로마서 본 내용의 결론이 예수 그리스도와 성령의 사랑으로 말미암은 간절한 권면으로 끝난다는 것은, 이와 같은 기도의 삶 없이는 로마서 1장에서 15장까지의 내용인 기독교의 참신앙도 불가능하고 기독교 윤리도 불가능하다는 것을 다시 일꺼워 주는 것입니다. 기도만이 참된 그리스도인의 삶을 가능케 하는 것입니다.

얼마 전, 넓은 농장을 시골에서 본 적이 있습니다. 그런데 한쪽은 나무가 잘 자라고 있는데, 다른 한쪽은 나무가 마르고 황폐했습니다. 같은 산자락인데도 나무가 잘되는 곳이 있는가 하면 나무가 죽는 땅이 있는 것이었습니다. 알고 보니, 나무가 잘 자라지 못한 땅은 본래 논이었던 곳이라 그 밑에 돌이 많아서 나무가 뿌리를 내리지 못하기 때문이었습니다. 살려 낼 방법이 하나 있는데, 외부에서 흙을 가져와 흙을 돋우는 것이었습니다.

뿌리가 내리지 않는 황폐한 땅은 흙을 돋우어야 합니다. 모든 땅이 옥토일 수는 없습니다. 사람도 다 다릅니다. 마음 밭이 옥토인 사람도 있고 황폐한 사람도 있습니다. 그런데 황폐한 사람은 돋우어야 합니다. 부족한 나를 돋우고 상대를 돋우기 위해 힘써 기도해야 하는 것입니다. 기도가 바로 우리의 마음을, 우리의 삶을 옥토로 돋우는 유일한 방책인 것입니다. 기도로 우리의 마음이 돋우어질 때, 하나님의 말씀이 우리의 심령에 뿌리 내려 30배, 60배, 100배의 결실을 맺게 될 것입니다.

로마서 16장

27
나의 동역자

로마서 16장 1-4절

내가 겐그레아 교회의 일꾼으로 있는 우리 자매 뵈뵈를 너희에게 추천하노니 너희는 주 안에서 성도들의 합당한 예절로 그를 영접하고 무엇이든지 그에게 소용되는 바를 도와 줄지니 이는 그가 여러 사람과 나의 보호자가 되었음이라 너희는 그리스도 예수 안에서 **나의 동역자**들인 브리스가와 아굴라에게 문안하라 그들은 내 목숨을 위하여 자기들의 목까지도 내놓았나니 나뿐 아니라 이방인의 모든 교회도 그들에게 감사하느니라

로마서의 본 내용은 로마서 15장에서 끝난다고 했습니다. 그래서 16장은 로마서에서 없어도 무방한 것처럼 여겨질 수 있습니다. 어떤 신학자들은 창세기부터 요한계시록까지 사람이 기록한 것으로, 하나님의 말씀이 그 전부가 아니라 군데군데 포함되어 있는 것이라고 주장합니다. 이런 신학자들이 가장 심혈을 기울여 하는 일이, 성경에서 하나님이 정말로 행하신 말씀과 사람이 행한 말을 가려내는 일입니다. 그런데 사람이 가려내니 사실은 그 사람이 하나님인 것

아닙니까? 그들이 가려내는 내용에 늘 포함되는 부분이 바로 로마서 16장입니다. 그들은 이 부분이 하나님의 말씀이 아니라며 성경에서 빠져야 한다고 주장합니다. 그러나 절대 그렇지 않습니다. 오히려 로마서 16장이 있음으로 해서 로마서가 비로소 완성됩니다.

로마서 1장부터 15장까지는 엄밀히 말하면, 그리스도인이라면 이렇게 믿어야 하고 이렇게 살아야 한다는 하나의 이론이요 이상입니다. 사람들은 이상과 현실은 다르다고 말합니다. 이론과 삶은 같지 않다고도 말합니다. 따라서 로마서가 15장에서 끝났다면, 사람들은 로마서가 바람직한 이상이요 잘 정리된 이론이기는 하지만, 전혀 비현실적이라고 비판할 것입니다.

로마서는 로마에 있는 교인들에게 쓴 편지입니다. 따라서 교회가 어떠해야 하는지 일깨워 주는 지침서이기도 합니다. 그래서 로마서 16장이 없다면, 사람들은 그와 같은 이상적인 교회는 사람의 생각 속에서는 존재할지 몰라도 이 땅에서는 불가능할 거라며 부정해 버릴 것입니다.

그런데 우리가 상고할 로마서 16장을 들여다보면, 제일 많이 나오는 것이 사람 이름입니다. 사람의 이름이라는 것이 이상입니까? 그것이 추상적인 이론입니까? 아닙니다. 그 사람들은 이 땅 위에서 실제로, 구체적으로 살았던 인물입니다. 로마서 15장까지의 내용을 현실 속에서 삶으로 살았던 실존자입니다. 로마서의 내용이 하나의 이상이고 이론이 아니라 얼마든지 우리의 삶 가운데서 실천 가능한 하나님의 말씀이요, 반드시 실천되어야 하는 진리요, 그 내용이 실천될 때만 아름답고 영원한 삶이 될 수 있음을 실증적으로 보여 준 사람들입니다.

따라서 로마서 16장이 있기 때문에 비로소 우리가 15장까지의 내용을 그리스도인의 책임과 의무와 권리로 받아들일 수 있을 뿐만 아니라, 로마서 전체가 완성될 수 있는 것입니다. 이 같은 사실을 알고서 로마서 16장을 보면, 여기에서 나오는 이름들이 그저 이름의 나열로 그치는 것이 아니라, 기적과 은혜의 보고가 됨을 알 수 있습니다.

라합처럼 천한 기생의 삶을 살았다 할지라도, 룻처럼 이방인의 신분으로 태어났다 할지라도, 다윗처럼 한순간의 욕정을 이기지 못해 씻을 수 없는 죄를 지었다 할지라도, 솔로몬처럼 처첩을 거느리며 허랑방탕한 삶을 살았다 할지라도 하나님의 자녀가 될 수 있음을 우리에게 증명해 주는 족보가 마태복음 1장입니다. 만약 우리에게 마태복음 1장이 주어지지 않았다면, 이방인이요 부도덕하고 허망한 인생을 살아온 우리가 어떻게 하나님의 자녀가 될 수 있다고 장담할 수 있겠습니까? 마태복음 1장의 족보가 우리에게 주어졌기 때문에, 우리도 우리의 이름을 그 족보 위에 올리고 하나님의 자녀 되었음을 확인하면서 하나님께 감사드릴 수 있는 것입니다.

로마서 16장도 이와 동일합니다. 로마서 16장에 기록된 사람들로 인해 우리가 하나님의 자녀 된 사람답게 하나님의 말씀을 따라 담대히 살아갈 수 있고, 로마서 16장 때문에 우리의 삶이 완성되어 갈 수 있는 것입니다.

1절부터 16절까지를 보면, 로마에서 지내고 있거나 로마에 가게 될 그리스도인들의 이름이 나오는데 총 스물일곱 명입니다. 그중에서 가장 먼저 뵈뵈라는 여인이 나옵니다. 뵈뵈는 바울이 고린도에서 쓰고 있는 이 로마서를 들고 로마 교회에 간 인물입니다. 그곳에서 바울이 올 때까지 로마 교회 교인들과 신앙생활을 함께했던 것으로 알려지고 있습니다. 당시에는 오늘날과 같은 통신수단이 없었으므로, 편지를 쓰면 사람이 직접 가지고서 전하러 가야 했습니다. 중요한 편지일수록 책임질 만한 사람이 들고 갔습니다. 그런데 바울은 이 로마서를 주저 없이 뵈뵈라는 여인에게 맡긴 것입니다. 그리고 이 여인의 이름을 16장에서 가장 먼저 기록했습니다. 스물일곱 명 가운데 아홉 명이 여자인데, 한 가지 더 주목할 만한 사실이 있습니다.

너희는 그리스도 예수 안에서 나의 동역자들인 브리스가와 아굴라에게 문안하라(3절)

바울이 자신의 동역자인 브리스가와 아굴라를 소개하고 있는데, 이들은 부부 사이입니다. 요즘도 부부를 누군가에게 소개할 때, 대개 남자를 먼저 언급합니다. 더욱이 2천 년 전에는 두말할 것도 없었습니다. 그런데 바울은 여자의 이름을 먼저 기록하고 있습니다. 이것이 무엇을 의미하는 것입니까? 2천 년 전 로마 교회에는 성차별이 없었다는 사실을 우리가 알게 됩니다.

참으로 오랜 세월 동안 여성들은 차별 대우를 받아 왔습니다. 고린도전서 14장 34절에서 바울이 전한 "여자는 교회에서 잠잠하라"는 구절을 교회가 끊임없이 인용하면서 여자들을 차별했습니다. 그런데 이 구절은 그런 뜻이 아닙니다. 당시 고린도 교회에 분란이 있었는데, 거기에 관련된 몇몇 여인들에게 그런 일이 없도록 하라는 뜻으로 전한 말입니다. 이 구절을 여자는 교회에서 아무것도 하지 말아야 한다는 식으로 해석하면, 베드로를 사탄이라 해석하는 것과 다를 바가 없습니다.

하나님께서 인간을 창조하실 때 자신의 형상대로 남자와 여자를 창조하셨습니다. 그래서 남자 혼자서는 하나님의 형상을 회복할 수 없고, 여자 혼자서도 하나님의 형상을 회복할 수 없습니다. 그래서 남자와 여자가 결혼하고 부부를 이룹니다. 그리고 함께 살면서 하나님의 형상을 회복해 가는 것입니다. 교회도 마찬가지입니다. 여자의 신앙으로 행해지는 봉사와 남자의 신앙으로 행해지는 봉사가 어우러지면서, 교회 안에서 하나님의 형상이 아름답게 회복되는 것입니다.

바울이 당시 차별 대우를 받던 여성들을 왜 높이고 존중하고 있습니까? 교회는 신앙 공동체이고, 신앙에 관한 한 남자보다 여자가 더욱 깊습니다. 예수님께서 십자가에서 못박혀 돌아가실 때 그 현장에 끝까지 있던 사람은 여자들입니다. 부활하시기 직전 무덤에 갔던 사람도 여자고, 예수님께 300데나리온의 값비싼 옥합을 깨뜨린 사람도 여자입니다. 그때 제자들이 그 여인에게 왜 비싼 것을 허비하느냐며 비난했습니다. 하지만 예수님께서는 오히려 그 여인을 칭찬하셨습니다. "온 천하에 어디서든지 복음이 전파되는 곳에는 이 여자가 행한 일도 말하여 그를 기억하리라"(막 14:9)고 하셨습니다.

예수님께서 그렇게 칭찬하신 이유는, 그 여인이 주님의 장례를 미리 준비했기 때문입니다. 예수님께서 예루살렘에 올라가면 자신이 죽게 될 거라 여러 번 말씀하셨는데, 아무도 믿지 않습니다. 제자들도 그 말씀을 믿지 않았습니다. 당시 이스라엘에는 사람이 죽으면 시체에 향유를 바르는 관습이 있었습니다. 그 여인은 예수님께서 죽는다고 하시니까 그분의 죽음을 미리 예비하기 위해 주님을 찾아와 향유를 부은 것이었습니다. 향유의 가치가 300데나리온이나 되어서가 아니라, 아무도 믿지 않는 상황임에도 믿었기 때문에 그 여인이 영원히 높임 받게 된 것입니다.

금년에 우리 교단에서 여성 목사와 여성 장로가 세워질 수 있게 헌법을 바꾼 것은 참 잘된 일입니다. 가정에서도, 일터에서도 성차별은 철폐되어야 합니다. 남성은 남성대로, 여성은 여성대로 각자 할 수 있는 능력과 맡겨진 역할을 존중할 때, 하나님의 형상이 온전하게 회복됨을 잊지 마십시다.

너희는 주 안에서 성도들의 합당한 예절로 그를 영접하고(2절 상반절)

성도들이 서로 지켜야 할 합당한 예절이 있다는 것입니다. 그 예절이란, 어떤 성도이든 그 안에 하나님의 형상이 있다는 사실, 그가 하나님의 자녀라는 사실, 하나님께서 그를 통해 역사하신다는 사실을 인정하는 것입니다. 바꾸어 말하면, 성도와 성도의 관계 속에서 나 혼자 하나님을 독차지하려는 생각을 버리는 것입니다. 하나님께서 나를 통해서만 역사하시고, 내가 누구보다 하나님께 사랑받아야 한다고 생각하면, 성도들 간에 합당한 예절은 절대 지켜질 수 없습니다.

바울은 뵈뵈라는 여인을 처음 언급하면서 "우리 자매 뵈뵈"라고 했습니다. 그리고 로마 교인들에게 로마서를 쓰면서 '형제'라는 말도 자주 사용했습니다. 바울이 그리스도를 믿는 사람은 누구든지 형제이자 자매로 여긴 것입니다. 한 아버지의 자녀임을 인정하고 존중했기 때문입니다. 그리고 바울은 로마서 16장을 그들에 대한 덕담으로 채웠습니다. 사람들의 좋은 점만을 뽑아 이야기해 주고 있는 것입니다. 상대를 하나님의 자녀로 인정하면 자연스럽게 그의 장점이 눈에 들어오는 까닭에 그럴 수 있었던 것입니다. 그리스도인으로서 합당한 예절을 지켜 나간다는 것은 서로를 존중하고 하나님의 자녀로 인정하는 것입니다.

무엇이든지 그에게 소용되는 바를 도와줄지니(2절 중반절)

여기에서 두 가지를 생각해 볼 수 있는데, 첫째는 상대가 필요로 하는 것을 도와주고 채워 줄 수 있어야 한다는 것입니다. 성경 어디에도 장사 밑천을 대주라는 말은 없습니다. 유흥비를 두말없이 대주라는 말도 없습니다. 그러나 어떤 사람이 열심히 땀 흘려 일했음에도 자녀의 학비가 모자라서 어려운 처지에 있다면, 어떤 사람은 열심히 일하고 싶은데 건강이 허락되지 않고 한 끼 해결하는 것도 힘에 부치는 처지에 있다면, 또 어떤 사람은 갑자기 재난을 당해 추위를 막을 옷 한 벌 없는 상황에 있다면, 그 필요로 하는 것을 나누고 채워 줄 수 있어야 한다는 것입니다. 하나님께서 우리에게 물질을 맡겨 주신 이유가 바로 이럴 때 쓰도록 하기 위함이기 때문입니다.

내 주위에 있는 사람이 필요로 하는 것을 내가 줄 수 있을 때, 내가 필요로 하는 것도 주어지는 것입니다. 나의 쓸 것을 위해 처절했다면, 남의 절박함에도 귀 기울일 줄 알아야 합니다.

둘째는 상대방의 입장이 되어 줄 수 있어야 한다는 것입니다. "도와줄지니"라고 번역된 헬라어 '파리스테미παρίστημι'는 '곁에 서다'라는 뜻입니다. 도와준다는 것은 그 사람 곁에 서주는 것입니다. 그 사람 입장에서 함께하는 것입니다. 내가 형편이 안 되어 그에게 단돈 1원을 주지 못해도 그의 곁에서, 그의 입장, 그의 심정만 되어 주어도 말할 수 없는 격려요 힘이 되는 것입니다. "즐거워하는 자들과 함께 즐거워하고 우는 자들과 함께 울라"(롬 12:15)는 말씀이 바로 상대의 곁에서 같은 심정이 되어 주라는 의미입니다. 상대의 곁에 서서 도와줄 때만, 나의 도움이 상대의 인격과 자존심을 상하지 않게 합니다.

바울이 로마 교인들에게 뵈뵈에 대해 부탁하면서 그 이유를 다음과 같이 밝혔습니다.

이는 그가 여러 사람과 나의 보호자가 되었음이라(2절 하반절)

뵈뵈가 바울뿐만이 아니라 여러 사람의 보호자가 되어 주었기 때문입니다. "보호자"에 해당하는 헬라어 '프로스타티스$προστάτις$'는 성경에서 이곳 한 군데만 나옵니다. 뵈뵈가 어떤 보호자 역할을 했는지는 구체적으로 알 도리가 없습니다. 우리가 상상할 수 있는 것은, 바울은 전도 여행자였기 때문에 뵈뵈가 경제적인 보호자가 되어 주기도 했을 것이고, 법적인 보호자가 되어 줄 수도 있었으리란 것입니다.

어쨌든 우리가 여기에서 얻을 수 있는 교훈은, 성도들은 서로에게 보호자가 되어 주어야 한다는 것입니다. 바울이 얼마나 위대한 신앙인이자 사도입니까? 그런데 이런 바울이 자신은 위대하므로 다른 사람의 보호자가 될 뿐, 자신의 보호자는 필요 없다고 말하지 않았습니다. 오히려 그 여성이 자신의 보호자가 되어 주었음을 겸손하게 고백하며, 그에게도 보호자가 필요했음을 밝히고 있습니다. 물론 바울은 뵈뵈에게 영적인 보호자가 되어 주었습니다. 따라서 바울과 뵈뵈는 서로 보호자가 되어 준 것입니다.

오전에 검찰청에서 일하는 어느 성도님이 전화를 주셨습니다. 그 내용은 열네 살 소녀와 열여덟 살 소녀가 본드를 흡입하다가 잡혀 왔는데, 본드는 마약으로 취급하기 때문에 석방이 안 되고 소년원으로 보내지리라는 것이었습니다. 그런데 그분이 아이들을 보니, 가정 형편이 너무 어려웠습니다. 장애인 아버지는 자식들을 버렸고, 가정에서 사랑다운 사랑 한 번 못 받고 자란 아이들이 공장을 다니다가 어쩌다 본드를 흡입하게 되었는데, 소년원으로 보내지면 그 아이들이 평생 버려질 것 같았습니다. 그래서 무리를 해서라도 이 아이들을 내보내 주고 싶은데, 그들을 보호해 주어야 할 보호자가 있어야 하므로 시간이 없는 상태에서 허락을 받지 못하고 우리 교회와 제 이름을 썼다는 것이었습니다.

저는 잘하셨다고 답변드렸습니다. 내가 다니는 교회가, 나와 같이 신앙생활하는 교회가 이런 아이들의 보호자가 되어 줄 거라고 믿는 믿음이 얼마나 아름답습니까? 성도들은 서로 보호자가 되어 주는 사이가 될 때, 우리를 한 교회의 성도 되게 하시고 교제하게 하신 하나님의 신비로운 은혜가 비로소 열매 맺게 되는 것입니다.

3절을 다시 보시겠습니다.

너희는 그리스도 예수 안에서 나의 동역자들인 브리스가와 아굴라에게 문안하라

바울은 이들 부부를 자신의 "동역자"라고 부르고 있습니다. 바울은 이 부부를 고린도에서 알았습니다. 남편 아굴라는 바울처럼 천막 제조 기술자였습니다. 그런데 2차 전도 여행 때 바울이 고린도를 떠나 에베소로 향할 때, 아굴라 부부도 자기들이 살던 고린도를

떠나 에베소로 가서 바울과 같이 동역했습니다. 그러다가 바울이 로마로 가리라는 것을 안 뒤 그들은 먼저 로마에 가서 그곳의 교우들과 함께 신앙생활을 하고 있었던 것입니다. 이것만으로도 너무도 아름답고 든든한 동역의 모습이 아닐 수 없습니다.

그런데 4절에서 바울은 이렇게 말합니다.

그들은 내 목숨을 위하여 자기들의 목까지도 내놓았나니 나뿐 아니라 이방인의 모든 교회도 그들에게 감사하느니라

이것은 아굴라 부부의 말이 아닙니다. 바울이 인정하며 말하기를, 저 부부는 바울 자신을 위해 그들의 목숨까지 내어놓았는데, 모든 교회가 다 그렇게 생각하고 감사해한다고 한 것입니다. 바울이 에베소에 있을 때 우상을 만드는 사람이 바울 때문에 장사가 망하게 되자, 사람들을 선동해서 폭동을 일으켰습니다. 그때 아굴라 부부는 생명의 위협을 당하던 바울과 목숨을 걸고 함께한 것으로 알려지고 있습니다. 그런 일이 그때 한 번뿐이었다면, 수년이나 지나 잊혀질 수도 있습니다. 또 바울은 감사할 수 있을지 몰라도 모든 교회가 이들 부부에게 감사해하지는 않았을 것입니다. 따라서 바울의 말에 비추어 생각해 보면, 그들이 계속해서 중심을 다해 사람과의 관계, 하나님과의 관계를 심화시켜 왔음을 알 수 있습니다.

사람들은 자기도 모르게 다른 사람을 평가하면서 살아갑니다. 그런데 남도 나를 똑같이 평가하고 있다는 것은 생각하지 않습니다. 우리가 다른 사람에게 은혜를 끼친 것에 대해 간증하는 것은 참으로 소중하고 아름다운 일입니다. 그러나 우리 자신을 객관화시켜야 합니다. 기억해야 할 것은, 자신은 절대로 자신을 모른다는 것

입니다. 남에게 비추어져 확인할 수 있는 그 모습이 훨씬 객관적인 자기 모습입니다.

물론 사람들의 평가는 틀릴 수 있습니다. 중요한 것은 이것입니다. 주님께서 나를 어떻게 평가하실 것인지, 내가 모든 사람들로부터 오해를 받는다 할지라도 주님께서 나를 인정하실 것인지, 아니면 내가 모든 사람들로부터 칭찬받고 있음에도 주님께서 아니라고 하시는 것은 아닌지 생각해 보며, 이 같은 질문에 자신을 말씀으로 객관하는 것입니다.

우리의 삶 자체가 로마서가 되게 하십시다. 우리의 삶 자체를 로마서로 살아간다면, 하나님께로부터 진리의 사람으로 영원히 인정받고 칭찬받게 될 것입니다.

28
문안하라

로마서 16장 3-12절

너희는 그리스도 예수 안에서 나의 동역자들인 브리스가와 아굴라에게 문안하라 그들은 내 목숨을 위하여 자기들의 목까지도 내놓았나니 나뿐 아니라 이방인의 모든 교회도 그들에게 감사하느니라 또 저의 집에 있는 교회에도 문안하라 내가 사랑하는 에배네도에게 문안하라 그는 아시아에서 그리스도께 처음 맺은 열매니라 너희를 위하여 많이 수고한 마리아에게 문안하라 내 친척이요 나와 함께 갇혔던 안드로니고와 유니아에게 문안하라 그들은 사도들에게 존중히 여겨지고 또한 나보다 먼저 그리스도 안에 있는 자라 또 주 안에서 내 사랑하는 암블리아에게 문안하라 그리스도 안에서 우리의 동역자인 우르바노와 나의 사랑하는 스다구에게 문안하라 그리스도 안에서 인정함을 받은 아벨레에게 문안하라 아리스도불로의 권속에게 문안하라 내 친척 헤로디온에게 문안하라 나깃수의 가족 중 주 안에 있는 자들에게 문안하라 주 안에서 수고한 드루배나와 드루보사에게 **문안하라** 주 안에서 많이 수고하고 사랑하는 버시에게 문안하라

지난 시간 살펴본 본문 3-4절에서 우리는 두 가지를 더 생각해 볼 수 있습니다.

너희는 그리스도 예수 안에서 나의 동역자들인 브리스가와 아굴라에게 문안하라 그들은 내 목숨을 위하여 자기들의 목까지도 내놓았나니 나뿐 아니라 이방인의 모든 교회도 그들에게 감사하느니라

첫째, '동역자'와 '동료'의 차이에 대해서입니다. 바울이 브리스가와 아굴라를 자신의 동역자라 부르고 있는데, 동역자란 말 그대로 함께 일하는 사람입니다. 그렇다고 해서 같은 사무실에서 일하는 사람을 동역자라 하지는 않으며 동료라고 부릅니다.

며칠 전에 어느 공장을 방문했습니다. 그 공장 사무실에서 만난 직원분과 이야기를 하고 있었는데, 한참 이야기하는 도중에 한 아주머니가 큰 떡판을 들고 들어왔습니다. 한 판도 아니고 두 판을 겹쳐 가져왔습니다. 조금 있다가 또 한 아주머니가 마른 북어를 몇 마리 들고 들어왔습니다. 또 세 번째 아주머니는 돼지 머리를 쟁반에 들고 들어왔습니다. 그 직원분이 말하기를 자신은 이날만 되면 고통스러운데, 이 회사에서는 한 달에 한 번씩 날짜를 정해 놓고 고사를 드린다는 것이었습니다. 그런데 돼지 머리 앞에서 절은 할 수 없고, 하지 않고 버티고 서 있자니 사장님의 시선이 따가워 견디기가 어렵다고 했습니다.

분명히 같은 사무실에서 일하는데 이렇게 생각이 다르고 가치관이 다른 것입니다. 이런 사이는 동역자가 될 수 없습니다. 같은 생각, 같은 마음, 같은 목적을 가지고 함께 일하는 사람을 가리켜 동역자라고 하는 것입니다.

그런데 신앙인으로서 동역자가 되기 위해서는 한 가지가 더 있어야 합니다. 3절에서 바울이 "그리스도 예수 안에서 나의 동역자"라고 말했듯이, 함께 그리스도 안에 있어야 하는 것입니다. 즉, 같은 신앙을 가지고 있어야 합니다. 진리의 길을 걸어가는 데는 동역자가 필요한 법입니다. 혼자서는 진리의 삶을 완성시켜 갈 수 없는 까닭입니다. 위대한 사도 바울에게도 동역자가 필요했습니다. 예수 그리스도께서도 제자들을 동역자로 여기며 그들과 함께하셨습니다. 하물며 우리야 두말할 나위가 있겠습니까? 우리에게도 신앙의 동역자가 있는지, 그리고 아굴라 부부가 바울을 위해 생명을 걸었던 것처럼 우리도 서로를 위해 모든 것을 아낌없이 버릴 수 있는 동역자가 되어 주고 있는지 돌아보아야 합니다.

아굴라 부부가 어떻게 그처럼 바울을 위해 신실한 동역자가 되어 줄 수 있었습니까? 답은 간단합니다. 바울이 참된 진리의 사람이었기 때문입니다. 얼마 전 세상을 떠들썩하게 한 사람이 있습니다. 양은이파의 두목 조양은입니다. 그는 1970년대에 소위 주먹으로 대한민국 암흑가를 휘두르던 사람입니다. 그리고 5공화국이 시작되면서 감옥에 수감되어 무려 15년을 복역했습니다. 그 정도면 그의 조직이 와해되었어야 할 것 같은데, 그대로 건재했습니다. 조양은이 총각 시절에 수감되었다는 이유로 그 부하들도 결혼을 하지 않았습니다. 그리고 그가 출감하던 날 수많은 조직원들이 도열했습니다. 그들이 깡패라서 그렇지 좋은 말로 표현하면, 조양은은 좋은 동역자를 많이 둔 사람입니다. 어떻게 이런 일이 가능합니까? 이유는 하나입니다. 조양은이 진짜 깡패였기 때문입니다. 깡패가 되그자 하는 사람은 진짜 깡패 곁으로 모입니다. 사업가다운 사업가가 되고 싶어 하는 사람은 진짜 사업가 곁으로 모이고, 예술을 열정적으로 사랑하는 사람은 진짜 예술가 곁으로 모입니다. 그리고 진정으로 진리를 사랑하는 사람은 진리의 사람 곁으로 모입니다.

꽃이 나비를 찾아다니는 법은 없습니다. 꽃은 향기만 풍기면 아무리 그늘진 곳에 있다 해도 나비가 찾아옵니다. 마찬가지로, 진리가 사람을 따라다니지 않습니다. 진리가 진흙 속에 감추어져 있어도 그것이 진리임을 아는 사람은, 그것을 찾으러 갑니다. 내가 정말 진리의 사람이 되면, 진리의 동역자가 모입니다. 따라서 주위를 둘러보았을 때 진리의 동역자가 없다면, 나 자신의 삶을 성찰하고 바꾸어야 합니다. 내가 정말 진리를 지향하는 사람이 되면, 나에게서 진리의 향기가 나고 그로 인해 진리의 동역자가 생기게 됩니다.

둘째, '브리스가'와 '브리스길라'의 차이에 대해서입니다. 사도행전 18장 1-3절을 보십시오.

그 후에 바울이 아덴을 떠나 고린도에 이르러 아굴라라 하는 본도에서 난 유대인 한 사람을 만나니 글라우디오가 모든 유대인을 명하여 로마에서 떠나라 한 고로 그가 그 아내 브리스길라와 함께 이달리야로부터 새로 온지라 바울이 그들에게 가매 생업이 같으므로 함께 살며 일을 하니 그 생업은 천막을 만드는 것이더라

바울과 아굴라 부부는 장막을 만드는 데도 동역자였고 복음을 전하는 데도 동역자였습니다. 사도행전을 기록한 누가는 바울이 아굴라 부부를 만나는 장면을 기록하면서, 남자인 아굴라의 이름을 먼저 기록하고 있습니다. 그런데 그의 아내 이름을 "브리스길라"라고 기록했는데, 바울은 로마서에서 "브리스가"라고 했습니다. 유대인들은 여자가 결혼하면 그 여자의 본명을 낮추어 불렀습니다. 즉 여

자를 남자에게 예속되어 있는 존재로 보았습니다. 이것을 전문적 용어로는 지소사指小辭라고 합니다. 여기에서는 '브리스가'라는 이름의 여인을 작게 부른 이름이 바로 '브리스길라'입니다. 누가는 사도행전을 기록하면서 당시의 유대인들이 지니고 있던 사고방식과 관습 그대로 기록한 것입니다.

그런데 바울은 '브리스가'라는 본명을 그대로 존중해 기록했습니다. 바울은 브리스가를 아굴라에게 종속된 존재로 본 것이 아니라, 하나님께로부터 지음 받은 하나님의 딸로서 독립된 인격을 가진 온전한 인간으로 존중한 것입니다.

어떤 남편이든지 아내를 자기에게 종속된 존재로만 보려 하면, 아내의 참된 가치와 의미를 놓치게 됩니다. 아내를 자기 아내이기 이전에 하나님께서 당신의 뜻을 위해 지으신 하나님의 딸이자 하나님께로부터 독립된 인격을 부여받은 한 인간으로 존중할 때, 적어도 나의 수족의 의미를 넘어 내 인생을 함께 나누어 가는 인생의 동역자가 되는 것입니다.

사람과의 관계에서도 마찬가지입니다. 외적인 조건으로 누군가를 평가하려 하면 그 사람의 실체를 놓치게 되고, 외적인 조건이 변화되면 언제든지 쉽게 그 관계를 끊어 버리는 사람이 되고 맙니다. 그를 둘러싸고 있는 모든 외적인 조건을 뛰어넘어 그 사람 자체에 대한 외경심을 가질 때, 비로소 사람과 사람의 만남은 마르지 않는 샘물이 되어 신비하고 신령한 것들을 꽃피워 내는 것입니다.

이제 5절 상반절을 함께 보십시다.

또 저의 집에 있는 교회에도 문안하라

이 구절을 통해 우리는 브리스가와 아굴라의 집이 예배당으로 사용되었고 그 가정이 바로 교회였다는 사실을 알게 됩니다. 즉, 2천 년 전 로마 교회는 예배당이 없었고 각 가정이 교회였습니다. 그 가정들이 모여 하나의 지역 교회를 이루었습니다. 바울이 이 로마서를 쓰는 이유는 각 가정이 회람해 볼 수 있도록 하기 위함이었습니다.

이 부분과 관련해 우리는 두 가지를 생각해 볼 수 있습니다. 첫째, 교회는 건물이 아니라 예수 그리스도를 따르는 사람들의 모임이라는 사실입니다. 초대교회가 오늘날 수많은 교회들의 본이 되는 이유는 초대교회의 건물이 멋지거나 아름다워서가 아니라, 초대교회를 이룬 교인들의 삶이 은혜로웠기 때문입니다.

다른 교회에 실망한 많은 성도들이 소문을 듣고 우리 교회를 찾아온다면, 무엇에 대한 기대 때문입니까? 하나밖에 없습니다. 우리 교회를 이루고 있는 사람들에 대한 기대 때문입니다. 따라서 우리 교회가 초대교회처럼 이상적이고 은혜로운 교회가 되고자 한다면, 우리 교회를 이루는 한 사람 한 사람이 참된 그리스도인이 되어야 함을 다시금 기억해야 합니다.

둘째, 그리스도인의 가정은 아름다운 교회가 되어야 한다는 사실입니다. 교회의 역사를 보면, 가정과 가정이 모여 오늘날과 같은 조직적인 교회가 되었음을 알 수 있습니다. 따라서 어느 교회든지 바람직하고 아름다운 교회가 되기 위해서는, 그 교회를 구성하고 있는 단위세포인 가정이 바른 교회가 되지 않으면 불가능합니다.

대개 예배당 안에서의 우리 모습과 가정에서의 우리 모습은 다릅니다. 우리 가정이 교회로 가꾸어지지 못했기 때문입니다. 우리는 우리 가정을 교회로 가꾸기 위해 어떤 노력과 애를 쓰고 있는지 살펴볼 필요가 있습니다.

무척 오래전 이야기입니다. 제가 잠을 자는데 전화가 왔습니다. 제가 자는 시간에 오는 전화는 대부분 위급한 내용의 전화입니다. 전화를 받으면서 시계를 보니 새벽 1시 반이었습니다. 아이의 목소리가 들렸는데, 지금 빨리 자기 집에 와달라고 했습니다. 나중에야 그 아이가 누구라는 것을 알았습니다. 이유를 물었더니 아이의 말이, 목사님이 오셔서 엄마 아빠가 싸우는 것을 보셔야 한다는 것이었습니다. 그리고 이제는 엄마 아빠의 이중적인 모습에 지쳐서 못 견디겠다고 했습니다. 가정이 이렇게 되고서야 참된 교회가 이루어질 수 있겠습니까?

아이들을 대상으로 설문조사한 결과를 보면, 72퍼센트가 죽어도 자기 아버지는 닮지 않겠다고 답변했다고 합니다. 그 아이들 중 25퍼센트는 그리스도인일 것이고, 아버지들 중에서도 25퍼센트는 그리스도인일 것입니다. 이런 가정들이 모인 교회가 참된 교회가 될 수 있겠습니까? 우리의 가정이 교회가 되려면, 가족끼리 그리스도 안에서 신앙을 나누고 사랑을 나누는 훈련을 해야 합니다. 신앙과 사랑은 훈련을 거치지 않고는 절대 성숙되지 않습니다. 미움은 그냥 놔두어도 자랍니다. 그러나 신앙과 사랑은 이내 소멸되고 맙니다.

몇 주 전부터 주일 저녁예배 시간에, 가정에서 예배드리기를 원하는 분들을 위해 따로 예배 순서지를 만들어 놓고 있습니다. 본래 우리 교회의 찬양예배 취지가 찬양예배 시간만큼은 부모와 자녀들이 한자리에서 한마음으로 주님께 찬양드리자는 것입니다. 그래서 저녁 시간에 그 은혜를 가정에서 경험하고 싶어 하시는 분들을 배려하고 그 가정이 보다 성숙한 교회로 자라나도록 지원하기 위해 따로 예배 순서지를 준비해 놓은 것입니다.

작년 안식년 기간 중에 저녁 때 집에서 가족과 예배를 드리면서 많은 것을 느꼈습니다. 아이들이 초등학교에만 들어가도 정직과 친구들의 유혹 사이에서 얼마나 많은 갈등을 겪는지 알게 되었습니다. 부모와 자녀가 신앙 안에서 삶을 공유하는 것이 얼마나 중요한지 모릅니다. 주일 저녁에 예배당에 나와 예배드리는 것이 은혜가 되는 분들은 예배당에 나오고, 가정에서 예배드리는 것이 은혜롭게 여겨지는 분들은 가정에서 예배드리면 됩니다. 평소에는 기분과 욕망을 충족시키기 위해 여러 시간을 텔러비전 시청이나 전화, 컴퓨터 게임 등을 하면서 무의미하게 탕진해 버리면서도 가정이 바로 서고 교회가 바로 서길 바라서는 안 됩니다. 내가 매일의 삶 속에 진리의 씨앗을 뿌려 나갈 때, 가정에도 교회에도 변화가 싹트게 되는 것입니다.

내가 사랑하는 에배네도에게 문안하라 그는 아시아에서 그리스도께 처음 맺은 열매니라(5절 하반절)

"처음 맺은 열매"라는 구절은, 두 번째 열매, 세 번째 열매도 있음을 짐작하게 합니다. 씨를 뿌리는 것은 대단히 중요합니다. 그런데 씨를 뿌리는 것보다 더 중요한 것은 열매를 거두는 것입니다. 씨를 뿌리는 목적은 하나입니다. 바로 열매를 거두기 위함입니다. 봄에 농부가 취미 삼아 씨를 뿌리는 경우는 없습니다.

뿌린 씨를 열매로 거두어들이기 위해서는 지속적인 노력과 관심이 있어야 합니다. 우리 주위에 처음으로 그리스도를 영접한 초신자들이 있다면, 그들에게 더욱 각별한 애정과 정성을 쏟아야 합니다. 그들이 그리스도를 향한 진리의 열매를 맺도록 도와주어야 합니다. 우리가 하나님 앞에 설 때 보여 드리는 것은 우리가 얼마만큼 씨를 뿌렸는지가 아니라, 얼마만큼 열매를 거두었는지입니다. 농부가 아무리 씨를 많이 뿌려도 단 하나의 열매도 거두지 못하면 모든 일이 허사입니다. 열매의 질과 양으로 하나님께 칭찬받게 되는 것입니다.

너희를 위하여 많이 수고한 마리아에게 문안하라(6절)

참된 그리스도인들은 수고가 많은 이들입니다. 그리스도인은 주님의 행하심을 따라 헌신과 봉사에 충실한 사람들이기 때문입니다. 그런데 본문에 의하면, 그중에서도 특히 수고하는 사람이 있다는 것입니다.

교회성장학에서는 한 교회가 성장하고 유지되는 데 그 교회 교인의 10퍼센트가 열심히 하면 된다고 합니다. 나머지 90퍼센트는 실질적인 일을 감당하지 않는다는 것입니다. 정말 교인의 10퍼센트만 최선을 다하고 열심히 헌신하면 그 교회는 좋은 모습으로 운영되고 나아갈 수 있다는 것입니다. 그러나 이것은 어디까지나 성장학이라는 학문에서 이야기하는 것일 뿐입니다. 그리스도인은 모두가 그리스도를 위해 기꺼이 헌신하는 사람이 되어야 합니다. 우리가 주님을 위해 행하는 모든 수고는 반드시 평가받기 때문입니다. 12절을 보십시다.

주 안에서 수고한 드루배나와 드루보사에게 문안하라 주 안에서 많이 수고하고 사랑하는 버시에게 문안하라

보시는 바와 같이, 바울도 누가 얼마나 수고했는지 평가했습니다. 이것이 바로 주님 앞에서 우리의 모습일 수 있는 것입니다.

이 세상 끝 날은 믿지 않는 사람에게는 심판의 날이지만, 믿는 사람에게는 구원의 날입니다. 믿는 사람에게 그 구원의 날은 다른 말로 하면, 셈하는 날이 됩니다. 우리가 주님을 위해 얼마나 수고했는지 평가받고 셈받는 날이 바로 인생의 끝 날인 것입니다. 우리가 주님에 의해 셈받으리란 것을 진실로 믿으면, 남이 보든 보지 않든 어떠한 헌신도 기쁘게 감당하며 살아갈 수 있습니다.

내 친척이요 나와 함께 갇혔던 안드로니고와 유니아에게 문안하라 그들은 사도들에게 존중히 여겨지고 또한 나보다 먼저 그리스도 안에 있는 자라(7절)

안드로니고와 유니아는 바울보다 먼저 예수를 믿은 사람입니다. 그런데 지금은 어떻습니까? 그들이 바울에게 복음을 배우고 있습니다. 자신들이 먼저 믿었으니 바울이 말하는 것을 듣지 않으려 했다면, 그들은 로마서에 담겨 있는 복음의 진수를 접해 보지 못하고 그 겉만 핥다가 인생이 끝났을지도 모릅니다. 그들은 나중 믿은 사람의 말에 귀 기울일 줄 알았던 겸손한 사람들이었습니다. 나중 믿은 바울이 처음부터 복음을 가르친 것은 아니었습니다. 수년에 걸친 검증 기간을 거친 뒤에야 먼저 믿은 사람들이 나중 믿은 바울의 말에 귀 기울이고 그가 전한 복음에 자신들을 맡기기 시작한 것입니다.

이처럼 먼저 믿은 사람이 나중 되고 나중 믿은 사람이 그리스도 안에서 먼저 되는 이 하나님의 법칙을 깨달으면, 우리는 세월이 흘러도 교만에 빠지지 않고 겸손히 깨어 있는 그리스도인으로 살아갈 수 있습니다.

또 주 안에서 내 사랑하는 암블리아에게 문안하라 그리스도 안에서 우리의 동역자인 우르바노와 나의 사랑하는 스다구에게 문안하라(8-9절)

우리가 많은 사람과 더불어 신앙생활을 하는 가운데 특별히 사랑하는 사람이 있기 마련입니다. 그런데 그렇게 특별히 사랑하는 이유를 생각해 보신 적이 있습니까? 열 사람 가운데 왜 한두 사람을 더 사랑하게 되겠습니까? 그 이유는 그 사람이 나에게 잘해 주고, 그 사람이 내 말에 잘 동의해 주기 때문일 것입니다. 즉 내가 다른 사람을 사랑한다고 할 때, 대개 나 중심적으로 사랑하는 것입니다.

바울이 특별히 이름을 밝히면서 사랑한다고 한 암블리아는 2천 년 전 노예에게만 붙이던 이름입니다. 바울은 자신에게 돌아오는 것과 상관없이 그가 노예였기 때문에 더욱 그에게 애정 어린 관심을 두었습니다.

그리스도 안에서 인정함을 받은 아벨레에게 문안하라 아리스도불로의 권속에게 문안하라 내 친척 헤로디온에게 문안하라 나깃수의 가족 중 주 안에 있는 자들에게 문안하라(10-11절)

여기에서 "권속", "가족"이라는 말도 '노예'를 뜻합니다. 곧, 아리스도불로의 집에 있는 노예와 나깃수의 집에 있는 노예 중 예수님을 믿는 사람들에게 문안하라는 것입니다. 이처럼 바울은 노예들에게 마음을 크게 썼습니다.

2천 년 전에는 계급이 존재하던 사회입니다. 당시 노예는 짐승과 같았습니다. 주인과 같이 밥을 먹을 수도 없고, 같은 자리에 앉을 수도 없었습니다. 그런 노예가 주인과 형제자매처럼 같은 예배당에서 예배를 드리는 것은 가히 혁명적인 일이었습니다. 행여 높은 지위에 있는 사람에게는 문제가 안 될 수도 있으나, 어떻게 노예가 하루아침에 예배당에 들어와 주인의 눈을 쳐다보며 찬송과 예배를 드릴 수 있겠습니까? 뭔가 적응이 안 되고 계속 불편함이 남아 있을 것입니다. 그래서 바울은 노예들을 더 사랑했습니다. 그저 낮고 연약하고 힘이 없는 사람들이었기 때문입니다.

우리가 어떤 사람들을 사랑하고 있는지 주위를 살펴보십시다. 내가 사랑하는 사람들 가운데 낮고 연약한 사람이 있습니까? 사랑은 내리사랑으로, 낮은 곳으로 흘러가는 것입니다. 낮은 곳으로 흘러갈 때 내 사랑이 참사랑이 되고, 비로소 어느 누구도 품을 수 있게 됩니다.

"그리스도 안에서 인정함을 받은" 아벨레는 얼마나 큰 감격을 누렸겠습니까? 이 말을 다르게 해석하면, 그리스도 안에서 많은 경험을 쌓은 아벨레입니다. 말씀대로 평생을 살아오면서 신앙으로 승리한 연륜이 쌓여 있다는 의미입니다. 그리스도인에게 인생이 흘러간다는 것은, 신앙의 경험이 축적되는 것입니다. 따라서 그리스도인은 나이가 들면 들수록 그 인생이 정금처럼 아름답게 가꾸어집니다. 이 같은 삶을 위해 우리는 날마다 말씀 속에 있어야 합니다. 그때에만 시간이 흘러갈수록 그 경험이 연륜으로 축적되어 그리스도 안에서 인정받는 사람으로 세워질 수 있습니다.

12절을 다시 보십시다.

주 안에서 수고한 드루배나와 드루보사에게 문안하라 주 안에서 많이 수고

하고 사랑하는 버시에게 문안하라

원문을 보면, 8-9절에서 암블리아와 스다구 앞에 '사랑하는'이라는 수식어가 있는 반면, 12절에서 버시 앞에는 '사랑받는'이라는 수식어가 붙습니다. 앞의 두 사람은 바울이 사랑하는 사람이라는 의미인데, 버시는 바울을 포함한 모두로부터 사랑받는 사람이라는 것입니다.

앞의 두 사람은 남자이고 버시는 여자입니다. 그래서 '사랑하는 버시'라고 하면 혹 그 남편이나 사람들에게 불필요한 오해를 불러일으킬 수 있다는 판단으로 '사랑받는 버시'라고 달리 표현해 준 것이기도 합니다. 바울은 한 사람 한 사람을 깊이 관찰하며 높여 주고 배려해 주었습니다. 우리가 로마서 15장까지 배운 바를 사람과의 관계에서 어떻게 행하면서 살 것인지 그 실례들이 16장에서 구체적으로 보여지고 있습니다.

바울은 본문에서 "문안하라"는 말을 거듭 강조합니다. 이것은 단순한 인사 차원을 말하는 것이 아니라, 한 사람 한 사람에게 깊은 관심을 갖고 개별적으로 존중하고 배려하는 마음으로 대하라는 의미입니다. 우리는 그리스도 안에서 기쁨과 슬픔을 함께하는 동역자의 이름으로 모인 사람들입니다. 서로가 서로에게 존중과 배려로 문안하는 삶을 살아갈 때, 우리의 삶은 날마다 로마서로 엮어지게 될 것입니다.

29
너희로 말미암아 기뻐하노니

로마서 16장 13-20절

주 안에서 택하심을 입은 루포와 그의 어머니에게 문안하라 그의 어머니는 곧 내 어머니니라 아순그리도와 블레곤과 허메와 바드로바와 허마와 및 그들과 함께 있는 형제들에게 문안하라 빌롤로고와 율리아와 또 네레오와 그의 자매와 올름바와 그들과 함께 있는 모든 성도에게 문안하라 너희가 거룩하게 입맞춤으로 서로 문안하라 그리스도의 모든 교회가 다 너희에게 문안하느니라 형제들아 내가 너희를 권하노니 너희가 배운 교훈을 거슬러 분쟁을 일으키거나 거치게 하는 자들을 살피고 그들에게서 떠나라 이같은 자들은 우리 주 그리스도를 섬기지 아니하고 다만 자기들의 배만 섬기나니 교활한 말과 아첨하는 말로 순진한 자들의 마음을 미혹하느니라 너희의 순종함이 모든 사람에게 들리는지라 그러므로 내가 **너희로 말미암아 기뻐하노니** 너희가 선한 데 지혜롭고 악한 데 미련하기를 원하노라 평강의 하나님께서 속히 사탄을 너희 발 아래에서 상하게 하시리라 우리 주 예수의 은혜가 너희에게 있을지어다 어떤 교우님 부부의 아이가 오랫동안 병원에 입원한 적이 있습니다. 그래서 아이의 엄마가 병실을 계속 지켜야 했기에 아빠는 집에서 혼자 지내게 되었습니다. 결혼한 후로 부부가 그렇게 오래 떨어져 있기는 처음이었습니다. 그때 남편분이 저를 만나 이런 이야기를 했습니다. 아내와 오래 떨어져 있어 보니 아내가 자기에게 얼마나 큰 의미를 지녔는지 이제야 비로소 알게 되었다는 것이었습니다.

함께 있는 동안에는 그 사람의 가치와 비중을 잘 알지 못합니다. 알려고 하지도 않고 알 필요를 느끼지도 않습니다. 그러나 곁에 있던 사람이 이제는 더 이상 곁에 없게 될 때, 그제야 그 사람이 지니고 있던 크기와 무게를 인식하고 아쉬워하는 것이 인간입니다.

지난 4년 동안 우리와 함께 신앙생활하던 이동규 목사님이 내일 뉴질랜드 주님의교회를 향해 출국하게 됩니다. 목사님은 참됨, 신실함 그리고 온유함이 무엇인지 묵묵히 삶으로 보여 준 분입니다. 저 스스로도 목사님과 함께하면서 많은 것을 배웠습니다. 개인적으로 목사님은 제 마음을 읽어 주는 귀한 분이었습니다. 제가 굳이 여러 말을 하지 않아도 제 속마음을 헤아려 주었습니다. 그래서 함께 있는 것으로 마음이 든든하고, 사석에 둘이 있게 되면 저보다 나이는 적지만 동규 형이라고 부를 정도로 깊이 신뢰하던 사이였습니다. 그런 만큼 막상 헤어진다고 하니까 아쉬운 마음이 큽니다.

한편으로는 대단히 큰 소망과 감격도 있습니다. 이제 뉴질랜드 오클랜드에 가서 큰 목회자의 몫을 잘 감당할 수 있을 것이라는 믿음이 있기 때문입니다.

10월 초에 목사님이 가기로 결정된 이후 오늘이 있기까지 하나님께서 이 목사님을 얼마나 신뢰하시는지 그 증표들을 여러 곳에서 확인할 수 있었습니다. 10월 초에 확인차 오클랜드에 갔을 때 아이들을 포함해 교인이 40여 명이었습니다. 교회가 시작된 지 약 석 달 정도 되었을 때입니다. 그런데 이 목사님이 가시기로 하고 이 소식을 뉴질랜드로 전한 후 한 달 만에 교인이 100여 명이 넘게 되었습니다. 이것은 하나님께서 하시는 일이 아니면 불가능한 일입니다. 하나님께서 얼마나 목사님을 믿으시는지 생각하면 감격스럽습니다.

제가 그곳에 갔을 때 교우들이 성앤드류 교회 예배당을 빌려 예배드리고 있었습니다. 그런데 예배당이 작아서 예배드리기에 제한이 있었습니다. 그래서 교우들이 오클랜드 시내에 좋은 시설이 갖춰진 마운트에덴 교회를 신청해 두고 있었습니다. 마침 한국 교인들이 들어와 예배드리는 것을 반대하는 일부 의견이 있어 상황이 어떻게 될지 모르는 상태였는데, 11월 15일부터 그곳을 사용할 수 있다는 결정이 났습니다. 그래서 더없이 좋은 여건이 갖추어지게 되었습니다.

이 목사님은 딸아이 셋을 두고 있는데, 세계에서 여성의 인권이 가장 존중되는 나라 중 하나가 뉴질랜드입니다. 그뿐만 아니라 뉴질랜드 사람들은 보통 자녀들을 네댓 명씩 둡니다(*뉴질랜드의 평균 출산율은 2014년 1.92명으로 하락). 목사님이 뉴질랜드에 가면 자녀가 적은 편에 속합니다. 여러 가지 생각할 때 신비스럽게 역사하시는 하나님의 은혜가 감사하고 감격스럽지 않을 수 없습니다.

지난 4년 동안 함께 신앙생활하면서 목회자가 어떤 자세와 마음가짐을 가져야 할 것인지에 대해서는 서로가 늘 함께 생각하고 이야기했습니다. 오늘은 목사님을 위해 하나님께서 예비해 두신 본문 말씀을 통해 네 가지만을 살펴보며 확인하겠습니다.

첫째, 목회자는 주님께로부터 받은 부르심을 늘 잊지 말고 온전한 헌신을 다해야 한다는 것입니다.

주 안에서 택하심을 입은 루포와 그의 어머니에게 문안하라 그의 어머니는 곧 내 어머니니라(13절)

로마 교회에는 루포라는 이름을 가진 교인이 있었고, 루포의 어머니도 로마 교회 교인이었습니다. 그런데 루포와 그 어머니는 바울과 친가족처럼 깊은 교제를 나누었음을 본문이 증거해 주고 있습니다. 우리가 주목할 점은 바울이 그 가족을 "주 안에서 택하심을 입은 루포와 그의 어머니"라고 소개하고 있다는 것입니다. 고인인 이상 주 안에서 택하심을 받지 않은 사람이 어디 있겠습니까? 그런데 왜 유독 바울은 루포와 그 어머니를 가리키면서 그 사실을 강조하고 있습니까?

'주 안에서 택하심을 받았다'는 이 말의 원뜻은, 온전히 주님을 위해 헌신하도록 택함 받은 사람이라는 의미입니다. 주님을 위해 온전히 헌신하는 사람의 삶은 대단히 아름답습니다. 그 삶은 곧 진리의 삶이기 때문입니다. 그런데 루포와 그 어머니가 어떻게 그런 삶을 이끌어 나갈 수 있었겠습니까? 그 해답을 얻기 위해서는 루포와 그 어머니가 어떤 사람인지 먼저 알아야 합니다.

마가복음 15장을 보면, 빌라도 법정에서 재판받으신 예수님께서 자신이 못박힐 십자가를 어깨에 메고 골고다를 향해 걸어가시는 장면이 나옵니다. 그런데 도중에 힘이 부쳐 더 이상 가지 못하고 쓰러지셨습니다. 그래서 로마 군병들이 마침 근처에 있던 시몬이라는 사람을 끌어내 대신 십자가를 지게 했습니다. 이 장면을 마가복음

15장 21절이 다음과 같이 증거합니다.

마침 알렉산더와 루포의 아버지인 구레네 사람 시몬이 시골로부터 와서 지나가는데 그들이 그를 억지로 같이 가게 하여 예수의 십자가를 지우고

예수님의 십자가를 대신 졌던 구레네 사람 시몬이 바로 루포의 아버지인 것입니다. 시몬은 십자가를 달갑게 지지 않았습니다. 군병들이 그로 하여금 "억지로" 지게 했는데, '완력으로' 지게 했음을 의미합니다. 비록 스스로 원해서가 아니라 억지로 십자가를 졌지만 그 십자가가 예수 그리스도의 십자가였다는 사실이 중요합니다.

이 세상에 태어난 수많은 사람들 중에서 그 십자가를 예수님을 대신해 그 현장에서 졌던 사람은 오직 구레네 시몬뿐입니다. 당시에는 억지로 십자가를 졌지만, 자기가 잠시 졌던 그 십자가에 매달리신 예수님께서 어떤 분이신지 알게 되고 그분이 남긴 사람들을 통해 혹은 하나님의 강권적인 역사로, 예수님을 구주로 영접하는 은혜를 받은 것입니다. 훗날 시몬이 과거를 돌아보며 자신이 그렇게 택함 받았다는 데 얼마나 감격했겠습니까?

그 십자가의 의미를 깨달은 시몬은 남은 평생 주님을 위한 참된 헌신자가 되었을 것입니다. 루포는 그런 아버지 밑에서 태어나고 자라면서 자신도 예수 그리스도의 증인 되게 해주신 것을 생각할 때마다 얼마나 열렬히 증인 된 삶을 살았겠습니까? 그 부인 역시 남편이 그렇게 택함 받고 가정에 역사하시는 주님의 은혜를 볼 때 얼마나 진실된 성도의 삶을 살았겠습니까? 사실 우리도 지나온 삶을 돌아보면, 주님께서 시몬을 부르셨던 것과 같은 그런 특별한 부르심의 은총을 모두가 받았음을 잊지 말아야 합니다.

둘째, 목회자는 누구와도 친밀하게 교제해야 한다는 것입니다.

아순그리도와 블레곤과 허메와 바드로바와 허마와 및 그들과 함께 있는 형제들에게 문안하라 빌롤로고와 율리아와 또 네레오와 그의 자매와 올름바와 그들과 함께 있는 모든 성도에게 문안하라 너희가 거룩하게 입맞춤으로 서로 문안하라 그리스도의 모든 교회가 다 너희에게 문안하느니라(14-16절)

여기에서 나타난 "허마"와 "빌롤로고"도 노예의 이름입니다. 그리고 바울은 "입맞춤으로 서로 문안하라"고 말하고 있습니다. 당시에는 입을 맞추면서 문안하는 것이 최고의 영접의 표현이었습니다. 이것을 생각하면 지위고하, 남녀노소를 막론하고 모두가 서로를 존중히 여기라는 권면의 말씀이 됩니다.

목회를 하다 보면 다른 사람보다 더 절친한 사람이 생길 수 있습니다. 목사라는 직책을 떠나 인간적으로 더 신뢰하고 싶고 서로 인생을 나누고 싶은 사람이 있을 수 있습니다. 그러나 사적인 만남을 이어가고 깊게 하기 위해 나와 절친한 사람들에게 더 특별히 대하는 목사가 되어서는 안 됩니다.

오히려 누군가를 만날 시간이 생길 때는 나와 절친한 사람이 아니라 나와 친하지 못하기 때문에 시선이 닿지 않았던 사람, 만나 주지 않으면 신앙이 바로 서지 못할 사람을 만나는 목사가 되어야 합니다. 어떤 경우에도 소위 '목사파'를 만들어서는 안 됩니다. 소수의 무리를 위한 목사가 아니라 모두의 목사가 되어야 합니다. 그래야 모든 인간을 사랑하시는 주님을 따라 바른 목회를 할 수 있고, 그때에 참다운 교회가 될 수 있는 것입니다.

셋째, 목회자는 사심과 감정에 따라서는 안 된다는 것입니다.

성경에서 주님의 이름으로 목회한 많은 사람들 가운데 가장 위대한 목회자를 들라면 두말할 것도 없이 사도 바울입니다. 얼마나 위대했던지 그가 행한 설교, 또 그가 썼던 편지가 성경이 되었습니다. 그런데 이처럼 위대한 바울이 목회한 교회에도 분쟁을 일으키고 교인들을 미혹케 하고 실족시키는 사람들이 있었다는 사실을 간과해서는 안 됩니다. 바울은 이런 사람들을 가리켜 '자기들의 배만 섬긴다'고 했습니다.

형제들아 내가 너희를 권하노니 너희가 배운 교훈을 거슬러 분쟁을 일으키거나 거치게 하는 자들을 살피고 그들에게서 떠나라 이 같은 자들은 우리 주 그리스도를 섬기지 아니하고 다만 자기들의 배만 섬기나니 교활한 말과 아첨하는 말로 순진한 자들의 마음을 미혹하느니라(17-18절)

그리스도를 믿는다는 것은 주님의 말씀 앞에서 날마다 자기를 부인하는 것을 의미하는데, 자기 배를 섬긴다는 것은 자기의 본능, 욕망, 감정을 주님의 말씀보다 더 중요시 여기는 것을 말합니다. 고린도 교회에도 그런 사람이 있었고, 갈라디아 교회에도 그런 사람이 있었고, 모든 교회에 그런 사람들이 있었습니다. 위대한 사도 바울이 목회하는 교회에도 그런 사람들이 있었다면, 우리가 목회하는 교회에도 그런 사람들이 없으라는 법이 없습니다.

중요한 것은 어떤 경우에도 목사 자신은 교회의 분쟁을 일으키는 원인이 되어서는 안 된다는 것입니다. 자기를 부인하지 못하면, 사심과 욕망과 감정의 노예가 되면, 이미 분쟁으로 치닫는 교회가 된 것입니다. 그러므로 늘 말씀 앞에서 자기를 부인하고 자기를 쳐서 복종시키는 훈련을 게을리하지 말아야 합니다.

만일 교회에 자기 배를 섬기는 사람들이 있다면 어떻게 해야 합니까? 바울은 "그들에게서 떠나라"고 했습니다. '떠나다'에 해당하는 헬라어 '엑클리노ἐκκλίνω'는 '굴복시키려는 것에서 벗어나다'라는 의미입니다. 내가 목회자로서 주님께서 명령하시는 대로 말씀을 전했음에도 상대가 변화되지 않을 때는 더 이상 그를 굴복시키려 하는 마음을 버려야 한다는 것입니다. 한번 말에 대해 오해가 생기면, 이야기하면 할수록 오해의 여지가 더 커지게 됩니다. 따라서 더는 말하려 하지 말고 묵묵히 진리만을 실천하라는 것입니다. 내가 진리대로 살아가는 한 언젠가는 옳고 그른 것이 다 밝혀집니다. 지금 당장 내 앞에 있는 시선을 의식해서는 절대 진리의 삶을 살지 못합니다.

넷째, 목회자는 언제나 선한 양심으로 깨어 있어야 한다는 것입니다.

너희의 순종함이 모든 사람에게 들리는지라 그러므로 내가 너희로 말미암아 기뻐하노니 너희가 선한 데 지혜롭고 악한 데 미련하기를 원하노라(19절)

바울이 간절히 권면하고 있는 것은 '선한 데 지혜롭고 악한 데 미련하라'는 것입니다. 만약 예수님을 믿지 않는 세상 사람들이 교회에 대해 신뢰를 가지고 있다면, 그것은 교회가 악이 아니라 선을 행하는 곳이라 믿기 때문일 것입니다. 만약 불신자로부터 교회가 비판의 대상이 된다면, 그들의 기대와는 달리 교회가 선을 버리고 악과 타협하는 것처럼 인식되기 때문일 것입니다.

그리스도인이 악과 타협하면, 적어도 그 순간만큼은 그리스도인일 수 없습니다. 교회가 특정 상황에서 악한 방법을 사용하면, 그 순간만큼은 하나님의 교회일 수 없습니다. 교회는 언제나 절대적으로 선을 추구해야 합니다. 그러기 위해서는 누구보다도 목사 자신이 선한 양심을 지닌 그리스도인이 되어야 합니다.

기도하지 않고도 드라마틱한 경험을 한 사람들이 성경에 얼마든지 많습니다. 예수님께 고침 받은 거라사의 광인, 성도들을 하나님의 이름으로 앞장서 핍박하였으나 주님께 부름 받은 바울, 문둥병이 씻김 받은 나아만 장군 등이 바로 그렇습니다. 그러나 기도하지 않고는 절대로 선한 양심의 그리스도인이 될 수 없습니다.

목회자는 언제나 하나님 앞에서 무릎 꿇고 기도함으로 영혼을 정결케 해야 합니다. 기도를 통해 정말 양심이 살아 움직이는 목회자가 되면, 어떤 악한 마음을 품은 사람이든지 그 앞에서 갈등을 느껴 결국 악을 버리지 않고는 못 버티게 됩니다. 양심이 깨어 있는 교회는 절대 사탄이 넘보지 못합니다. 참된 교회는 결단코 음부의 권세가 이길 수 없기 때문입니다.

30
능히 견고하게 하실

로마서 16장 21-27절

나의 동역자 디모데와 나의 친척 누기오와 야손과 소시바더가 너희에게 문안하느니라 이 편지를 기록하는 나 더디오도 주 안에서 너희에게 문안하노라 나와 온 교회를 돌보아 주는 가이오도 너희에게 문안하고 이 성의 재무관 에라스도와 형제 구아도도 너희에게 문안하느니라 (없음) 나의 복음과 예수 그리스도를 전파함은 영세 전부터 감추어졌다가 이제는 나타내신 바 되었으며 영원하신 하나님의 명을 따라 선지자들의 글로 말미암아 모든 민족이 믿어 순종하게 하시려고 알게 하신 바 그 신비의 계시를 따라 된 것이니 이 복음으로 너희를 **능히 견고하게 하실** 지혜로우신 하나님께 예수 그리스도로 말미암아 영광이 세세무궁하도록 있을지어다 아멘

우리는 1992년 5월 20일부터 로마서 공부를 시작했습니다. 오늘로서 마지막 시간이 되었습니다. 햇수로는 3년 7개월이 흘렀습니다. 그러나 중간에 안식년으로 쉬었기 때문에 2년 7개월 만에 끝나게 되었습니다.

본문 21-23절에는 여덟 명의 이름이 기록되어 있습니다. 20절까지 나오는 이름은 바울이 알고 있는 로마 교회 교인들의 이름이고, 오늘 본문에 나오는 이름들은 고린도 교회 교인들의 이름입니다. 현재 바울은 고린도에서 로마서를 쓰면서 이들에게 문안하기 위해 그 이름들을 열거하고 있는 것입니다. 지금부터 바울 주위에 어떤 사람들이 함께했는지 들여다보면서, 우리 그리스도인들의 모습이 어떠해야 하는지, 한 걸음 더 나아가서는 참된 교회의 구성원은 어떠해야 하는지 살펴보도록 하겠습니다.

먼저 21절을 같이 보십시다.

나의 동역자 디모데와 나의 친척 누기오와 야손과 소시바더가 너희에게 문안하느니라

앞서 로마 교회에도 바울이 자신의 동역자라 불렀던 브리스가와 아굴라가 있었습니다. 그런데 본문에서 바울이 자신의 동역자라 부르고 있는 디모데의 경우, 바울과 나이 차가 아버지와 자식의 나이 차만큼 컸습니다. 그런데도 바울은 그 젊은 디모데를 가리켜 "나의 동역자"라고 부르고 있는 것입니다. 이처럼 그리스도인은 진리 안에서 남녀노소 구별 없이 동역자가 될 수 있는 관계를 맺어 가야 합니다. 그럼으로써 진리가 모두에게 진리 됨을 더 확실하게 경험하고 확인하게 되기 때문입니다.

교회에 따라서는 주로 나이 많은 분들이 계시는 교회가 있습니다. 이런 교회는 복음이 젊은이들에게 역동적으로 역사하는 것을 경험하기가 어렵습니다. 청년들만 모이는 청년선교 단체들도 있습니다. 이들은 인생을 거의 다 살고 죽음을 눈앞에 둔 사람에게 복음

이 무엇을 의미하는지, 삶과 죽음 사이에서 복음이 얼마나 큰 의미와 가치를 지니는지 알기 어렵습니다.

어른들과 청년들이 그리스도 안에서 동역의 관계를 이룰 때 비로소 진리의 너비와 깊이와 폭을 경험하게 됩니다. 이런 의미에서 그리스도인들이 나이에 관계없이 어린아이들의 교사가 되어 보는 것은 참으로 소중한 경험입니다. 진리가 나에게만 진리가 아니라 어린아이에게도 진리가 되어 역사한다는 것, 때 묻지 않고 순수한 아이들에게 진리가 어떻게 흡수되고 어떤 모양으로 드러나게 되는지 경험하는 것은 진리와 더불어 내 삶을 더 폭넓게 하는 것입니다. 교회에서 청년들과의 만남이 바울과 디모데의 만남처럼 새로운 역사를 창조해 내는 시발점이 된다면, 정말 짧지 않은 인생을 살아가는데 그보다 더 가치 있는 삶이 어디에 있겠습니까?

고린도 교회에는 바울의 친척이라는 사람들도 있었습니다. 11절에서 바울이 언급한 "내 친척 헤로디온"은 로마 교회에 있는 바울의 친척입니다. 바울은 친척들에게도 복음을 전하고 자신의 동역자로 삼았음을 추측할 수 있습니다. 내 친척들을 찾아가 그들을 전도하고 나의 동역자로 삼는다는 것은 말처럼 쉬운 일이 아닙니다.

친척은 나의 결점까지도 다 아는 사람입니다. 그뿐만 아니라 친척이라고 하면 나와의 관계가 이미 정해져 있어, 윗사람이나 아랫사람이나 서로 기대하는 바가 있습니다. 동역자가 되려면 관계 속에서 서로가 자기를 부인해 가야 하는데, 이것이 쉽게 이루어지기 어려운 여건에 있는 것입니다. 그럼에도 바울이 친척들과 그리스도 안에서 깊은 신앙의 관계를 맺었다는 것은, 그가 여러모로 성숙한 그리스도인이었음을 우리에게 보여 줍니다.

이왕이면 내가 먼저 친척들에게 다가가 복음을 전하고 그들을 복음의 동역자로 삼는 것이 좋습니다. 최소한 내 친척들이 여러 가지 사정상 지금은 그리스도인이 되지 못한다 하더라도, 적어도 "네가 믿는 예수라면 한번 믿어 보겠다"는 동의만이라도 받는다면 큰 걸음을 뗀 것입니다. 반대로 "네가 믿는 예수라면 죽어도 안 믿겠다"고 하는 일은 있어서는 안 될 것입니다.

가족이 모두 예수님을 믿는 가정은 참으로 복된 가정입니다. 그 가정이 그렇게 되기까지는 바울의 역할을 한 사람이 있었을 것입니다. 그 사람은 참으로 복된 사람이며, 존경받기에 합당합니다.

이 편지를 기록하는 나 더디오도 주 안에서 너희에게 문안하노라(22절)

고린도후서 12장을 보면, 바울에게 고질적인 병이 있었음을 알게 됩니다. 그 병이 얼마나 괴로웠던지 바울은 병이 낫게 해달라고 하나님께 세 번이나 간절히 기도했습니다. 건성으로 한 기도가 아닙니다. 그러나 하나님께서 응답해 주지 않으셨습니다. 병이 낫지 않았습니다. 그런데 바울은 그런 하나님을 원망하지 않고 그것을 하나님께서 주시는 은혜라고 여겼습니다. 자신이 기도하면 죽은 사람이 낫기도 하는데, 그런 자신이 건강하면 교만에 빠지게 되므로 하나님께서 겸손하라고 그 병을 주셨다며 오히려 감사했습니다.

그 병이 무슨 병이었는지에 대해서는 만성 두통이었다, 간질이었다, 혹은 눈에 있는 질환이었다 등 여러 설이 있는데, 가장 설득력 있는 것은 눈에 질환이 있었다는 것입니다. 바울이 다메섹으로 가다가 빛을 보았는데, 그 빛이 얼마나 강했던지 햇빛보다 밝게 보였습니다. 그러고서 바울은 사흘이나 앞을 보지 못했습니다. 아나니아에게 안수받았을 때 눈에서 비늘 같은 것이 떨어지고서야 보게 되었습니다.

그 이후 바울의 눈에 만성적 질환이 있었다는 주장이 많습니다. 그 주장의 근거로 제시되는 구절이 오늘의 본문입니다. 바울이 중요한 내용을 전하는 로마서, 갈라디아서, 데살로니가서를 쓸 때 친필로 쓰지 못하고 다른 사람이 대신 써주었습니다. 바울은 말년에 쇠사슬에 묶여 로마로 갔습니다. 그런데 지중해에서 유라굴로 태풍을 만나고 몇 개월이라는 시간이 걸렸음에도 건강하게 살아남습니다. 이것을 보면, 그가 직접 글을 쓸 수 없었던 이유가 다른 건강상의 문제 때문이 아니라 안질환 때문이라고 보는 것이 더 타당하다고 주장하는 것입니다.

여하튼 바울에게는 대신 글을 써주는 사람이 늘 곁에 있었습니다. 로마서를 써준 사람은 더디오라고 소개되어 있습니다. 우리가 더디오의 입장을 한번 생각해 보십시다. 종이에다 붓을 들고 글을 쓰는데, 바울이 불러 주는 말만 기록하고 있기에 자기 생각은 한 글자도 못 쓰고 있습니다. 점 하나도 임의로 찍을 수 없습니다. 어찌보면 참으로 따분한 일일 것입니다. 로마서가 정확히 얼마 만에 완성되었는지는 알 수 없습니다. 그러나 한 가지 분명한 것은, 바울이 영감이 떠올라 지금 당장 그것을 기록하고 싶을 때는 잠든 더디오를 깨웠으리라는 것입니다. 그러면 더디오는 일어나야 했습니다.

그런데 결과적으로 더디오가 쓴 편지가 무엇이 되었습니까? 성경의 원본이 되었습니다. 귀찮고 따분한 일처럼 여겨졌을지 모르지만, 자신이 쓴 그것이 성경의 원본, 성경의 한 부분이 된 것입니다. 만약 더디오가 그 일을 포기했다면, 다른 더디오가 그 일을 맡았을 것입니다. 어떤 더디오든지 간에 더디오는 있었을 것입니다.

바울이 안질환이나 다른 문제 때문에 도저히 글을 쓸 수 없어 다른 사람이 대서했다면, 로마서는 바울 혼자만의 결과물이 아닙니다. 이렇게 볼 때 입으로 말한 바울이나 그 말을 받아 쓴 더디오나 차이가 없습니다. 더디오가 한 일이 바울이 한 일보다 가치 없다고 볼 수 없는 것입니다. 한번 생각해 보십시다. 지금도 더디오는 천국에 살아 있습니다. 그가 이 세상을 내려다 볼 때, 2천 년 전 자기가 대서한 그 로마서를 놓고 대한민국 교회 교인들이 공부하는 모습을 보고 얼마나 감격스럽겠습니까?

우리에게 어떤 일이 주어지든 그 일이 따분하고 쓸모없는 것처럼 보여도 하나님의 일을 완성하는 일임을 깨닫는 것이 중요합니다. 하나님 안에서 가치 없는 일은 없습니다.

어느 집사님의 고백을 들려드리겠습니다. 비가 와서 진흙탕이 되다시피 한 길에서 차를 몰고 가는데, 비가 그친 뒤 앞 차가 흙을 튀겨 차 유리가 진흙으로 덮였습니다. 그러면 와이퍼로 유리를 닦아야 합니다. 그러려면 차에서 물이 나와야 하는데, 물 나오는 곳이 고장이 났습니다. 평소에는 물이 안 나와도 상관없었습니다. 그런데 앞 유리에 진흙이 묻고 나니, 자동차에서 중요하지 않은 부분은 하나도 없으며 가장 작은 역할과 기능이 합쳐져 비로소 자동차가 앞으로 갈 수 있다는 사실을 깨달았다는 것입니다. 우리 각자가 하는 일들이 어긋나거나 중단되면, 하나님의 일은 완성되지 않습니다. 따라서 우리에게 맡겨진 일에 대해 늘 충성하고 헌신해야 합니다.

나와 온 교회를 돌보아 주는 가이오도 너희에게 문안하고(23절 상반절)

로마 교회에 있는 가이오라는 사람은 자신의 돈으로 다른 교회를 경제적으로 돕는 사람, 즉 물질로 봉사하는 사람이었습니다.

이 성의 재무관 에라스도와 형제 구아도도 너희에게 문안하느니라
(23절 하반절)

이 성은 바로 고린도이며, 에라스도는 고린도의 재무관이었습니다. 그런데 그 도시의 고위 공직자인 그는 자신이 그리스도인이라 밝히는 것을 조금도 꺼리지 않았음을 알 수 있습니다. 그때는 예수님께서 돌아가신 지 30여 년밖에 지나지 않은 때입니다. 따라서 그 지역의 고위 공직자가 예수님을 믿는다는 것 자체가 사람들에게 커다란 전도가 되었을 것입니다.

왜 하나님께서 물질을 주십니까? 왜 하나님께서 높은 직책을 주십니까? 왜 하나님께서 출세와 성공을 주십니까? 그 모든 것으로 하나님의 영광을 드러내게 하기 위함입니다. 이 사실을 깨달으면, 아무리 지위가 높아지고 소유가 많아져도 더욱 겸손할 수 있고, 그 직책과 소유는 나의 인격과 신앙을 고스란히 간직한 채 사람을 살리는 도구로 쓰이는 것입니다.

지금까지 로마 교회 교인 스물일곱 명과 고린도 교회 교인 여덟 명, 총 서른다섯 명과 그들에 대한 바울의 평가에 대해 살펴보았는데, 그 이름들을 통해 우리가 몇 가지 귀중한 결론을 얻게 됩니다.

첫째, 성숙한 그리스도인이란 사람과 사람 사이를 연결시켜 주는 교량 역할을 한다는 것입니다. 바울은 이 서른다섯 명을 개별적으로 다 알고 있습니다. 그들끼리는 횡적으로 모르는 사이입니다. 그런데 바울이 다리 역할을 하자, 바울을 구심점으로 해서 이 서른

다섯 명이 서로를 알게 되고 문안하는 사이가 되었습니다. 그 이름 속에는 유대식 이름도 있고, 그리스식 이름도 있고, 로마식 이름도 있습니다. 또 노예의 이름이 있는가 하면, 고위 공직자의 이름도 있고, 유대 귀족의 이름도 나옵니다. 많은 사람들이 바울 한 사람으로 인해 다양한 삶을 나누고 공유해 가면서 그 삶이 더욱 폭넓어지게 된 것입니다.

많은 사람들과 사귀고 그들을 섬기는 것은 물론 중요합니다. 그러나 내가 알고 있는 사람들이 서로 절친한 사이가 될 수 있도록 교량 역할을 해주는 것은 더 중요한 일입니다. 하나님께서는 우리 각자가 서로 친밀하게 사귐을 갖고 연합하도록 오늘도 매일매일 일하고 계십니다. 그러므로 그러한 하나님을 따르는 성숙한 신앙의 사람만이 그 역할을 할 수 있습니다. 그 역할을 한다는 것은 이미 그 사람이 성숙한 그리스도인임을 입증하는 것입니다.

내가 성숙하지 못하면, 여러 사람과 좋은 관계는 맺지만 내가 친한 사람이 다른 사람과 더 친해지는 것을 꺼려질 때가 많습니다. 그러나 많은 사람을 그리스도 안에서 서로 만나게 하고 더욱 친해질 수 있도록 이어 주는 역할을 충실히 감당해 나가면, 하나님께서 주시는 진정한 기쁨을 경험할 수 있게 됩니다.

둘째, 사랑은 문안을 통해 이루어진다는 것입니다. 기독교 윤리의 핵심은 사랑입니다. 바울은 13장 10절에서 "사랑은 율법의 완성이니라"고 했습니다. 그런데 그 사랑이 로마서의 완결편인 16장에서 무엇으로 나타납니까? 문안하는 것으로 나타납니다. "문안"이라는 단어가 무려 스물두 번이나 나오고 있습니다. 성경의 한 장에서 같은 단어가 가장 많이 반복되는 유일한 곳이 로마서 16장이고, 그 단어가 문안입니다.

사랑한다는 것을 어렵게 생각하지 마시기 바랍니다. 사랑한다는 것은 문안하는 것으로 시작합니다. 그러나 정말 사랑이 있지 않으면, 문안하는 것보다 더 어려운 일이 없습니다. 부모님을 모시지 않고 떨어져 지낼 때, 나를 낳아 주신 부모님께 일 년에 몇 번 문안 전화 드리는 것도 어렵게 여겨질 수 있습니다. 정말 부모님에 대한 사랑이 없으면, 문안드리는 것이 그렇게 어렵습니다. 부모님을 모시며 같이 살아도, 내 속에 사랑이 없으면 아침저녁으로 제대로 문안드리지 못합니다.

지금 대통령(*김영삼 전 대통령을 가리킴)에게 말들이 많지만 그분을 존경해야 할 것이 있습니다. 그분은 지금도 매일 아침에 아버님께 문안을 드린다고 합니다. 이것을 앞으로도 계속한다면, 그분은 아버지를 누구보다 깊이 사랑하는 것입니다. 심방하는 것이 무엇입니까? 문안하는 것입니다. 병든 사람을 위문하는 것이 무엇입니까? 문안하는 것입니다. 상을 당한 사람에게 조문하는 것도 문안하는 것입니다. 사랑은 문안하는 것으로부터 시작하기 때문에 '사랑은 곧 문안'이라고 정의 내릴 수 있습니다. 우리가 사랑이 많은 참된 그리스도인이 되기를 원한다면, 사랑해야 할 사람들에게 지금부터라도 하루 두세 사람이라도, 전화로라도 문안하십시다.

셋째, 그리스도인은 서로의 장점을 높여 주어야 한다는 것입니다. 사람은 완전할 수 없습니다. 결점과 장점을 동시에 갖고 있습니다. 개인적으로는 상대의 결점을 지적해 주고 보완해 주고 채워 주기 위해 많은 노력을 기울여야 합니다. 그러나 공개적으로는 그 사람의 장점을 높여 주어야 합니다. 서른다섯 명의 이름이 나오는데 바울은 그들의 단점을 한마디도 하지 않았습니다. 그렇다고 그들에게 결점이 없었겠습니까?

고린도서나 갈라디아서 등 바울이 쓴 편지들은 성도들의 잘못한 점을 지적하고 권면하는 내용들입니다. 그러나 대부분, 사람의 이름을 거명하지 않고 포괄적으로 설명하고 있습니다. 예를 들어 디모데후서 2장을 보면, 후메내오와 빌레도 같은 사람은 말하는 것이 썩어져 가는 종양과도 같기 때문에 그런 사람들과는 상종도 하지 말라고 하면서 정식으로 이름을 거명했는데, 이런 경우는 특별한 경우입니다.

우리는 가정에서 어떻게 살아가고 있습니까? 내 아내가 결점이 있을 수 있습니다. 그러나 공개적으로는 아내의 장점을 높여 주는 남편이 되어야 합니다. 아내도 마찬가지입니다. 또한 부모가 자녀를 높여 줄 줄 알아야 합니다. 그런데 공개적으로 어떻게 저런 자식이 태어났는지 모르겠다고 말하는 부모가 있습니다.

예전에 미국 앰허스트 대학 총장을 지낸 실리 박사는 학생들 앞에서 무척 엄격했다고 합니다. 그런데 외부에서 학생을 추천해 달라는 요청이 있을 때면, 학생 명단을 펼쳐 놓고 학생들의 장점만 들면서 이야기했다고 합니다. 공개적으로 다른 사람의 결점과 잘못을 이야기하는 사람 곁에는 사람이 모이지 않습니다. 그러면 결국 아무 일도 할 수 없습니다. 하나님께서는 사람을 통해 역사하시며, 진리를 사랑하는 사람들이 모여드는 사람을 통해 더욱 크게 역사하십니다.

때로는 진리의 삶을 위해 스스로 고독 가운데 있어야 합니다. 이런 경우는 내가 여러 사람들과 동역하고 싶은 마음이 있음에도 사람들이 나를 소외시켜 내 곁에 아무도 없는 경우와는 다릅니다. 후자의 경우처럼 불행한 일은 없습니다.

넷째, 그리스도인은 언제 어디서든 하나님을 위한 헌신자가 되어야 한다는 것입니다. 바울이 언급한 서른다섯 명은 모두 헌신자들이었습니다. 당시 로마나 고린도에 정치·경제·사회적으로 얼마나 쟁쟁한 사람들이 많았겠습니까? 로마에는 황제가 있었고, 고린도는 당시 지정학적 이점으로 인해 동서를 잇는 최대의 무역항이었습니다. 바울이 고린도에서 로마서를 쓸 당시 로마 시민의 수가 400만 명가량 되었다고 합니다. 그러니 두 도시를 합치면 인구가 더욱 많을 것입니다. 그런데 본문에 그 유명한 사람들의 이름은 하나도 기록되어 있지 않습니다. 역사책에는 기록되었을지 모르지만, 역사책은 영원한 책이 아닙니다. 성경책만 영원한 진리를 담은 영원한 책입니다.

그 서른다섯 명은 세상적으로 출세하거나 성공해서가 아니라 주님을 위해 소리 없이 헌신했기 때문에 기록된 것입니다. 2천 년이 지난 지금도 성경을 통해 영광 받고 있으며 앞으로도 영원히 그럴 것입니다. 2천 년이라는 시간을 놓고 볼 때 그들이 주님을 위해 헌신한 것은 불과 몇십 년뿐이었지만, 헌신한 이들에게 돌아가는 영광은 영원합니다. 사람에게 행한 헌신도 기억되고 기려지는데, 하물며 하나님을 위한 헌신이 어찌 기억되고 기록되지 않겠습니까?

바울이 25-27절에서 마지막 결론을 맺고 있습니다.

하나님께서는 내가 전하는 복음 곧 예수 그리스도에 관한 선포로 여러분을 능히 튼튼히 세워 주십니다. 그는 오랜 세월 동안 감추어 두셨던 비밀을 계시해 주셨습니다. (25절, 새번역)

하나님께서 우리의 믿음을 튼튼히 해주신다는 것입니다. 참으로 감사한 일입니다. 그런데 바울은 "내가 전하는 복음 곧 예수 그리스도에 관한 선포로"라고 했습니다. 우리에게도 이와 같은 고백이 있어야 합니다. 내가 가르친 복음, 내가 선포한 복음, 바로 그 복음을 통해 하나님께서 사람들의 믿음을 튼튼하게 해주신다는 것입니다.

나로 인해 누군가의 믿음이 견고해진다면, 그것은 나의 믿음 또한 견고해졌다는 증거입니다. 내 믿음이 견고해지면, 사람에 대한 헌신과 문안으로 드러납니다. 적어도 어떤 경우에도 나로 인해 누군가가 실족하는 일은 없습니다.

그 비밀이 지금은 예언자들의 글로 환히 공개되고, 영원하신 하나님의 명을 따라 모든 이방 사람들에게 알려져서, 그들이 믿고 순종하게 되었습니다. (26절, 새번역)

믿음이 무엇입니까? 순종이라는 것입니다. 믿음은 진리에 대한 순종으로 드러납니다. 진리에 대해 순종하는 것을 다르게 표현하면, 내 일거수일투족을 통해 내 모습은 가려지고 진리가 보이도록 하는 것입니다. 예수님을 평생 믿었는데도 정말 중요한 결정을 내릴 때 진리가 보이는 것이 아니라 사람의 감정과 욕심이 보인다면, 아직까지 그 사람은 성숙한 그리스도인이 못 된 것입니다. 우리가 정말 성숙한 그리스도인이 되기 위해서는 진리의 말씀을 떠나서는 안 되며, 진리의 말씀 앞에서 끊임없이 자기를 부인해 가야 합니다.

오직 한 분이신 지혜로우신 하나님께, 예수 그리스도로 말미암아 영광이 영원무궁하도록 있기를 빕니다. 아멘. (27절, 새번역)

바울은 하나님의 영광이 사람들에게가 아니라 하나님께 영원무궁하기를 빌었습니다. 바울이 로마서를 이런 기도문으로 끝낸 것은, 하나님께 영광이 되는 삶을 살겠다는 자기 신앙고백을 의미합니다. 죽어도 주를 위해 죽고, 살아도 주를 위해 사는, 오직 주님의 영광만을 위해 사는 사람이 되겠다는 결단의 고백입니다. 왜 우리도 죽어도 주를 위해 죽고, 살아도 주를 위해 살아야 합니까? 그 답은 이미 로마서 앞부분에서 다 나왔습니다. 지금까지 우리가 배운 로마서 내용 중에서 다 잊어버린다 할지라도 한 구절만은 잊지 말아야 합니다. 이 구절만 우리가 붙잡고 있으면, 바울이 맺고 있는 결론의 타당성을 알게 됩니다.

그 구절은 로마서 8장 30절입니다.

또 미리 정하신 그들을 또한 부르시고 부르신 그들을 또한 의롭다 하시고 의롭다 하신 그들을 또한 영화롭게 하셨느니라

이것을 '복음의 황금사슬'이라고 했습니다. 하나님께서 우리를 미리 예정하시고 택정하셨습니다. 칼뱅은 이것을 가리켜 '하나님의 선행적 은혜'라고 했습니다. 내가 하나님께 선하고 의로운 행동을 해서가 아니라, 추악한 죄 가운데 있었음에도 나를 당신의 백성으로 택정하셨다는 것입니다.

택정만 하신 것이 아니라 불러도 주셨습니다. 소명을 주셨다는 것입니다. 불러 주셨어도 나를 도망갈 수 있는 상태로 두셨다면, 우리가 주님을 따랐겠습니까? 어떤 식으로든 도망갔을 것입니다. 그런데 하나님의 부르심을 칼뱅은 '하나님의 불가항력적 은혜'라고 했습니다. 즉, 뿌리치거나 물리칠 수 없도록 우리를 하나님 앞에 단단히

세워 주셨다는 것입니다.

　이렇게 불러 주신 다음에는 심판하거나 징벌치 않으시고 의롭다 칭해 주셨습니다. 칼뱅은 이것을 가리켜 '하나님의 필승불패의 은혜'라고 했습니다. 하나님께서 우리를 의롭다고 인정해 주셨으므로 누구도 죄인이라 할 수 없다는 것입니다. 무엇으로 인정해 주셨습니까? 예수 그리스도의 보혈의 능력입니다. 기쁜만이 아니라 영화롭게도 해주셨습니다. 우리가 주님을 알고 진리를 아는 사람이 되어 정말 사람다운 사람으로 살아가게 되었다는 것은 얼마나 영화로운 일입니까? 여기에서 바로 우리가 거룩하게 살아갈 성화의 의무가 주어지는 것입니다. 내가 의로운 행동을 해서 구원받은 것이 아니라 죄인이었음에도 주님께서 나를 의롭다 인정해 주셨으므로, 이제부터 정말 의로운 삶을 살아가고자 하는 것입니다.

　우리는 하나님께서 구원해 주신 것만 기뻐하고 찬양하는 것으로 그치곤 하는데, 이것을 뛰어넘어 주님께서 우리를 영화롭게 하셨으므로 우리도 주님의 영광을 드러내고 그분을 영화롭게 하는 자리로 나아가야 합니다. 바울은 복음의 황금사슬을 너무도 잘 알고 있었기에 언제나 하나님의 영광을 위해 살기로 자청했습니다. 그러다 보니 그것이 사람들을 견고케 하는 삶으로 드러난 것입니다. 우리 모두가 하나님 아버지의 말씀에 순종해 나아가면, 삶의 모든 자리에서 그와 같이 복된 열매를 맺을 줄 믿습니다.

이재철 목사의 로마서
3 사랑의 빚

3 Debt to Love
The Romans of LEE Jae Chul

지은이 이재철
펴낸곳 주식회사 홍성사
펴낸이 정애주
국효숙 김의연 박혜란 손상범
송민규 오민택 임영주 차길환

2015. 9. 25. 초판 발행   2024. 10. 28. 10쇄 발행

등록번호 제1-499호 1977. 8. 1.
주소 (04084) 서울시 마포구 양화진4길 3   **전화** 02) 333-5161   **팩스** 02) 333-5165
홈페이지 hongsungsa.com   **이메일** hsbooks@hongsungsa.com
페이스북 facebook.com/hongsungsa
양화진책방 02) 333-5161

ⓒ 이재철, 2015

• 잘못된 책은 바꿔 드립니다. • 책값은 뒤표지에 있습니다.

ISBN 978-89-365-1114-2 (04230)
ISBN 978-89-365-0542-4 (세트)